裸城

▽ 純正都市地方的生與死

國家教育研究院 __ 主譯　　王志弘・王玥民・徐苔玲 __ 合譯　　SHARON ZUKIN｜雪倫・朱津 __ 原著

NAKED CITY
The Death and Life of Authentic Urban Places

國家教育研究院與群學出版有限公司合作翻譯發行
出版日期：二〇一二年七月

國家圖書館出版品預行編目資料

裸城：純正都市地方的生與死 / 雪倫.朱津（Sharon Zukin）著；王志弘、
王玥民、徐苔玲 合譯. -- 1版. -- 臺北市：群學，2012.07　面；　公分
譯自：Naked city : the death and life of authentic urban places
ISBN 978-986-6525-57-5（平裝）

1.都市化 2.都市發展 3.美國紐約市

545.1952　　　　101012712

裸城：純正都市地方的生與死
Naked City：The Death and Life of Authentic Urban Places

作　者　雪倫・朱津（Sharon Zukin）

主　譯　國家教育研究院

譯　者　王志弘、王玥民、徐苔玲

總編輯　劉鈐佑

編　輯　黃恩霖

封　面　井十二設計研究室 no12.studio@me.com

出版者　群學出版有限公司

地　址　台北市重慶南路一段 61 號 7 樓 712 室

電　話　(02)2370-2123　　　傳　眞　(02)2370-2232

電　郵　socialsp@seed.net.tw　郵　撥　19269524・群學出版有限公司

印　刷　權森印刷事業社　　　電　話　(02)3501-2759

著作財產權人：國家教育研究院　　　　本書除紙本外，並無其他類型版本流通
地　址：23703 新北市三峽區三樹路 2 號　網址：http://www.naer.edu.tw/
本書保留所有權利，欲利用本書全部或部分內容者，須徵求著作財產權人同意或書面授權。

請洽：國家教育研究院編譯發展中心　　電話：(02)3322-5558

展售處：國家書店松江門市　　　　　　地址：台北市松江路 209 號 1 樓

　　　　　電話：(02)2518-0207　　　　網址：http://www.govbooks.com.tw

　　　　　台中五南文化廣場　　　　　　地址：台中市中區中山路 6 號

　　　　　電話：(04)2226-0330　　　　傳眞：(04)2225-8234

ISBN：978-986-6525-57-5　　　　　　GPN：1010101448

國家教育研究院與群學出版有限公司合作翻譯發行　著作權所有　翻印必究

定　價　NT$ 400　　　　　　　　　1 版 1 印　2012 年 7 月

獻給我的學生，以及世界各地的城市學者

一部著作的開端真的就是開端，或者，某處還有個更真實的秘密
起點開啓了著作？

——薩依德（Edward Said），《開端》（*Beginnings*）

Contents

一個城市的靈魂

張鐵志（作家、政治與文化評論家）

　　說起來，我在紐約生活的時光確實是不斷在尋找《裸城》一書所說的「純正性」（authenticity），只是那時我們常用的字眼是「酷」：我們對酷的定義是那些具有獨特風格的場所、店家、街景。

　　我常跟朋友說帶他們去紐約最「酷」的地方，那些一般旅遊書上不會寫，但是是紐約在地媒體經常報導的。有些人被帶去之後會露出失望的眼神，覺得平淡無奇，甚至髒亂破舊，哪比得上歐洲小城的美麗優雅。然而，對我們來說，正是這些看似破敗的地方蘊藏了真正的精采與趣味。

　　初階的路線是去格林威治村、聖馬克街附近的東村、或者蘇活區。這裡當然早已不是1960、1970年代波希米亞們的精神故鄉，而是觀光與商業的重鎮。但一方面我們仍然可以藉由窺視歷史的幽魂而得到想像的滿足：西四街是當年少年包布狄倫和女友住的地方，瓊斯街是他倆相擁前行的經典專輯封面，麥杜格街（McDougle Street）是垮掉的一代喝著咖啡朗讀詩歌的咖啡館，而這個東八街公寓的樓上是Velvet Underground和Andy Warhol合作演出的地方。

　　歷史意義之外，這些地方如今當然還是有有趣之處，如好的書店（如St. Marks Bookstore）、好的咖啡館（如Waverly Place上的Joe's），或者靜謐的小街角。

在這些知名街區之外，這十年出現更多新的「酷」區域。

例如經常出現在《慾望城市》的肉品包裝區（Meatpacking District），「粗礫」的街景外表暗藏了許多好餐廳和精品店。大部分當然是我們去不起的，但偶爾去的其中一家不算貴的館子Pastis，後來竟然出現在Woody Allen新片 *Malinda and Malinda* 開場的鏡頭。

更「酷」的當然是下東區。當東村和格林威治村越來越商業化時，這一區幾十年來卻似乎變化不大，沒有豪華精品店，沒有星巴克——但電子音樂人Moby在此開了一家小小的茶店TeaNy，前衛薩克斯風音樂人John Zorn開了一家看起來平凡無比的小表演空間Tonic（我在這裡遇見來看兒子Sean Lennon演出的小野洋子），低調的奢華餐廳也越來越多。正是因為這裡夠「酷」、夠「純正」，所以Tonic終於在某天消失了——這塊地上要蓋起高級住宅。

布魯克林的威廉斯堡的命運當然也是如此：在越來越多的Live house之後，在成為另類文化的中心之後，此地也成為房地產商眼中美麗的獵物。

於是，年輕搖滾樂手、藝術家、詩人、想開小咖啡店的人們只能繼續游移到另一個城市邊緣去開墾，而人們也將繼續追隨他們。

這是我的紐約酷地圖，我們崇尚那些地下、前衛或另類的文化，但是又覺得隱隱不安。直到讀了《裸城》，我才知道如何去理解這個「酷」，或者作者所用的「純正性」的矛盾：一種意義是原始或傳統的生活方式，例如那些經營數十年的店家；另一種是新世代所新創造出來的文化，例如新的獨立書店或咖啡店。

它們的共通性在於有共同的敵人：地產開發商和政治官員——他們正在抹平城市街貌的粗礫與差異，讓一切都是乾淨的；他們正在消除抹去了社區的歷史與認同，讓一切都是嶄新的。但這兩種純正性也

有其矛盾性：新創造出來的酷所帶來的文化消費，會促使地價上漲，擠壓傳統住戶的生存權。

這兩種純正性應該維持美好的平衡，並且構築起一個城市的面貌。如果一個城市沒有土壤可以醞釀新創造出來的「純正性」，那麼這個城市將缺乏新的多樣性；然而新的「純正性」不應該只是一種被消費的經驗（亦即有味道的咖啡館與小酒館），而是能確保一個所有人，尤其是弱勢階級可以生存與生活在此地的權利。

這正是台灣如今最需要的思考：在師大商圈的爭議之後，在士林王家的鬥爭之後，在「台北好好看」的偽裝假公園即將變成一棟棟豪宅，在台中荒誕的「台灣塔」的計畫之後，我們能如何捍衛一般民眾與弱勢者的生存權，如何能讓年輕文化人有空間可以開創新的想像，如何讓城市可以有多樣的風貌？

對這些問題的答案的追尋，就是對一個城市的靈魂的追尋。

純正都市的挑戰與機會

顏亮一（輔仁大學景觀設計學系副教授）

「純正性的觀念只是一種保存城市菁英文化的手段嗎？還是它可以用來保障每個人居留於其生活與工作地點的權利？」[1]這是作者雪倫・朱津在本書《裸城》（*Naked City*）中所提出的基本問題。

朱津長期任教於紐約市立大學，爲美國知名的都市社會學者。她的主要著作除了本書之外，還包括《閣樓生活：都市變遷中的文化與資本》（*Loft Living: Culture and Capital in Urban Change*, 1982）、《權力地景：從底特律到迪士尼世界》（*Landscapes of Power: From Detroit to Disney World*, 1991）、《城市文化》（*The Cultures of Cities*, 1995）、《購物點：購物如何改變了美國文化》（*Point of Purchase : How Shopping Changed American Culture*, 2004）等。其中《權力地景》一書還獲得美國社會問題研究學會所頒贈的C. Wright Mills大獎。在這些著作當中，有三本可說是她長期關注紐約市中心發展的研究成果，亦即《閣樓生活》、《城市文化》以及《裸城》。貫穿於朱津這套「紐約三部曲」的共同主題乃是：資本與文化、權力與美學、現實與再現之間的交互作用，如何影響了紐約的都市發展與都市生活。

在最早出版的《閣樓生活》一書中，朱津觀察到在1960與1970年代，由於城郊化與去工業化的影響，許多原先居住在紐約市中心的中產階級遷離市區，遺留下許多無人居住的老舊建築。另一方面，這些閒置的建築由於租金低廉，因此聚居了許多年輕藝術工作者，並進而

在當地創造出某種特殊而有品味的生活風格。然而緊接著發生的是，開發商看準了這種生活風格對中產階級的吸引力，於是重新整建這些老舊建築，並以高價出租或出售。這麼一來，不但原來長居於此的居民因負擔不起高昂的租金被迫搬遷，最後連藝術工作者也沒有能力在當地繼續居住。取而代之的是藝廊、精品店、高檔餐廳以及高級住宅，造成了所謂「縉紳化」（gentrification）的現象。

而催生了《城市文化》一書問世的原因，則是從1980年代起持續擴張並主導了紐約都市發展的「符號經濟」（symbolic economy），包括了觀光業、媒體業與娛樂業等。朱津刻意模擬了美國城市學者同時也是重要的公共知識份子孟福（Luis Momford）經典著作的書名*The Culture of Cities*，但是將「文化」一字改為複數Cultures，一方面表明了對大師的致意，二方面則用以凸顯她對文化這個概念有不同的看法。雖然兩本書都在探索都市設計、民主與市場經濟之間的關連，但是朱津不認為都市文化是靜態地存在於城市之中；相反地，文化是各種不同社會群體在城市的公共空間中爭取生活方式再現的一種動態過程。朱津在本書中檢視了藝廊、公園、餐廳、族裔商圈等場所，指出紐約的公共文化乃是在不同族群的對話過程中持續不斷地生產。但是她同時也提出警告，如果任由符號經濟的商業力量不斷地侵蝕公共空間並壟斷城市文化的再現，那麼紐約將會失去真正由市民所共享的公共文化。

就朱津本身的學術研究歷程來看，《裸城》可說是「紐約三部曲」的一個總結。本書書名得自1948年一部以紐約為背景的同名電影，因為朱津認為這部電影呈現了一個「純正的」紐約。如果說「縉紳化」是《閣樓生活》的核心概念，而「公共空間」是《城市文化》的核心概念，那「純正性」就是《裸城》的核心概念了。純正性的英文為authenticity，在台灣還有其他翻譯法，包括「真實性」與「本真性」

等，而其意義大抵上指的是事物原有的、道地的或正宗的特質。會產生追求純正性的動機，通常是因為有太多以假亂真的複製品魚目混珠，使人分不清真假（例如，我們會問哪一家才是正宗的淡水魚丸，或想要體驗真正的古鎮生活；我們會問哪一家是真正的九份芋圓，或想要體驗真正的礦村生活）。換句話說，純正性是一個關乎事物歷史起源的問題，是一種尋覓過往的懷舊情懷。但就像處理「文化」這個概念一樣，朱津對純正性的定義也是動態的。她所謂的純正性不只是過去世代留下來的文化特色，也包括了當前世代所創造的文化特色；換句話說，城市的純正性乃是在起源與新開端的對話與張力下形成的，這也造就了她所謂「城市的靈魂」，像是電影《裸城》中所呈現的那種紐約的形象。

　　而本書副標題《純正都市地方的生與死》（*The Death and Life of Authentic Urban Places*）則是挪用了另一位美國重要公共知識份子珍・雅各（Jane Jabocs）在1961年所出版經典作品的書名：《美國大城市的生與死》（*The Death and Life of Great American Cities*）。《美國大城市的生與死》一書國內讀者應該不陌生，在都市規劃與都市設計領域中，該書更已列為學生必讀的教材。事實上，雅各在美國的都市規劃史上佔有極為重要的地位，因為她是反對現代主義都市規劃的先驅之一。雅各認為現代主義規劃師所倡議的大規模都市更新以及嚴格的土地使用分區正是摧毀城市最大的殺手，因為這種規劃會破壞城市空間紋理、瓦解社區生活、以及扼殺經濟創新，最後只會形成統一、單調、荒蕪的都市環境。相對於現代主義的城市規劃，雅各主張有活力的城市應該具備如下的空間特質：混合使用的街道、容易穿越的小街廓、不同時代的老建築、以及高密度等。唯有這種都市環境才能容許多樣性的存在，並進而孕育出人性化且民主化的都市生活。雅各所提出的這些觀點不僅改變了紐約

的城市規劃，更對日後美國都市規劃政策的走向有深刻的影響。

　　然而，站在二十一世紀的時間點上回首紐約半個世紀以來的都市發展，朱津看到的是和雅各相當不同的紐約。正如她在《閣樓生活》中所觀察到的，雅各所追求的多樣性與小尺度街道生活在《美國大城市的生與死》出版後的二十年間，很弔詭地被房地產商所實現，而真正長居於此的民眾則遭受迫遷的命運。又如《城市文化》中所發現的，儘管世紀末的紐約族群景觀遠比雅各的時代更為複雜而多元，這些族群景觀非但未呈現於符號經濟主導下的公共空間之中，反而在私人的保全與監控下被排除在公共生活之外。接續上述二書的研究，《裸城》探討的是紐約自世紀之交以迄今日，文化與政治經濟之間辯証關係的發展過程。

　　從都市純正性的角度切入，朱津分析了她所謂的「奇特空間」、「共同空間」以及「終點文化」。「奇特空間」帶領讀者穿梭於布魯克林區、哈林區與東村等三個地點的時空之中，考查純正性對地方所起的作用。在1980年以前，這些地方都因為與紐約的都市再開發計劃脫節，因而保有了某些獨特的都市形式與都市生活。布魯克林區原本是一個工業區，後來因紐約市工業外移而留下大量閒置廠房以及中低階層的勞工鄰里；哈林區是一個傳統的非裔美人社區，因為市政府長期忽略，形成一個治安不佳但卻有街道特色的地區；東村則是一個學生與藝術家聚居的地區，該區也一直是政治抗議的大本營。這三個地區由於時間積累下來的傳統，各自形成了某種純正性。然而在1980年以後，由於媒體的大力吹捧，新一代的中產階級開始對這些地區的純正性感到興趣，結果形成新一波縉紳化的浪潮，最後威脅了純正性本身的存在。

　　「共同空間」檢視的是紐約的公共空間。朱津首先對聯合廣場

與世貿中心場址進行比較，前者是市府委外經營的開放空間，後者則是由公部門直接管理的紀念空間。弔詭的是，一反學術界對於公共空間的理解，由於種種歷史因素，私人經營的聯合廣場反而比政府管理的世貿中心場址更受人們歡迎，更接近純正公共空間開放與民主的理想。其次，在紅鉤球場的例子中，朱津說明了從1970年代開始在此販賣拉丁美洲食物的小攤販，如何利用食物純正性的號召，成功地為自己在該地取得合法營業的權利。而在東紐約的一處社區農園，朱津則記錄了貧困的社區民眾如何利用環境守護以及都市村落等想法建構純正性，獲得市民的支持，抵擋了市府與開發商對其鄰里的破壞。在這些案例中，純正性的建構連結上了法國社會理論家列斐伏爾（Henri Lefebvre）所稱的「城市權」（right to the city），也就是居民可以公平使用因其勞動所創造之地點的權利。

最後，「終點文化」分析了純正都市地方在文化與資本交互作用失去純正性的普遍性過程。這種過程通常始於某個個地區傳統製造業的式微，因而轉變為藝術工作者的基地；接著而來的是文化展示與消費事業的出現；最後則是在高檔連鎖商店和豪華住宅的進駐後，窮人、非白人、以及藝術工作者被驅離，而地方的純正性也因此終結。為了挑戰「終點文化」這個看似不可逆轉的過程，朱津和雅各的著作展開了對話。

在價值信念上，朱津同意雅各的觀點，認為她所追求的有歷史特色的街區、以及各種不同階級與族裔的混居，正是都市純正性的一種表現。但是朱津認為純正性不只是一種都市居民的想像，它同時也是一種權力的載體，關乎了哪種純正性、誰的純正性更為「純正」，以及，在這種純正性的名號下誰享有都市空間的使用權。將權力加入純

正性的觀念中，不僅開展出階級與族裔不平等的向度，同時也牽引上全球經濟發展對紐約都市空間的影響，這正是雅各沒有意識（或刻意忽視）的政治經濟脈絡。雅各沒有理解到的是，她看到的紐約乃是一個處於全球經濟發展特定歷史階段的紐約：製造業開始外移，金融業與服務業即將興起。這也難怪雅各爲了保護純正的都市地方而對抗國家大規模的都市開發，卻未料到她所珍視的純正性到頭來反而被開發商綁架，成爲炒作房地產的工具，在市場機制之中將地方導向了「終點文化」。

因此，朱津批評雅各過分相信市場機制，只看到了國家大規模都市開發對純正性造成的威脅，卻未警覺市場會以另一種形式摧毀純正性。此外，雅各也未認識到只要有適當的公共政策，國家在維護都市的純正性方面有其不可或缺之處。例如國家可實施租金管制、提供小商業貸款、給剛創業的公司或年輕學徒特殊待遇等，這些措施都可有效防止地方經濟被大企業所吞併。換句話說，相對於雅各對國家的不信任與排斥，朱津反而認爲國家的介入才能保障城市純正性的續存與開展。

閱讀《裸城》，很難讓人不聯想到一個「山寨版」的紐約東村，亦即2007年六月在台北出現的「南村落」。「南村落」是作家韓良露替師大商圈所取的地名，也是她在趨勢科技公司的支持下於該商圈開設餐廳的店名，同時又是她所創立的商圈組織的名稱。韓良露宣稱師大商圈和紐約格林威治村或東村有許多相似之處，她以類似雅各描繪格林威治村的筆調敘說「南村漫步」的經驗[2]：清晨出門可以看到徹夜未歸的外籍酒客在公園涼亭中彈唱；傳統市場中攤販叫賣著來自各地的特色產物；早市後到義式咖啡店小啜一杯；接著在名人故居的巷弄中流灠古厝，緬懷故人；用完異國風味的午餐後，則閒晃到舊書店去和

店主串門子；黃昏時分商圈熱鬧了起來，可以邊吃小吃，邊看著喝啤酒的老外與和狗玩耍的小孩；夜晚則可以欣賞各式各樣的街頭表演。好一幅多元且豐富的都市村落景象！即使「南村落」沒有格林威治村的藝術家，也缺乏東村的政治異議傳統，但它的確有著一種未經安排、有機形成的都市純正性。

不少人批評「南村落」是當代台北中產菁英對理想都市生活的想像，然而我們其實很難抗拒「南村落」所建構的誘人圖像，也不能否定這種「純正都市生活」的正當性。不過這裡的重點可能是：這種生活是在什麼社會經濟條件下形成的？誰有機會享受這種都市生活？

師大商圈後來的發展大概是韓良露始料所未及的。2010年底，她的南村落公司與交通部觀光局合作，將台北大安區的永康街、青田街與龍泉街結合成「康青龍」生活街區，其中龍泉街就是師大商圈的主要街道。2011年九月，行政院文建會舉辦了第二屆「台灣國際文化創業產業博覽會」，「師大巷弄散步道」也是當中最重要的主題。在這些政策的影響下，師大商圈在短期內就從一個地區型的商圈轉形成為國內外知名的超大型的觀光商圈，不論是遊客量或攤販數都成倍增長。除此之外，在師大商圈的名聲被打響後，房仲業者與投資客立即聯手炒高一樓店面的地價，使得稍具人文氣息或異國情調的店家或被抬高的租金所迫、或被售地可得的高價所誘，紛紛遷離了師大商圈，取而代之的是眾多販賣流行服飾的小攤販。到了最後，由於商圈活動對於當地住戶生活干擾過大，導致居民聯合要求市政府禁絕當地住宅區的商業活動，造成了極大的爭議。反諷的是，韓良露所眷戀的純正性，正是透過她的「南村落」之手，就此一去不返。

純正都市地方的生死戲碼在台北（或台灣其他城市）上演的方式自然不同於紐約，但正如我們在師大商圈中所看到的，純正性的觀念

確實不失爲一個檢驗文化、資本與都市空間三者彼此交互作用的有力工具。當代的台北仍保有很多純正的都市地方，其中有些關乎舊的起源，例如歷史街區、宗教活動、特色餐飲、夜市、特定商品的聚集地……等等；有些則關乎新的開端，例如新住民聚集的商圈、藝術工作者的集居地、公平交易農產品的市集、人民表達政治訴求的場所……等等。在我們欣賞與享受這些純正都市地方之際，《裸城》提醒我們，若要避免走向「終點文化」的不歸之途，我們必須認眞思考本文開頭所提及的，純正性的觀念如何「可以用來保障每個人居留於其生活與工作地點的權利」這個重要的問題。

注釋

1. Sharon Zukin On her book Naked City: The Death and Life of Authentic Urban Places. A Cover Interview of December 16, 2009. http://rorotoko.com/interview/20091216_zukin_sharon_on_naked_city_death_life_authentic_urban_places/?page=1

2. 韓良露，〈南村漫步：爲「南村落」誕生而寫〉http://www.southvillage.com.tw/article_lu_0002.html

要評斷我們自認熟悉的城市的晚近變遷，現在是個好時機。
這些變遷在我們每天依慣例行走、穿越自家鄰里的時候，嚇到了我
們，也與我們在通俗文化中見到的電視轉播和早期黑色電影（films
noirs）的影像有所矛盾。《裸城》（*Naked City*，譯按：又譯《不夜城》）
正是其中一部黑色電影，一部1948年於紐約街頭拍攝的黑白驚悚警
探片；片中追查一名殺人疑犯，從公園大道（Park Avenue）追到下東
區（Lower East Side），最後抵達一處眼見沒有出路的終點，就在東河
正上方的威廉斯堡橋（Williamsburg Bridge）。當時，《裸城》這部片子
很寫實，尤其它是在真實地點拍攝，對比了紐約摩天大樓的殘暴力
量與街道的文化活力，還有在小商店和餐廳工作、開計程車、清掃
辦公室，以及解決犯罪的男男女女的日常生活。「這座裸城裡有
八百萬個故事。」這是電影中旁白者的著名宣告。但是，他也很有
可能會說：正是這些故事、這些建築物，以及這些街道，創造出
我們生涯中的純正城市（authentic city，譯按：authentic或譯真實、道地）。

今日，這座黑白城市比起1948年當時，似乎沒有那麼永恆且純正
了。過去幾年裡，城市成為大規模再發展（redevelopment）的所在，推
土機拆毀了老舊建築物，巨鏟在地表挖洞，讓其他大型機具可以築
造新地基，起重機有如別針般，從地面上聳然現身。不過，2008年以
來，一場蔓延全世界的經濟危機，卡住了大型營造的金融武器。這場
危機不僅是推動全球經濟擴張的房地產榮景的週期性爆裂，而是停止

了持續不斷沖刷城市海岸的漲退潮——經濟成長、移民和晚近縉紳化（gentrification）的漲退潮——的起源和新開端。

就在危機爆發前，紐約人抱怨城市失去了魅力。有太多深受喜愛的地標消失，取而代之的是毫無特色的高樓。一個接一個鄰里喪失了小尺度的地方性認同。曾經存在於地方，看似永恆的人物——出租住宅房客、小零售舖店主、成群的藝術家和勞工，以及有色人種——突然都不見了。取而代之的是縉紳者（gentrifier）、雞尾酒吧、星巴克，以及H&M（譯按：瑞典服飾公司）。雖然現實主義者不理睬這些抱怨，當它們顯然是懷舊，並指出城市本來就會不斷改變，但通常是最具理想主義之城市愛好者的犬儒主義者，則堅持紐約不再「純正」。他們說，這座城市失去了靈魂。

我是這群紐約客的一員。如果我還沒幻滅，也已經因為城市從遲緩的現代巨人，變形為自己前身的平順、光滑、昂貴複製品而沮喪。我認為，這不僅是個漸進的、甚至是無可避免的振興（revitalization）過程，還是一個確定的、集中的破壞過程，始於1980年代，此後持續加速。我不會將我的沮喪稱為懷舊。我不會懷念街頭犯罪或海洛因生意，或是蓋滿塗鴉的地鐵車廂。我也不認為貧窮的房客就活該永遠住在老舊公寓裡，浴缸擺在廚房，因為房東不想蓋浴室。我確實想念某些鄰里的景象和感覺，它們的多樣性體現在族裔餐飲的氣味和聲響、實驗藝術的藝廊和表演空間，以及來自四面八方、創造出街道獨特風貌的男女臉孔和話語中。

我在布魯克林（Brooklyn）、布朗克斯（Bronx）和皇后區（Queens）仍然可以找到這些鄰里，先前的愛爾蘭人、猶太人和義大利人的購物街，現在是華人、俄羅斯人、拉丁裔和巴基斯坦人的多元族裔混雜場所。蘇活區（SoHo）的藝術家街區、東村（East Village）的反文化場景，還

有威廉斯堡的獨立搖滾區，只是遷移到離曼哈頓較遠的便宜鄰里。哈林區（Harlem）變得高檔，種族方面更融合。但是，這座城市用途的歷史多樣性、地方特殊性、小商店，以及富人、窮人和大抵位居中間的人群，彼此相互緊靠的棋盤格局，已經被一波新奢華公寓和連鎖店的浪潮淹沒。全球投資公司買下數千棟低價公寓住宅，準備提高租金，或是把他們當獨立產權公寓（condos）賣掉，驅離年老而貧窮的房客。文化創造的都市沃土（terroir），正在毀於私人開發商和官員典型的財富與權力炫耀性展示——他們為富人而建，希望好處能夠下滲給窮人——也毀於將鄰里認同轉譯為品牌的媒體宣傳，還毀於起初受到這類認同吸引、最後卻加以摧毀的新都市中產階級品味。這些再發展力量抹平了粗礫與魅力的不均等層次，掃除了有爭議歷史的痕跡，質疑了窮人也有權利在這裡生活和工作的想法——一切曾經令城市純正的事物。

　　1980年代以降公共空間的重造，展現出同一股再發展均質化力量的跡象。譬如世界貿易中心遺址，半是哀悼的地方，半是大眾消費奇觀，這些是由私人資金資助的空間，而且聚焦於兩個在2001年以後成為我們關注所在的議題：購物和安全。現在由私人管理委員會經營的公園，以及由商業促進區（Business Improvement Districts）治理的購物區，確實享有更乾淨的街道和更高的公共安全。但是，我們為這些舒適付出了過高代價，因為它們仰賴我們無法控制的力量——私人商業協會、警察官僚機構，以及保全公司——顯示了我們已經準備放棄我們難以駕馭的民主體制。這是城市失去靈魂的另一種方式。

　　漫步紐約，我見到了人群、街道、鄰里和公共空間正在升級、再發展及均質化，到了失去它們獨特認同的地步。它們並非全是歷史地方，因為城市的主要特徵之一，在於它滋養了純正性（authenticity）兩面之間的持續對話：每一代人都認為是「原初」的特色（因為這些特色

在他們一生中總是在那裡），以及每個新世代憑己力創造的特色。起源和新開端的張力，產出了保有「純正」城市的慾望，自1960年代以來，這是歷史保存者的目標，以及發展文化創新中心的慾望，自1980年代以降，這是許多想找到快速商業再發展的神奇動力者的目標。這個張力使得紐約比起《裸城》拍攝時更現代、更有趣，也更脆弱。這也說服了我，羅伯特・摩西（Robert Moses，紐約1930年代至1960年代間，公園、橋樑、公共住宅計畫和高速公路卓越的公部門開發者）與珍・雅各（Jane Jacobs，偉大的都市作家兼社區組織者）之間的辯論，根本還沒有完結；雅各協同鄰居和盟友與摩西戰鬥，並於1950年代晚期獲勝。摩西推動興建一座企業城市，雅各倡議保留都市村落。

雖然雅各和她的社區行動主義同伴，阻止摩西摧毀下曼哈頓相當部分地區、代之以公路和高聳住宅開發的計畫，企業城市同都市村落的鬥爭卻持續到我們的時代。這場戰鬥牽涉的不只是新營建計畫的磚頭與灰泥，還涉及哪個群體有權利棲居於舊有及新興的城市形式中。誰從城市振興中獲利？任何人都有權利免於遷移嗎？法國社會理論家昂希・列斐伏爾（Henri Lefebvre）稱為城市權（the right to the city）的這些利害關係，使得決定城市的純正性如何生產、詮釋和配佈，變得很重要。

雅各和摩西都沒有使用「純正性」（或譯道地、正宗）這個字眼。兩人可能會認為，1950年代在他們的著作中用這個字眼，不但不必要，還有所誤導。但是這個字眼在往後幾年就潛入了通俗語言，出現在商店招牌——就在第14街：「紅芒果：道地的優格」——以及行銷策略和文化批判中。在一個認同變得不穩定，而且人們是以表現來評斷，而非以他們的歷史或內在特質來評價的時代，宣告純正性變得很流行。在這些條件下，純正性區分了個人、產品或群體與其競爭者；它會賦予道德優越性的氛圍，這是每個人可以挪為己用的策略性優勢。現實

上，很少有群體在我們使用純正性這個詞的矛盾意義上，稱得上純正：一方面，這是指初始、史上第一，或恪守傳統視野；另一方面，這是指獨特、史上最新、創新，以及有創意。不過，在現代時期，某個群體可能不需要**是**純正的；但是，它可能得宣稱**看**到了純正性以便能主導其優勢。

如果純正性有分裂的特質，它也可能是刻意由文化參照物的碎片構成：商店櫥窗上技巧熟練的塗鴉、音樂酒吧地上的鋸木屑，城裡粗劣但尚未充斥犯罪的地區的一條地址。純正性的這些虛構特質，並非「眞的」，但它們對於我們的城市想像有眞實效果（real effect），也對於我們喜歡出沒和購物的新餐館、商店和縉紳化地方有眞實效果。由於這個字眼的出現，反映了我們身爲文化消費者的角色重要性，消費著城市的藝術、食物和意象，以及城市的房地產；純正性成了一項工具，伴隨著經濟與政治權力，不僅控制眞實都市地方（鄰里、公園、社區農園、購物街）的外觀，還控制其用途。因此，純正性是一種凌駕空間的權力的文化形式，對城市的老舊勞工階級和中下階級施壓，令他們負擔不起在那裡居住和工作。

但是純正性也可能是個有力工具，來跟最近高檔成長的負面效果戰鬥，如果我們將它重新定義爲一項文化權利，在城市裡替所有人民的生活和工作建造一處恆久家園。這並非意味了誰控制都市空間的鬥爭終結了，這是縉紳者和長期居民之間、商業促進區和社區組織之間，或是想要以摩西風格建造巨大工程的市長，同以雅各的方式反對這類開發的歷史保存與社區行動分子之間的鬥爭。但是，在兩種意義上——歷史上的老舊，以及創意上的新穎——塑造純正地方的權利，提供了將許多群體擠壓出去的那種成長以外的出路。宣告純正性可以是一種替**任何**群體獲取所有權的手段。

xiii

　　這種觀點更新了我在早先的書《閣樓生活》（*Loft Living*）[*]和《城市文化》（*The Cultures of Cities*）裡著手的，針對紐約市文化與資本的檢視。現在，我能夠以更長遠的視角來看待那些書描述的變化，尤其是文化浮現而成爲都市再發展的策略兼主題，以及藝術、金融、飲食和時尚的符號經濟（symbolic economy）崛起，它們既深深滋養又大力摧毀了城市的獨特文化。有些讀者可能會對於這種觀點下，文化的漸趨明顯，感到不舒服，特別是我聚焦於顯然是菁英主義的純正性概念。但是，對純正性的關注，不見得要忽略權力的力量。我主張，如果我們不考慮媒體的文化權力——包括像是維基（wikis）和部落格（blogs）這類新媒體，以及消費者品味的文化權力——就無法考慮控制都市空間的權力，那通常是資本投資者的經濟權力，以及國家的法律權力。這些因素現在都塑造著控制城市未來的鬥爭。

xiv　　過去五年來，我的學生和家人都得與《裸城》共生，它是個組織性的視野，也是個談話主題。我的學生可能跟它混得比較好——也許，我只是想要這麼認定，畢竟他們沒多少選擇。不過，如果沒有我在紐約市立大學研究生學院前幾年的研究助理Valerie Trujillo大力協助，這本書就寫不出來，她有條不紊地遵循我的每個狂野靈感，並且讓我們的研究上軌道；也要感謝非正式的研究生研究團體，忠實地與我一起研究哈林區與威廉斯堡的服飾店和縉紳化，除了Valerie，還包括了Peter Frase、Danielle Jackson、Tim Recuber和Abraham Walker；還有Kathleen Dunn，她執行了與紅鉤（Red Hook）飲食攤販充滿洞見的訪

---

[*] 譯註：loft 是指製造業或倉儲使用的舊式工業建築物，擁有廣闊且未隔間的樓地板。工廠歇業後，需要廉價且寬闊的居住及工作空間的藝術家則承租或占用這類空間。一般常譯為閣樓，但這有時會誤導讀者以爲是指一般住宅的屋頂閣樓，或是 penthouse。不過，藝術家使用的這類舊廠房或倉儲空間，並非僅位於頂樓，而是二樓以上的開放樓層皆稱爲 loft。因此，後文將視上下文將 loft 譯爲廠房閣樓或廠房建築。

談，並且做了這處鄰里的額外研究。Andrew McKinney收集了社區農園食物計畫的資訊。Peter Frase與Colin Ashley在白天（與晚上）的怪異時刻，到威廉斯堡和紅鉤做田野考察。身為布魯克林學院高年級生，Dmitri Chitov針對社區農園中不同類型的社會資本，寫了一篇極佳的榮譽論文，協助澄清了我的想法。身為研究生，我的同事Tamara Mose-Brown針對一處縉紳化鄰里的購物街，做了一項獨立研究，也有助於我釐清都市中產階級消費者的文化權力。如果我沒有機會教導這些學生，並從他們那邊學習，就無法擴大這些想法。我很感謝他們，希望我沒讓他們失望。我也要感謝PSC-CUNY獎助計畫，這份小額年度研究獎勵金讓我們的工作可以推展。

我感謝我的編輯兼友人David McBride，他從一開始就被這本書的論點說服。David在他的編輯職責中還帶來了廣博的政治與文化知識，以及他對於某些布魯克林鄰里的特殊經驗，他教我的跟我試圖教他的一樣多。我的出版者Niko Pfund展現了我以為已經隨同過往偉大出版者消失的、對書籍的親切和熱愛。製作編輯Jessica Ryan在疲累的時刻是個清明的聲音。我很高興《裸城》在這個家庭中找到了位置。

在我自己的家庭中，我繼續仰賴Richard Rosen的攝影師之眼，以及Elisabeth Zukin Rosen的批評者眼光。我嘗試逼迫他們為我提供服務，比我想承認的次數還要多，雖然他們總是率先指出，我沒有每回都採納他們的建議。我想要告訴那些前一回在《城市文化》中遇到Elisabeth的讀者，她現在是個大學生，不再「玩博物館」了。但是，當她跟我一起走過下東區，注意到新的服飾店和豪華公寓，或是跟我一起出遊到紅鉤球場，吃墨西哥式酥皮餃（empanadas），她表現出對這座城市的真誠欣賞。

我曾經在過去幾年出版的期刊論文中，試驗我的部分論點。第

一章和第三章的部分出現在 "Reading *The Urban Villagers* as a Cultural Document: Ethnicity, Modernity, and Capital," *City and Community* 6, no. 1 (March 2007): 39-48; "Consuming Authenticity: From Outposts of Difference to Means of Exclusion," *Cultural Studies* 22, no. 5 (September 2008): 724-48; 以及 "Chnaging Landscapes of Power: Opulence and the Crisis of Authenticity," *International Journal of Urban and Regional Research* 33, no. 2 (June 2009): 543-53；第四章有部分發表於同Ervin Kosta合寫的論文，"Bourdieu Off-Broadway: Managing Distinction on a Shopping Block in the East Village," *City and Community* 3, no. 2(June 2004): 101-14。當然，除了這裡提及的以外，若還有任何失誤，都是我的責任。

失去靈魂的城市

這是一個起源故事——應該說，一種創世故事——一則永恆不斷的新開端、重新
出發和修飾變身的現代憤怒傳說；簡言之，是創世之創世的故事。

　　　　——赫伯特・馬斯坎姆（Herbert Muschamp），《紐約時報》，2007年2月28日

　　21世紀初期，紐約失去了它的靈魂。有些人懷疑，這個城市曾經
有過靈魂，因為紐約一直靠著甩掉過去、拆除舊街坊和打造新市街而
不斷成長，多半得經過一場又一場厚顏無恥的經濟利益之爭。其他
人則聳聳肩、不置可否，因為現在所有大城市都忙著抹除粗糙的紅磚
與灰泥建築歷史，建造閃亮的未來遠景。北京、上海和其他中國城
市清除市中心破落的狹窄胡同，將世代住在那兒的居民趕到城市邊
緣，用昂貴公寓和設計宏偉的摩天大樓取代矮小老舊的房屋。利物浦
（Liverpool）和畢爾包（Bilbao）拆除廢棄的水岸，將陳舊的船塢與倉庫改
建成現代藝術博物館。倫敦、巴黎和紐約的藝術家和縉紳者搬進了老
移民區，一方面歌頌工人階級酒吧和外賣小吃攤，又將它們淹沒在如
雨後春筍般出現的咖啡店和精品店，以及隨後而來的品牌連鎖店中。
結合資本與國家的經濟力量，以及媒體和消費品味等文化力量而成的
高檔成長普世修辭，是這些變化背後的推手，也暴露了城市居民渴望

「永恆的城中村」：伊利莎白街，諾利塔（NoLIta），2001年。理查·羅森（Richard Rosen）攝。

純正起源——一種傳統且神秘的尋根渴望——及其新開端之間的矛盾：反覆不斷重新發明社區。[1]

　　說一個城市到底是否純正，聽起來有點荒誕。尤其是紐約這樣的全球大都會，不論是人、還是建築，都沒有累積任何歲月痕跡的機會。大多數居民都不是當地出生的，也未世代住在同一棟建築內，他們周遭的城市實體結構一直不斷改變。事實上，在全世界各地，「曼哈頓化」（Manhattanization）象徵的就是城市中一切**不**被視為純正的事物：一年高過一年的高樓大廈、誰都不認識誰的密集人群、高價格換來的次等生活條件，以及領先流行的激烈競爭。但是，最近以來，純正性有了某種不同意義，和起源沒什麼關係，反而和風格比較有關。

這個概念從人的品質演變成事物的品質，最近又轉變成經驗的品質。
《時代》雜誌將純正性列爲2007年最重要的概念之一，一部分是因爲
詹姆斯・吉爾摩（James H. Gilmore）和約瑟夫・派恩（B. Joseph Pine II）兩位
行銷大師的大力推廣，其作品正是強調這種由事物轉向體驗的過程；
另一部分則得歸因於班雅明（Walter Benjamin）及布希亞（Jean Baudrillard）等
社會理論學者點燃的焦慮，他們認爲透過科技、模仿新奇，以及消費
文化炒作，經驗愈來愈受到表象的誘惑。透過這些鏡頭來看，一個城
市如果能創造起源的**經驗**，就是純正的。其方法是保存歷史建築和街
區、支持小型精品店和咖啡館發展，以及建立鄰里獨特文化認同的品
牌。[2]

因此，不論眞假，純正性成爲某種權力工具。任何堅持自身品
味比他人更具純正性的團體，就能取得道德優越性。但一個團體若將
自身品味強加於都市空間——街道外觀或街坊感覺——就能取代長期
居民，宣告對那個空間擁有主權。確定的是，有辦法支付更高租金的
團體，也能合理地認定自己將可贏得這場主權之爭：藝術家的生活兼
工作閣樓取代了製造商，之後又被律師和媒體大亨買下，改裝爲豪華
公寓；美食乳酪或風格獨特的咖啡館擠走了支票兌現服務或外賣快餐
店，然後又被每月支付好幾千元租金的連鎖商店取代。但這種空間權
力並不僅限於金錢方面，更重要的是，它是一種**文化權力**。新品味取
代長期居民的品味，是因爲它們強化了政客成長口號傳遞的意象，讓
城市成爲永不打烊的娛樂區，有安全、乾淨、可預期的空間，以及高
級的現代鄰里。社會學家約翰・漢尼根（John Hannigan）說，瑰麗壯觀
的新都市文化空間——迪士尼化的時報廣場或時髦的藝文區、表演空
間、素食咖啡館——承諾某種「無風險冒險」的安全性刺激。我比較
傾向於更尋常的卡布奇諾式馴化，原本粗獷的地方因爲開了一家星巴
克或其他新咖啡館，便增添了些許審美氣息。這些新消費空間背後代
表的品味影響力巨大，它們將長期居民驅離自己的舒適地區，逐漸把
原本支撐其生活方式的地方，轉變成支持不同文化社群生活的地方。
小餐館取代了酒店、老式沙龍變形爲雞尾酒吧，整個街坊創造了某種
不同類型的社交性。相對於長期居民的起源意識，新來者大聲宣告自
身的新開端。[3]

不過，誰能說這些新空間不純正？新商店和新人產生了新都市
沃土，這些地點具有能夠行銷全世界的特別文化產品和特色，可以吸
引觀光客和投資人，打造一個對中產階級而言，雖不便宜卻安全的城
市。情況並非一直如此。在最早的「城中村」（urban village），1960年代

以前的種族和勞動階級街坊中，生活是傳統的重現。在那之後，縉紳化的時髦客（hipster）*鄰里成了都市經驗的模範，純正性則是某種特意選擇的生活方式，是一種表演，也是一種移置的方式。[4]

對於純正都市經驗的渴求，源於對1960年代都市危機的反動，當時美國城市不斷被描繪成感染絕症、無藥可救的犧牲者。城中較富裕的白人家庭紛紛遷往郊區。公立學校、公園和街道素質低劣，失去控制。民選官員因為政府必須提供的服務，與來自貧窮人口的稅收之間的預算缺口不斷擴大而憂心忡忡，也為城中心深具魅力的成熟形象，以及遭地主、居民和企業遺棄的街坊之間的嚴重感知落差而憂慮不已。

事實上，城市的競爭優勢正不斷流失。二次世界大戰後，政府政策對郊區居民提供的協助多於城市居民，經濟能力較佳的白人中產階級家庭，通常能享有政府擔保房屋貸款，因而紛紛遷離城市，搬到有優良學區和後院的大房子。企業總部也背棄城市，轉往郊區，沿著高速公路拓展，蔓延成一條斷續迤邐的新商業區，周遭環繞著大片停車場。銀行家投資義大利、韓國和巴西的新鋼鐵和汽車廠，飛機、成衣和電子工廠先是在郊區尋找大型廠區和廉價勞工，後來遷到海外。底

---

* 譯註：hipster 通常是指獨立音樂和電影等非主流文化的消費者，他們可能挪用嬉皮（hippie）或其他反文化的符號，但不見得具有後者的政治與社會意識。

特律、芝加哥、費城、波士頓和紐約的勞工階級鄰里，困在戰後社會進步的樂觀主義，以及無法了解和面對其後工業命運的夾縫中，進退失據。

由於政府官員相信城市面臨了形象危機，轉而求助企業主管，希望打造新的成長策略。城市應該重建市中心，使其盡可能具備與郊區一樣的魅力，以便吸引投資人和訪客——亦即有錢人。1970年代起，市區購物中心開發商將荒廢工廠和碼頭用地改建成有利可圖的景點，寄望能和郊區購物中心一較高下。文化——展示城市獨特創意產品的劇院和博物館——旨在吸引市中心以外的更廣大觀眾。1980年代，金融公司和不動產業在重塑地方經濟中扮演主角，尤其在像紐約這樣的全球城市，文化專區、族裔風貌觀光區、藝術家閣樓等，則為大眾消費呈現出多元的清新形象。到了1990年代，部分紐約鄰里的商業繁榮和全球媒體曝光度，尤其是蘇活區和時報廣場（Times Square），似乎證明了新開端的言辭允諾確實有正當性。[5]

但城市官員忘了城市的起源。「起源」指的不是哪群人最早定居在某個鄰里；這種事不僅難以考證，也很荒謬，因為每個城市都建立在層層疊疊的歷史遷徙上。「起源」暗示的是一種讓人能在該城市落地生根的道德權利。這是能居住在某個空間的權利，不只是將它當作經驗來消費。就這層意義而言，純正性並不是蘇活區歷史建築的舞台佈景，或是時報廣場的燈光秀；它是一種生活和工作的持續過程，日常經驗的逐步累積，一種周遭鄰居和眼前建築明天依然會存在的期待。[6]

當這種連續性中斷時，城市就喪失了靈魂。這一切始於你突然注意到某些發生於自己所在街坊的細微改變。附近的五金店或皮鞋修理店一夜之間關了門；鐵欄杆緊鎖著門窗，窗邊的陽光下陳列著一罐罐愛麗牌（Rustoleum）塗漆和各式扳手；「出租」招貼取代了破舊的「貓

爪」鞋底標誌，以及古體字手寫的「鞋子若超過30天未領回，恕不負
保管責任」告示。投幣式自助洗衣店消失了，因為新街坊鄰居買下兩
間小公寓或整棟四層樓透天住宅，打掉隔間變成較大的房間，安裝自
己的洗衣機和烘乾機。義大利人經營的、店內電視永遠轉播足球賽的
運動酒吧，搖身變成錄影帶店，然後轉手頂讓給星巴克。長久以來定
義城市街坊的成串小商店，逐漸破碎斷裂，因為新投資、新居民，以
及「同質化的無情推土機」而內爆崩解。[7]

　　這些改變不但明顯可見，還重塑了我們的日常生活。有些變化
受到歡迎，例如可以品嚐到拿鐵而不再只是焦黑的沖煮咖啡，雖然價
格可能較高，例如支付原來的兩倍價錢買拿鐵，或為了一雙橡膠鞋底
而花費原本的三倍價錢，因為幾條街以外的那家新修鞋店現在必須支

付較高租金。有些變化讓你在居住多年的鄰里中自覺像個陌生人，例如街坊藥房（那兒的藥劑師熟知你的用藥習慣）被敦瑞（Duane Reade）或CVS連鎖藥妝店取代，你每次去看到的收銀員都不同。懷特（E. B. White）在1949年寫到：「每個鄰里是如此完整，街坊意識如此強烈，以致許多紐約人一輩子都只在一片比村落還小的區域內活動。只要由自己的街角往外走超過二條街，他就會自覺身處異地而惴惴不安，直到回到原處為止。」[8]

不只是商店，人也不同了。某些鄰里，藝術家、演員、電腦程式設計師及音樂家——嬉皮士（hipperati）——總是泡在街邊咖啡座，在下午兩點鐘吃早午餐，三更半夜才前往倉庫裡的表演舞台或音樂吧。城市的另一些區域中，編輯、教授、律師和作家推著嬰兒車、講手機，瀏覽小型設計風店鋪的櫥窗；這些「布爾喬亞波希米亞人」（bourgeois bohemians）喜歡舒適的生活，尤其在有了小孩後，又不願意住得像他們的父母一般——尤其不願住在郊區——只要安全無虞，他們也不介意街道有些灰塵。時髦客和縉紳者居住的區域，空氣中飄著新寰宇主義（cosmopolitanism）的氣息：寬容、新潮、隨性。那並不是壞事。但是，那些他們遷入的老族裔街坊卻一點一滴的死去，隨之而去的是長住居民勤奮營生的工廠，以及他們視為家鄉以外另一個家的愛爾蘭酒吧、拉丁裔酒店，以及黑人靈魂食物餐館。那些看似深植於這些街坊的居民逐漸消失了。

直到1980年代，這些地方中有許多仍然十分破舊；到處是廢棄房屋，空地堆滿了垃圾，一片髒亂。「鄰里狀況」（There goes the neighborhood）指的是從樸實小店與住宅，一路下滑而淪為貧窮房客、高犯罪率和荒涼街道。如今，貧民區（Skid Row）已改頭換面，鮑爾利街（Bowery）變成精品旅館大街、哈林的咖啡店，以及威廉斯堡的水岸公

寓。我們通常將這種改變稱為縉紳化，因為這種過程涉及高學歷富有人士遷入較低階級鄰里，以及隨之而來的房地產增值，將「衰落」地區轉變成帶有歷史或時尚魅力的高檔鄰里。

一開始，這種變化僅限於接近市中心的最古老鄰里，這裡原來的優雅褐岩或紅磚房屋因為經濟困難而破落，藝術家和作家，偶而也有律師、教授或博物館策展人、獨立樂團成員，以及視覺藝術家，看上價格適中的舒適生活而進住，即社會學家布迪厄（Pierre Bourdieu）所說的，文化工作者的渴望式消費。這裡所指的可以是1920年代的格林威治村（Greenwich Village）、二次大戰後的布魯克林高地（Brooklyn Heights）、1960年代的公園坡（Park Slope）、1970年以後的蘇活區。不過，幾年之後，視金融市場對大投資人及其顧問的獎賞有多慷慨而定，城內各處的房地產價格紛紛上揚，新開端逐漸由中心擴散至其他鄰里。縉紳化地區的中上小富階級，將修繕後的房子和公寓賣給巨富。英國地理學家利斯（Loretta Lees）稱這個過程為「超級縉紳化」（super-gentrification）。然而，當鄰里一個接一個升級，新居民不再只是修理舊住宅和閣樓，還搬入新建的豪華公寓，小商店則逐一被銀行、時髦餐館和品牌連鎖店取代時，縉紳化已不再是一種單一趨勢。尼爾·史密斯（Neil Smith）稱此為「普及的縉紳化」（gentrification generalized）。我認為這實際上是一種廣泛的再都市化過程，這些變化鬆開了舊工業及其生活方式的掌控，擴展了白領階級男女及其最關注的購物和各種其他消費活動佔據的空間；為城市引進了新居民以及他們的品味和關注事物；所造成的不只是貧富老少之間的經濟區分，也是文化隔閡。這就是城市失去靈魂時發生的事情。[9]

我們並不是哀悼起源喪失的第一個城市居民世代。艾德溫·布羅（Edwin Burrows）與麥克·瓦列斯（Mike Wallace）在《高譚市》（*Gotham*）中

鮑爾利街上的豪華新建築，2008年。理查‧羅森攝。

指出，至少早自十九世紀中葉紐約大興土木起，這座城市的實體構造就
不斷遭到侵蝕。《紐約鏡報》（*New York Mirror*）於1853年將曼哈頓描述成
「現代的廢墟之城」。「好好的建築物才剛蓋成，就又拆了。」《哈潑
月刊》（*Harper's Monthly*）宣稱，「一個四十年前出生於紐約的人，無法找
到他認識的紐約，絕對找不到。」小說家亨利‧詹姆斯（Henry James）於
1900年代初，從歐洲舊大陸航行駛入紐約港時，也加入了哀悼行列。他
譴責那些聳立在華爾街附近，高度超出三一教堂（Trinity Church）塔尖的
高樓──當時是十層樓。雖然這些小型摩天大樓是以堅固的鋼筋和花崗
岩建造的，但在他眼中只不過是下曼哈頓（Lower Manhattan）擁擠的「針
插」上的暫留位置。詹姆斯指出，它們迫切需要某種歷史感。不同於
「塔樓、廟宇、城堡或宮殿」──城市古代起源的有力提示──紐約的
高樓缺少了「永久性事物甚或長期事物的權威感」。[10]

　　詹姆斯道出了至今仍引起共鳴的主題：敵視過度建設、渴望抑制
快速變化，以及厭惡標準化的審美觀──對各地城市和鄰里看來大同
小異的反感。一如十九世紀巴黎人對奧斯曼男爵（Baron Haussmann）在
中世紀原址重建城市感到哀痛，詹姆斯針對因經濟發展以及經營鋼鐵
業、鐵路和銀行的企業家為炫耀財富而爭相大興土木，以致破壞殆盡
的記憶和情感地景，喚起了某種遺憾氛圍。他也不自覺地見證了整個
現代化時代的傲慢，目睹政客協助地產開發商變更都市精華地段的使
用方式以賺取暴利時，所展示的國家權力傲慢。

　　詹姆斯論及的重要主題，先是被繁榮與充裕的建設資金掩蓋，接
著又淹沒在大蕭條和第二次世界大戰之中。由於資金亟需用於其他更
迫切之處，所有美國城市的拆除新建因而暫停了大約三十年。然而，
二次世界大戰後，和平時期的經濟發展帶來新一波高速公路和郊區住
宅投資，以及在地方民選官員和開發商壓力下著手重建市中心，與萊
維敦（Levittown）和聖費爾南多谷（San Fernando Valley）的新住宅和購物中
心相較之下，這些市中心看來既疲憊又破舊不堪，無法給人足以彰顯
美國全球霸權地位的難忘形象。大蕭條期間，商業領袖與全國不動產
業的遊說團體一再公開要求政府勇於投資以除去城市的「枯萎病」
（blight），指的是聚集在大城市的市政廳、客運站和百貨公司等中心市
場附近，荒廢貧民區內的廉價公寓、遊樂街，以及單人房出租旅社。
他們和羅斯福總統（President Franklin D. Roosevelt）不同，不打算解決都市貧
民的居住問題。但是二次大戰之後，地方商業領袖和民選官員願意用
聯邦經費來蓋新的公共住宅和政府行政中心，只要他們也能拆除都市
貧民和勞工階級居住的鄰里，改建成企業辦公大樓、豪華住宅、文化
中心和旅館。國會於1949年通過的聯邦住宅法第一章（Title I）內，包含
了資助這些專案及擴張都市大學的條款，使得開發商和公部門企業家

可以隨心所欲刺激城市成長。[11]

　　這幅城市願景引起反對意見，甚至是憤怒。詹姆斯的重大主題再度浮現，不過這次是從更偏向民粹主義的觀點出發。他從來就不喜歡當時擠滿下東區出租公寓區街頭的移民，也就是猶太人。不過，都市更新的批評者在詹姆斯對過度建設的敵意之外，添加了我們現在稱爲可負擔性（affordability）和多樣性（diversity）的積極目標。

11　　波士頓的社會學家兼都市規劃研究者赫伯特・甘斯（Herbert Gans）寫了一篇驚人控訴，指責地方菁英毫無必要地破壞西區（West End）的義大利勞工階級社區，他創造「城中村」一詞來描述緊密結合、以家庭爲基礎的族裔社區，但這些社區在掃除貧民窟的名義下被迫遷離。更有名的是紐約記者和社區行動人士珍・雅各公開呼籲大眾反抗現代都市規劃的致命手段，它們引進堆土機，以及都市更新專案的「災難性金錢」（cataclysmic money），摧毀了依然活力充沛的舊鄰里。1960年代早期，都市更新在各地積極推展時，反對陣營發展出一套保衛都市純正性的街頭溫和抗爭策略，以對抗揚言掃除居民及建築物的傲慢現代化和國家權力。[12]

　　1960年代爲都市純正性發聲的男女來自不同社會、文化和政治團體，所主張的城市願景也各有不同。主要有三個不同群體：歷史保存論者，通常屬於上層階級，如詹姆斯，這些人強烈反對破壞承載都市記憶的老建築；社區保護主義者、政治活躍分子及社會意識強烈的知識分子，如雅各和甘斯，他們捍衛窮人的權利免於因新建築計畫而遭犧牲，尤其反對「黑人搬遷」（Negro removal），這是鎖定因種族歧視而最不可能搬遷至郊區新家者的行動；以及縉紳者，這些人自1940年代起陸續遷入貧窮鄰里，購買並整修富含「重大象徵價值」的十九世紀晚期住宅，培育某種未受現代性污染的都市生活型態。身爲民主派改革

者的縉紳者,與舊式黨派操作政客仰賴的白人團體發生衝突,又害怕其貧窮的黑人和拉丁裔鄰居,但這些鄰居也懼怕他們。[13]

　　這三種團體——歷史保存論者、社區保護主義者和縉紳者——的成員常有重疊。這種情況不僅使其累積了關鍵數量,也讓他們在緊密交織的政治、媒體和設計網絡上取得關鍵地位。他們的成功運作帶來一連串重要的公共政策變革,促使雅各的都市純正性願景更加鮮明。首先,紐約帶頭通過了歷史保存法案,世界各地其他城市隨之跟進,這些法案成立了官方的地標保存機構及公聽會制度,以監督(某些時候是防止)舊建築與街區的拆遷事宜。1970年代,宏偉的布雜藝術紐約中央車站,以及蘇活區工業廠房建築,因爲名列歷史地標而得以倖免於開發商的拆除計畫。第二,高層建築住宅計畫的規劃者逐漸改向,轉而替都市貧民設計一些外觀比較不像倉庫的低層建築物。及至1970年代初,自由派反對「計畫」(the projects,譯按:這裡指現代主義風格的高層公共住宅)的美學及其貧窮人口的社會集中,與保守運動結合,杯葛政府的公共住宅支出,有效終結了將都市貧民留置於市中心的大型計畫。高樓興建計畫停擺,公共住宅社區停止蔓延,一方面降低了日後升級的實質和象徵性障礙,也削弱窮人——就人數而言——反抗縉紳化的潛在力量。第三項改變與雅各等縉紳者本身有關。隨著人數增加,他們逐漸成爲一股重要的政治勢力,雖然出人意外但更重要的是,他們也成爲城市的形象製造者。西村(West Village)、布魯克林高地和公園坡等鄰里創造出某種具美學興味的內城生活典範,於1980年代吸引且留住了專業者、藝術家和知識分子等戰後中產階級——在「創意階級」(creative class)這個名詞發明之前即已存在。儘管如此,這些重大改變在歌頌歷史建築的純正性,以及承認居住其間的下層階級家庭純正性之間,產生了一道鴻溝。[14]

12

雅各藉由同時歌頌城市的社會多樣性及其實質紋理，看似彌合了
這道鴻溝。雅各反對現代規劃策略，這些規劃偏好空曠公園環繞的高
層建築、以汽車而非行人為對象來興建的寬闊街道，以及除舊建新的
大型開發案。雅各重視的是城市老舊而無規劃的混亂狀態所促成的純
正人際接觸。她稱讚擁擠的人行道能保障行人安全、租金低廉的破舊
建築孵育了新創業的小公司，而混合使用——住宅與商店、辦公室、
製造業混於一處——營造的美學魅力，遠勝於同質的企業辦公區、公
共住宅計畫和郊區住宅明顯的「單調乏味」。雅各的1961年暢銷書《美
國大城市的生與死》（The Death and Life of Great American Cities），最常為人引述
的第一部分段落，是以小時為單位，描述她由窗口望出去的哈德遜街
（Hudson Street）「錯綜複雜的人行道芭蕾」（intricate sidewalk ballet）——以
戲劇手法呈現街坊小店主、家庭主婦、學童和街角酒吧顧客等的友善
依存關係，他們都是城市鄰里社會秩序的守護聖徒，卻受到控制都市
更新的強大勢力輕忽蔑視。

　　雅各也主張，純正性是一種起源的民主表現，鄰里有權利決定自
己的生存條件，而非由國家來決定。《美國大城市的生與死》對國家
權力的傲慢發布警訊，尤其當這種權力體現為英雄主義色彩濃厚的羅
伯特‧摩西，他於1930年代至1960年代擔任紐約州和市政府主要開發機
構負責人。摩西擔任這些職位期間，在政治領袖和各級政府單位支持
下，完成大量公共工程規劃和興建，從海水浴場、泳池，到橋樑、高
速公路和公園，以及許多公共住宅計畫。這些計畫在許多方面讓紐約
成為現代化城市：城市連結上全國高速公路系統，使汽車和卡車能夠
將貨物和勞工運送到區域各處；以新式公寓大樓取代破舊廉價公寓；
以及在數千頃瀝青地面中創造綠色空間和兒童遊戲場。然而，誠如許
多鄰里居民發現的，公共工程可能會讓附近居民付出重大代價。不

₁₃

過，摩西堅持讓新高速公路穿過既有的街坊鄰里，摧毀任何擋住去路的房屋和公園，而且拒絕接受社區居民陳情或申訴。雖然其他公部門官員同樣毫不顧慮反對意見，也掌握龐大政府經費，但摩西的公共形象更顯要，不惜直接槓上任何膽敢批判其決定的人。他成了威脅小型鄰里社會網絡和城市多元化歷史特色的頭號反派──堪稱是二十世紀的奧斯曼男爵，爲了追求清潔、有效率的新開端，執意摧毀令人憶起紐約多樣起源的所有痕跡。[15]

雅各與其鄰居及盟友們聯手擊垮摩西，阻擋了他主導下可能改變下曼哈頓實質紋理的三項計畫。這些衝突始於1950年代初期，當時格林威治村居民抗議摩西打算開一條路穿過華盛頓廣場公園（Washington Square Park），那是格林威治村中央的一小塊綠地，離雅各居住的地方不遠。在雪莉‧海斯（Shirley Hayes）的領導（她的子女曾在公園內玩耍），以及雅各和其家人，還有其他住在社區內的作家和評論家加入下，一場挑戰摩西的草根活動如火如荼展開，他們蒐集請願連署簽名、以地方政府官員爲對象撰寫社論，並大聲抗議來擾亂城市規劃會議。摩西試 *14*
著羞辱行動派人士，尤其是女性，說她們不過是一群既無都市規劃經驗、又無專業知識的「媽媽」。但當媽媽們贏得也住在格林威治村的紐約市民主黨政治領袖卡邁爾‧德薩皮奧（Carmine De Sapio）支持時，築路計畫被城市評估委員會（Board of Estimate）否決，摩西大敗。幾年後，當摩西計劃修築一條高速公路穿過布龍街（Broome Street），可能破壞位在今日蘇活區內一大片十九世紀舊工業建築時，他又一次面對相同的草根反對運動。這次，在藝術家、歷史保存論者，以及參與華盛頓廣場公園抗爭活動的同一批格林威治村居民（包括雅各）聯手下，摩西再度遭遇重大挫敗。第三役，在一項拆除雅各住家附近的舊房屋與倉庫，以興建高層低收入戶公共住宅的計畫中，摩西又一次受挫。[16]

　　摩西之所以激怒眾人，不只是因為他態度傲慢，或因為他選擇的建築設計；而是他奉行的現代主義都市規劃原則，深深插入了一個飽受創傷的自由派社群的心臟。二次大戰期間，盟軍轟炸德勒斯登（Dresden）、柏林、廣島和長崎，以及德國空襲倫敦，在在顯示摧毀城市的歷史心臟是多麼容易的事。雖然戰後美國政府並未試圖謀殺成千上萬都市居民，但他們的確打算消滅舊日的物質地景，為了都市更新而夷平地區的成堆瓦礫，可能引發與原子彈威脅所致的相同恐懼感。即使懷特在稱頌戰後紐約的「變與不變」時，也寫到：「現在，死亡的暗示是紐約的一部分：存在於頭頂噴射機的聲響中，存在於最近版面的黑色標題中。」而且，不只是紐約，「所有城市居民都必須與毀滅的確鑿事實共存。」[17]

　　另一個沒那麼病態但同樣重要的理由，是現代主義愈來愈令人反感，因為它輪廓分明的設計成為戰後的主流建築形式，從企業總部和政府機關到公共住宅計畫，無不採用，但大量興建的結果使其顯得廉價而千篇一律。每棟新建築看起來都像一個大型玻璃盒時，紅磚建築和鵝卵石街道就顯得別具文化獨特性了。那些選擇在老城市落地生根的人，認同的是起源而非新開端；他們的選擇意味了他們拒絕企業城市和郊區的均質大眾文化。這種觀點固然可以回溯至詹姆斯對大眾文化的貴族式不屑，也前瞻1970和1980年代的市中心藝術家，他們讚美城市的粗獷與嘈雜。但它與1950年代的政治僵局有著特殊關連：摒棄當時現代主義地景的支配，是對政治馴服的反擊。在麥卡錫主義（McCarthyism）威脅下噤聲的中產階級自由派，藉由城市街道收復運動找到了可以反抗的議題和發聲場所。在這種情況下，為都市純正性發聲其實是一種民主吶喊。

　　擊敗摩西的計畫，不只終結了他的事業生涯，也改變了爾後新開

發案的規劃方式。紐約市選民在1950年代末期至1970年代初期，改變了大型開發案的核准程序，要求更多公眾意見投入。現在不論政府還是民間的規劃案，都必須經過一連串公共聽證會。整個程序的第一步是地方社區委員會的土地使用聽證會，這類委員會成立於1970年代，是對抗摩西權力之草根運動的成果。接著再循序通過城市規劃委員會、市議會和市長辦公室的審查。至少在理論上，純正城市的聲音——訴說起源而非新開端的聲音——可以被聽見。

接下來的十年間，另一波要求純正性「重大象徵價值」的吶喊，以另一種形式興起，這次的主力來自年輕世代。這一回也跟雅各和摩西之間的衝突一樣，是其時代的產物，反文化（counterculture）對城市的外形與特質也產生同樣重大的影響，雖然較不直接。1970年代初，反越戰、反消費社會，以及反對過度重視社會地位的基進青年運動政治抗議已漸趨冷靜，轉為對解放和個人純正性等生活方式目標的個別關注，或如社會學家山姆・賓克利（Sam Binkley）所稱的「放鬆」（getting loose）。[18]雖然許多輕鬆生活的擁護者放棄城市，遷至農村公社居住，其他人則進住一些低調的都市鄰里，大學生、藝術家和勞工，包括拉丁裔和非裔，在此以其波希米亞式風格相互容忍、利用或勉強共存。有些前嬉皮士成了企業家，販售毒品、迷幻藝術海報（psychedelic poster）和二手衣物，漸漸地，嬉皮士放鬆的生活方式伴隨的消費品和空間，不但代表一種較好玩的生活**方式**，也成了有趣的生活**地方**的可見象徵。舊金山的海特—艾許伯里區（Haight-Ashbury）和紐約東村，就是社會多樣性與文化實驗空間的標誌；它們也顯示反文化與現代化的衝突，在城市的老舊鄰里創造出何等的刺激。反文化追求起源——通過解放純正自我，以及貼近貧困弱勢族群——以某種奇特而始料未及的方式，與縉紳化和同性戀社群一起，開啟了1970年代都市重建的新開端。[19]

16

　　新時髦社區的魅力藉著另類媒體力量向外傳播。早在「前衛」（edgy）成為「時髦」（hip）的另一個代名詞，以及網際網路發明之前，獨立週報如《村聲》（*Village Voice*），以及後來的《東村軼事》（*East Village Other*）、《蘇活新聞週刊》（*SoHo Weekly News*）和《東村觀察》（*East Village Eye*）等，都將市中心的粗礫街道列為任何有意掌握文化流行趨勢者的必遊之地。於此同時，以中產階級為對象的新都會生活媒體，由東岸的《紐約》（*New York*）雜誌帶領，圍繞著舊鄰里中尚存的族裔食品小店——小義大利區內傳統的義大利乳酪店、下東區的醬菜店等——製造各種話題，並教讀者怎樣才能在城裡的新酒鋪、精品店和族裔風味餐館買到「價廉物美」的東西。《紐約》對於都會生活各種感官面向的描述，美化了舊鄰里社區，將它們塑造成消費純正性的最佳去處——那是現代化擁護者與郊區居民已經喪失的純正性。[20]

　　時至1980年代，藝術家的新社區已延伸至下曼哈頓的舊街區，1990年代更跨越東河（East River），擴及布魯克林和皇后區。藝術家集中在蘇活、東村和威廉斯堡，印證這些區域的獨特吸引力，也突顯這些區域相對於郊區和城市企業中心之強制同質性所呈現的異類特質。這些社區非常時髦、本地特色鮮明，而且族裔多元。它們的實質和社會獨特性將居民與城市的起源相連結，體現在市中心老舊鄰里的廉價公寓和廠房建築物，並滿足他們對於自我鬆綁的嚮往。從城市的起源中萃取價值的文化過程，創造了某種《紐約》雜誌所滋養，後來《紐約時報》（*New York Times*）也跟進助長的純正感，這些媒體發展出一種可稱為生活風格新聞（lifestyle journalism）的新書寫方式。

　　雅各比任何人更能表達這種新都市純正感的魅力。不令人意外，她原本是個專業新聞記者，但書寫純正性的社會用途，讓她成了街道、鄰里和社區的理論家，這些部分彼此交織，構成複雜的城市系

統。《美國大城市的生與死》歌頌人類藉由單純的例行活動來調節社會生活的能力，例如走路上學、在小雜貨舖購物、從窗口往外看，確保街坊鄰居和過路客度過他們的日夜。雅各發現共同空間的社會生活取決於多樣性、人群密度，以及發明預料之外用途的自由。她和鄰居的合作經驗顯示，由下而上的行動派抗爭，確實能迫使權勢強大的政府機構讓步。不過，奇特的是——這也是她這本書最大的問題——雅各並未論及人們如何利用資本和文化來觀看及塑造其所居住的都市空間。她沒有注意到她所讚嘆的純正性，本身就是一種社會產物。甘斯在《美國大城市的生與死》出版時發表了一篇書評，批判雅各成為「物理決定論謬誤」的犧牲者。他表示，雅各全神貫注於建築的物理特徵，「忽略了導致活力或無聊的社會、文化及經濟因素。」甘斯指出雅各所讚賞的鄰里，如波士頓北區（North End）和紐約西村，都是具備**勞工階級**文化的**白人**社區。[21]

這種文化塑造了雅各描述的街頭芭蕾。她欣喜地對我們講述哈柏（Halpert）先生和他的洗衣房、科爾納基亞（Cornacchia）家的小點心、哥斯坦（Goldstein）先生的五金店、德爾津（Dorgene）餐館（詩人龐德〔Ezra Pound〕與《赫德遜評論》〔*Hudson Review*〕編輯曾一起在此用餐）、史勒比（Slube）先生的菸草店、古查吉安（Koochagian）先生的裁縫店和果菜商羅法洛先生（Lofaro），以及理髮店、藥房、乾洗店、鎖匠、披薩店和小咖啡館。今日閱讀雅各的描述，我們看到她描繪的是一幅位於大城市中的小鎮生活田園畫。那是一種都市幻想，就像同樣建於1950年代的迪士尼大街，對本地小店、其歐洲移民店主，以及小店周遭的居民，抱持著同樣的戰後樂觀態度。雅各的觀點讓紐約市街區做為社會多樣性縮影的印象得以永存。這是我們經由電影而熟知的街區，從1930年代《死路》（*Dead End*）中的廉價公寓，到1950年代希區考克（Alfred Hitchcock）

《後窗》（Rear Window）一片中見到的格林威治村赤褐色砂岩房屋，以及1980年代史派克·李（Spike Lee）攝於布魯克林褐岩街區的電影《為所應為》（Do the Right Thing）。

雅各的街區印象和電影中的紐約市印象，同樣都是社會的建構。它是那個時代（南歐和東歐大移民潮第二代的末尾）的產物，也是其位居戰後紐約政治經濟環境下的成品——租金管制讓許多房客可以繼續承租公寓，也沒有新投資來取代雅各喜愛的那些小房子。雅各的街區是一個現代化、淨化版的城中村；它是沒有義大利裔美國人的波士頓西區，而且居民的職業都比較好。它可以是《新婚夢想家》（The Honeymooners）的翻拍，這是一部1950年代電視喜劇，傑基·葛林森（Jackie Gleason）和阿爾特·卡尼（Art Carney）在劇中分別扮演布魯克林區班森赫斯特（Bensonhurst）的公車司機和下水道工人，但現在他們和新聞記者、藝術家和建築師成了街坊鄰居。雅各沒能認清，她自身觀點的影響力正在日益擴大，她沒看到與她類似的家庭正不斷遷入西村的十九世紀住宅，因為他們喜歡當地小店鋪和鵝卵石街道散發的魅力。她似乎並未意識到，她表達的正是一種縉紳者對都市純正性的審美欣賞。

雅各的哈德遜街印象中缺乏的，是對於最廣義資本之重要性的認知：過去數百年來繞過這個區域，讓那些小店和小型街區得以保留的經濟資本；那些過去和現在經營著餐館、乾洗店和五金行的本地移民企業家的社會資本；以及縉紳者（如雅各本身）和今日許多都市居民的文化資本，這些人在這種特殊的都市純正性印象中，發現了其主觀認同。

෴

　　我得說，我是那些都市居民的一員。我希望「起源」能為弱勢者的政治發聲，提供一個純正性的客觀標準，以捍衛他們在這個城市的權利。但是我也完全清楚，我屬於這個城市的「新開端」。我以和雅各所讚美的同一種主觀純正性來定義自己的身分，同時看著它建構新都市中產階級的習性，一點一滴地取代了貧困階級。這種自我覺察並不否認品味會強化社會區分。我喜愛價格適中的傳統小食品店，但不會到一元商店或酒窖購物。然而，新都市中產階級所仰賴的消費手段，正在摧毀城市裡的勞工階級。我們對純正性的追求──我們對於這類文化資本的積累──促使不動產價格上漲；我們言必稱純正性，卻隱然推動了高檔成長的後雅各式修辭。

　　小說家哈瑞‧昆茲魯（Hari Kunzru）寫到他在百老匯市場（Broadway Market）──這是作家所在倫敦東區（East End）縉紳化社區海克尼（Hackney）的一條購物街──高檔成長中的角色時表示，「我甚至沒打算開始玩這種純正性遊戲。」就像諾利塔的伊利莎白街（Elizabeth Street），或科博丘（Cobble Hill）的史密斯街（Smith Street），百老匯市場近來也從廉價肉販、麵包店和各種地方小店的勞工階級購物街，變身為高價的分眾市場商店街。昆茲魯說：「我想我搬到海克尼的原因，和許多我在街上會點頭打招呼的單車騎士、吊兒郎當的創作者、現場工作者和二手店達人沒什麼兩樣：這裡充滿各種奇特的地方和古怪的人，還留存著某種髒亂邋遢的魅力，還沒像英國其他地方那樣被消滅壓扁，改造成千篇一律的企業地獄。」「但事實上，」他承認：「我就喜歡來片美味的瑞克蕾起士。」[22]

有多少購物街因為人們希望享受不同於主流文化的消費經驗，而被咖啡館、酒吧和美味乳酪店改造了？誰為了更好的咖啡而不去唐津甜甜圈（Dunkin' Donuts），改去試圖讓人忘記它是連鎖店的星巴克，或更好的是選擇到一家反星巴克的昏暗小咖啡館，這裡身上刺了青的服務生知道怎麼打出最恰到好處的奶泡，咖啡豆採自關心鳥類的有機栽培樹種，並通過公平交易採購，還可以和其他跟你有同樣品味的顧客一起連上無線網路？這是昆茲魯所說的純正性。這種純正性不只是由新居民所生產，也是新零售企業家為了滿足新居民的社會和文化需求而製造的。他們逐漸取代雅各的鄰居，並改變城市的街道。

新零售企業家時常在遷入一個鄰里居住後，發現無處可以買到好喝的拿鐵，或找不到任何販售《連線》（Wired）雜誌或《紐約時報》的雜誌店。「我很早就發現，這個社區正面臨改變，」一位在1990年代搬到威廉斯堡的店主說：「我知道我們缺少的是一家好的葡萄酒專賣店。」另一個人說：「很多人喜歡看電影，但附近沒有一家像樣的影片出租店。」屬於鄰里的新移入人口，並且與其他新居民有共同需求的零售商店主，代表了某種**文化**社區的利益，與長期居民形成了對比。[23]

其他新零售企業家來到鄰里的理由是**經濟**機會，他們看到社區內的人口逐漸變成社會地位較佳、可支配所得也較高的男女，因而打算在此創業，迎合這些人士的品味。第二波新商店主大多屬於這一種，這些人本身不住在社區內；他們通常在另一個縉紳化社區已設有某種精品小店，而認為這個改變中的鄰里是成立分店的好地方。

就某種意義而言，新零售企業家也是**社會**企業家。他們打造了一個新居民覺得舒服自在、但長期居民不以為然的社交場所，協助創造了鄰里的新開端。威廉斯堡的波蘭裔居民不會進入獨立搖滾樂團駐

唱，或附設室內迷你高爾夫遊戲室的酒吧。但時髦客和縉紳者不會匯錢到華沙或普布洛（Pueblo），或是一整個晚上待在純男性勞工的酒吧中。他們經常光顧的消費空間──音樂吧、咖啡館、精品店、復古服裝店──重塑了都市社區。[24]

新零售企業家不必然是菁英分子。你在新移民企業家中看到類似的文化、社會和經濟動機組合：來自北印度、在皇后區傑克遜高地第74街開了家沙麗店的男子；在布魯克林紅鉤球場經營餐車，烹煮和販售玉米烙餅（pupusas，譯按：薩爾瓦多薄餅）的薩爾瓦多婦女；在哈林區打造一個小塞內加爾（Little Senegal）的西非裔餐館主人。所有這些新開端都標記了正在浮現的都市純正性空間。

我們只能從「純正」空間的外部檢視它們。移動性賦予我們距離，得以用鑑賞家姿態來觀察一處鄰里，將它與標準的都市經驗做比較，站在個人歷史或切身社會關係以外之處來評斷其特性。倘若我們與某個鄰里的長期社會生活有所連結，尤其如果我們在那兒長大，就可能會回想起舊日情景，但比較不會稱其為**純正**。以這種方式來思考純正性，可以召回它的平常含意，就像專家可以客觀地評估某件藝術品、一條古董地毯，或任何物件（我們能像標本般予以孤離，加以檢視，並與同類型的其他樣本相互比較）的起源。相對於實際住在鄰里內、走在街上、在當地商店採購、以及送子女到區內小學就讀帶來的主觀情感，另一種純正性能讓我們以美學角度來觀看一處居住空間。

尤其當我們看到某個衰敗街區時會問：它有趣嗎？是否粗獷？是否
「真實」？就像我們在採購消費品時會用的標準一樣，這些準則賦予
我們想要的純正性某種客觀性。我們常受到表象與假設的誘惑。有多
少次我們認為，啤酒愈便宜，酒吧就愈純正？或街道愈粗獷，社區就
愈純正？我們如何思考這些問題，代表了一種我們希望過何種生活
的倫理和社會陳述，因此我們對於都市純正性的立場終究還是主觀
的，因為它指涉到我們自身。我們是Levis牛仔褲（西村），還是True
Religion牛仔褲（肉品市場區〔Meatpacking District〕）？我們是有機食品合
作社（公園坡），還是大眾消費的好市多（灣嶺〔Bay Ridge〕）？是路標
（Pathmark）（東哈林區）？還是全食（Whole Foods）（東村）？對於我們
的純正自我，哪一個是純正空間？[25]

　　這些是現代獨有的問題。西方文化中的純正性概念，出現於莎
士比亞和盧梭的時代之間，當時人們開始認為純正自我是一種誠實或
真誠的性格，一方面對照於個人的不誠實，另一方面相對於社會的假
道德。身為社會理論家，盧梭對於個人性格的純正性有一套結構性的
理解。男性和女性如果較接近自然——或知識分子想像中的自然狀態
——而非權力的制度化規訓，便是純正的。這個觀點不僅持續啓發人
們，引領他們放棄現代社會錯誤的生活方式並建立公社，也為無錢無
勢的社會弱勢族群提供了某種心靈慰藉。十八世紀的德國知識分子不
像當時的法國知識分子那般融入宮廷生活，他們對於擁有豐富文化資
產的自身，與掌握國家權力並提供贊助的王公之間的差異頗能接受，
將之視為純正性的差異。不同於輕佻無聊的法國式宮廷「文明」，知
識分子的「文化」是嚴肅、高尚、**純正**的。這賦予他們某種道德優越
感。雖然這些知識分子並不掌權，他們對於純正性的主張，啓發後來
一些更具野心的團體，以這個詞彙做為排除異己的手段。[26]

　　這種向下認同純正性的習性，逐漸由德國蔓延到法國、由大學城散播到城市，那裡有重要的藝術收藏，劇院和出版社蓬勃發展，有利藝術家和知識分子出售作品。以這些都會市場為目標而生產畫作、小說或新聞的藝術家，其報酬大抵十分微薄。他們賴契約營生，有如當時工廠勞工的按件計酬，依照他們生產的件數和版面篇幅計算酬勞。這些人是文字和影像的工藝家，最早的「創意階級」，他們住在勞工階級地區，不只是為了反抗小資產階級的循規蹈矩，也是因為他們住不起較好的社區。誠如早期德國知識分子對王侯宮廷嗤之以鼻，又如法國作家在法國大革命前離開巴黎，寄居於倫敦閣樓，十九世紀中葉的詩人和小說家過著波希米亞生活，他們對比了純正的底層階級都市生活（尤其是最邊緣化的族群、罪犯和吉普賽人脆弱的生活），與他們認為過於舒適、全然順服的有錢人生活之間的差異。作家將破爛骯髒且通常貧病交迫、飽受排斥的下層階級予以浪漫化，這種浪漫的形象也成為其藝術靈感的泉源。[27]

　　儘管自當時以來，社會和經濟狀況已有長足改善，十九世紀的波希米亞態度，仍繼續存在於新的時髦客地區和縉紳化鄰里中。從波特萊爾（Baudelaire）的散文詩到音樂劇《吉屋出租》（Rent），正直的中產階級避之唯恐不及的貧民窟，持續因為其蘊藏的危險與衰敗，以及對文化多樣性的容忍，或不願加以監督管制，而吸引著藝術家和作家。同樣地，破敗的十九世紀房屋和小店鋪也能吸引具有中產階級文化品味的人，因為它們體現了物件的審美區別，這些物件一方面是純粹手工藝的象徵，另一方面也是活的歷史。如同索斯坦・韋伯倫（Thorstein Veblen）於一百年前所說的，這些古怪的區別標誌因千篇一律的大量生產而得以凸顯。又如新聞工作者大衛・布魯克斯（David Brooks）說的，「縉紳者」要的不是「華麗、奢侈……宏偉和鋪張的」，而是「**純**

22

正、自然、溫暖、……誠摯、有機、……獨特的」。在長期居民的使用價值和不動產開發商的交換價值之上，波希米亞人和縉紳者增添了美學價值。[28]

　　雖然在雅各寫《美國大城市的生與死》時，美國和英格蘭的縉紳化才剛開始，而且連個美國名稱都還沒有，但甘斯對於現代化將會帶來的變化，自有其看法。他在《都市村民》（*The Urban Villagers*）的序言中告訴我們，取代西區廉價公寓的豪華公寓住宅內，剛搬進第一批住戶。如果他們和甘斯那個世代（歐洲大移民第二代）的中產階級類似，「他們的品味不再具有族裔傾向，但也還不至於複雜難解。」他們不想住在像西村之類的鄰里；而是希望搬到郊區。他們不會到雅各喜愛的傳統街角小店購物，即使它們還在；他們偏好現代化的超市和購物中心。但是，總有一天，當他們發現他們的選擇導致均質化，甚至不純正的經驗時，便會回歸傳統的族裔風味食物，以及至少是仿製的傳統族裔社區。他們將重新發現南費城（South Philadelphia）、波士頓北區，以及曼哈頓下東區內義大利市場的魅力。一如未來的工業廠房建築居民及褐岩住宅主人，新的西區居民將會要求擁有歷史性城市的紅磚和灰泥，陷溺於一場集體失憶，忘記了讓這些鄰里活起來的早期工廠工作和大遷移。他們熱切渴望的都市純正性，不是與生俱來或繼承而來的；它將是努力以致。'[29]

當投資資本因全球化和鬆綁而湧入時，這些渴望便開始乘翼飛翔。1980年代間，政府放寬海外投資限制，外資有如沛綠雅氣泡水般流入紐約不動產市場，主要來自西歐、日本和加拿大。雖然稍後幾年因為股票市場危機、其他國家的國內環境變化，以及特殊情況如2001年世貿大樓和五角大廈恐怖攻擊事件而經歷多次重大挫折，但外資匯入仍持續成長，即使在2008年開始的金融危機期間亦未曾例外。曼哈頓市中心的地標性建築——落入外國投資客囊中，先是日本人，接著是腰纏油元的中東人，最近則是滿手美鈔的俄國商業大亨和中國人。外國投資客高價買下上東區（*Upper East Side*）的豪華公寓和宅邸，但也出手標下位於城市社會邊緣地帶的租金管制公寓，例如該市最窮的行政區布朗克斯。他們清空公寓，然後提高租金，或趁市政府進行土地分區重劃（rezoning）時拆除建築，改建成高挺的時髦大樓。[30]

　　土地分區重劃已成為市政府最偏愛的都市再開發工具。市政府自21世紀初期起，開放這種私人投資客認為最有利可圖的開發型態，同時點頭同意雅各籲求的那種純正性：大馬路和水岸就規劃給高層建築，縉紳化的小街就縮減至三、四和五層樓住宅。事實上，這些限制對開發商和超級縉紳者最有利。他們擴大拆除和新建範圍，同時讓代表城市起源的歷史街區和小型社區變得更稀罕、更珍貴——也更純正。

　　1990年代，在雅各一家搬到多倫多後三十年，哈德遜街逐漸轉變為一種更珍貴的純正性。外國投資客對紐約市房地產趨之若鶩，華爾街的薪資和紅利高得嚇人，媒體顯貴買下西村的褐岩住宅和蘇活區的時尚倉庫，東村的藝術家則打包遷往威廉斯堡的廉價閣樓。靠近雅各

24

的舊住所，舊族裔社區原本的樸實隨意特色（反映了1960年結束商業功能的舊工人碼頭）也已消失。勞動生活在第14街一帶仍然活絡，舊肉品市場的批發肉販和肉品包裝商，從一隊卡車上卸下牲畜屠體，將上等腰肉牛排和絞肉裝入其他卡車，由深夜一直忙到第二天中午。但到了1990年，肉品市場也逐漸式微。自1970年代起，色情同志酒吧以及後來的時髦餐館吸引了不同的顧客群。來自此一新興夜間經濟和所有附近格林威治村景點的壓力，加上市政府和富裕居民重新奪回水岸區的強烈渴望，將這個區域從上等肉品變成了精華不動產。1990年代，肉品市場區變成外觀時尚、極度昂貴的居住地段，這種轉變也重塑了雅各舊居以南幾條街區的鄰里。

今日的哈德遜街已經與雅各的時代大為不同。雖然她舊居兩邊的兩個小街區仍然佈滿各種小店，但舊時商家大多已經消失。現在的顧客很可能是好萊塢演員和時尚雜誌編輯。一併消失的是舊商店所提供的本地特色服務。現在那兒有八家餐館、兩間酒吧、一間咖啡店、一家便利商店和一間美甲沙龍，另外還有一間鞋店、一家兒童精品店以及三間空店面。今日，哥斯坦先生的五金店成了「肚皮舞孕婦裝」（Belly Dance Maternity）的紐約分店，一家「為時尚準媽媽提供時髦孕婦裝」的小型芝加哥連鎖品牌。德爾津的故址仍是餐館，只不過現在是哈德遜街角咖啡。哈柏先生的洗衣店在1980年左右結束營業，店面變成餐館，前後換了不知多少個老闆。肉鋪在1960年代改了名字，可能也換了店東，直到1990年才被美甲沙龍取代。藥房一直撐到1980年代中期；現在顧客如果需要購買處方藥，最近的去處得往上城方向走一條街到敦瑞連鎖藥店的分店，或往市中心方向走一條街到來德愛藥局（Rite Aid）去買。雅各時代的機構中只有少數至今仍然存在：兩間學校，不過由於原先將子女送到天主教學校就讀的愛爾蘭和義大利家庭

多已過世或搬走，而富裕的新居民希望子女接受世俗的私校教育，總
教區乃於1970年將聖維羅尼卡（St. Veronica's）賣給一家私人獨立學校；還
有白馬酒店（White Horse Tavern），許多旅遊指南都會推薦的知名酒館。
2005年，雅各舊居的一樓開了一家精緻廚具店；三年後，「城市板球」
（City Cricket）進駐，販售「獨一無二的兒童手工古董珍寶」，一種珍貴
但變化快速的純正性。目前該店面已騰空。

紅磚灰泥建築只有在不動產開發商無意重建時，才能繼續存在。
然而，不同於甘斯將西區的破壞歸咎於開發商和白人政客的邪惡聯
盟，雅各將繁忙街區之死怪罪於都市規劃者，一群相對無權勢、只是
為開發商和政府機構效力的人。的確，二十世紀前半葉，柯比意（Le
Corbusier）和其他建築師致力推廣大街廓，鄙棄狹窄擁擠的小街。但
是，開發商和政府機構才是將這些設計付諸實踐者，而以雅各的才智
及進步的政治行動主義，不應該會忽視他們操弄的資本力量。然而，
由於某種原因，也許因為她是由洛克斐勒基金會（Rockefeller Foundation）
贊助，而且和媒體帝國「時代－生活」（Time-Life）關係密切，又或許是
因為麥卡錫主義的餘震揮之不去，她選擇不去批判那些靠迫使他人離
開家園來獲利的資本主義開發商。「私人投資塑造城市，」她寫到：
「但社會理念（及法律）塑造私人投資。」[31]

今日的城市規劃者宣誓效忠於雅各的願景。她要求維持小型街
區及街頭互動式社會生活，藉以保存城市實質紋理的目標，已經明訂
為法律，以期盡可能保存既有建成環境。但這些法律在創造雅各喜愛
的那種生氣盎然城市上，只做了半套。他們鼓勵混合使用，但不贊成
人口雜居。他們絕口不談商業不動產的租金管制，因此無法對抗迫使
小店主遷離的常見作法，但正是這些小店啟發了雅各對於社會秩序和
街道活力的概念。越來越多店面成了連鎖店；只有少數傳統小商店倖

存。市政府回絕了社區提議的旨在維持現行租戶和使用方式的低調複合功能發展計畫，在社區群起抗議時，僅以「負擔得起」的單位來回應，就像最近哈林區的例子，當地的長期區民和商店主反對將第125街土地重劃為高層辦公建築和公寓大樓。雖然規定變更土地使用時，必須舉辦地方和全市公聽會，但市府機關一般會支持「城市規劃委員會」的事先決定，而該委員會傾向於核准市長支持的大型新開發案。以當代紐約最重要的開發案之一世貿大樓（World Trade Center）原址重建計畫為例，州立機構「下曼哈頓開發公司」掌控了整個過程，沒有公眾投票，甚至跳過地方社區委員會的決策意見。布魯克林當代最大的再開發計畫「大西洋院」（Atlantic Yards），座落於摩西多年以前選定的都市更新場址，雖然引發強烈的民眾抗議，但只有在次貸危機爆發導致金融市場崩解後，才使該項計畫暫停。[32]

摩西的時代和我們的時代之間最大的不同，在於從現代城市的理想到純正城市的轉變。城市規劃委員在推崇雅各的願景時說：「若你允許鄰里特色遭到侵蝕，當地居民將會遷離城市。」[33]然而，誰的特色最純正？如果純正性是一種心態，它是歷史性、地方性和淡酷的。倘若純正性是一種社會權利，則它也是貧窮的、族裔的和民主的。純正性訴說的是一個城市和鄰里的權利，提供其居民、勞工、店主和街頭小販落地生根的機會——弔詭的是，它同時代表了起源和新開端。

不論西村，還是紐約整體，都不是代表所有城市的典型。但是，這裡發生的情形提供了一個寬廣的視野，以及未來變化的預警。由於紐約是一個媒體中心，其鄰里、商店和街道隨著電影、電視影集和網路視訊傳播至全球。又因為紐約也是開廣泛品牌塑造先河的城市之一（始於大蘋果〔Big Apple〕口號，以及1970年代的「我愛紐約」〔I ♥ New York〕公關活動），這裡發生的事是其他城市亟思改頭換面時的指

引。然而，倘若紐約的鄰里都變成了一般連鎖店、高價豪宅和一棟高過一棟的大樓，屆時再想找回哥斯坦先生五金店代表的「純正」都市經驗、收入有限的居民（包括藝術家），以及靠雙手勞動謀生的男女們，恐怕就為時已晚了。如果我們再不正視我們業已失去了什麼、如何失去的，以及可以用其他什麼樣的所有權形式來保有它們等問題，那些碩果僅存的純正都市地方恐怕遲早會消滅殆盡。

近年來，紐約的成長既創造、也依賴新的消費空間，一方面回應城市生活方式的改變，一方面又讓城市更具吸引力。我們身為消費者的品味——對拿鐵和有機食品，以及綠色空間、精品和農夫市場的喜愛——定義著城市，也定義了我們。這些品味反映於媒體的語言與影像，從生活風格雜誌到地方維基及美食部落格；這些論述透過網際網路而更容易參與，形成我們對於「純正城市」的社會印象，包括附屬其間的各種空間和社會群體。通過開發商和市府官員的行動加以過濾後，我們的純正性修辭就成了他們的成長語彙。我們需要可以用來談論這些改變的工具。

檢視維基和部落格就可以知道媒體論述，以及經濟勢力、國家權力和消費文化，是如何塑造了當代都市經驗。傳統媒體固然不斷發表文章，述說網路媒體的重要性，我們也能從自身生活經驗覺察到這點，有關城市形象以及誰有權力出現在城市某些特定地方（從鄰里街坊到公共空間）的各種看法，也因為在地部落格上那些自我參照的線

上交談而廣爲散播。貼文並不都是正面，也未必政治正確。但它們是自發的（或看似自發的），試圖針對城市的失落、追尋或焦慮表達共同的感覺，而且迫切想說服看不見的讀者。雖然我不認爲線上社群已足以取代面對面的互動，但我確實認爲有必要瞭解網路媒體以何種方式促成我們的城市想像。網路交談的互動本質、每篇貼文由先前的貼文所滋養，並引出更多新的貼文，這些貼文表達反對或贊同意見，也代表動盪時期中，朝向開放公共領域靠近的努力。

28
　　近來，都市作家群體對於如何分析這些新媒體的社會影響力甚感興趣。沒人清楚該怎麼做。常見的一些方法論問題，因爲網路匿名性而益加困難，使用者主要仍局限於較富裕的高學歷人士，難以判斷正確性與客觀性，或是詮釋的主觀性，並且以在地部落格而言，無法得知貼文眞正的產生地點。不過這些貼文中，書寫者以明顯的誠摯與天眞表達了他們對城市的直接經驗。最早張貼在Chowhound.com（獵食網站）上的貼文之一，引起大眾對紅鉤球場拉丁小吃攤的注意：「一如往常，我用手指點並購買，但不清楚到底買了些什麼。」再沒有更好的方法可以顯示本地出生和外地移入的紐約客之間的文化困惑、雙方尋找共同點的意願，以及這種交流的局限於消費項目。然而，這種交流及其相關貼文，也是一種區別誰對特定都市空間享有權利的方法——狹義而言是決定小吃攤販在球場擺攤販賣的權利，廣義的說是決定了他們對該城市的權利。

　　即使只在任何大都市待過一天的人都能看出，都市空間近年來深受消費文化的重塑，那些書寫城市者並未著重這些變化如何發生、它們如何被實際體驗，以及變化在特定地區和整個城市所帶來的社會影響。我在前三章的「奇特空間」（uncommon space）觀看紐約多變的鄰里，其中最令我震撼的是消費地方和媒體相關報導扮演的重要角色。

眾所周知，藝廊和表演空間促成了1970和1980年代蘇活區的轉變，但零售連鎖店則在1990年代造成另一波重大改變，而且並非全是好的轉變。獨立音樂吧和族裔風味餐廳讓人們注意到威廉斯堡，極好的農夫市場和餐館安定了東村，嶄新的精品店和連鎖店（包括無所不在的星巴克和H&M）賦予哈林區新面貌。所有這些變化也帶動了不動產價格上漲，而且雖然每家商店都有益於某些顧客群，但許多商店卻驅離了傳統的在地型商店，而在某些狀況下，這些商店以後也會遭取代。然而，各種形式的商業文化都建構一種新式的純正性，維繫新群體對於在該空間內居住和工作的權利主張。消費者的品味在其他資源的支撐下，成了某種形式的權力。

過去三十年來，飲食逐漸成為都市文化體驗中的新「藝術」，不同的地方各自代表不同風味。「共同」空間部分的三章顯示，飲食在都市魅力中佔有多麼關鍵的地位：聯合廣場的農夫市場（好吧，我是個擁護者）、紅鉤球場的薩爾瓦多玉米烙餅（我甚至不太吃油炸類食物），以及許多社區農園種植的有機蔬菜和香草（這事我自己可是不做的）。每種狀況中，食品的販售、備製或增長所勾畫出的鬥爭，就是本書的核心：不同社會群體及市政府之間、同一實質空間內的不同群體之間，以及各個群體最初的邊緣化身分及後來的「純正」身分之間。這些鬥爭也表達了城市權。我可沒杜撰馬克‧彼得曼（Mark Bittman）部落格上那篇貼文，寫那篇貼文的人慚愧地承認，他很喜歡宜家家居（IKEA）賣的瑞典肉丸，但同樣愛吃球場販售的薩爾瓦多玉米烙餅。但是這篇貼文印證了我的觀點（最初由社會學家布迪厄以不同方式表達）：對不同類型食物的品味，是一種鞏固（如果不是奪取）權力的方式。

這帶出了最後一項以純正性來討論城市的好處：它強迫我們去思

考的不僅是空間，還有時間。純正性以三種不同方式與時間有關。首先，純正性的吸引力意味我們緊守某種從不改變的永恆城市理想，以特定歷史時期的文化意象為代表，並且用這種理想做為評斷都市經驗的絕對標準。但其次，我們對純正性的心理意象又確實反映了變化，因為每個世代對於城市都有自己的時代經驗，塑造其成員對於「歸屬」某個街區、鄰里和城市的房屋、商店與居民的看法。第三，思考純正性顯示了時間在最廣泛意義上的重要性，因為城市居民越來越忙於在創造的承諾與滅絕的威脅之間尋找出路，不論這種威脅是來自都市更新或縉紳化，還是由於戰爭或生態災難。

接下來各章中，我將說明起源和新開端如何同時在「奇特」空間（具獨特歷史和傳統的鄰里）及「共同」空間（如公園和社區農園等供大眾使用的空間）中創造純正感。我之所以重視這些空間，並不只是因為過去三十年來它們在重塑紐約市上扮演了顯著角色，也因為當我們說某種都市經驗是「純正」時，這些空間各自闡釋了某個不同面向。每一章都會在街道的各個角落與季節之間移動遊走，一如 1948 年電影《不夜城》娓娓道來的旁白。只不過，本書追查的不是兇手，而是純正性的概念。

每一章都關注於我們今日所謂純正性的某個不同向度。第一章由布魯克林打頭陣，敘述這個行政區長期以來給人的純正性觀感，如何在1990年代時從拙樸粗獷轉變成酷炫時髦。第二章的主題是種族，以哈

林區為例，過去幾年來業已縉紳化、土地分區重劃，並再造成符合市場行情的新公寓和商店。哈林這一大片地區有著各式各樣人口，但近年來白人居民不斷增加，讓人不禁得問，這個城市族裔聚居區能否繼續維持貧窮與黑人的純正特色。我們從哈林區向市中心移動到東村，第三章將闡述新的餐館和店鋪如何讓該社區強烈的地方純正感，從政治及文化反叛（「死雅痞敗類」〔Die, yuppie scum〕），變成時尚消費（有機產品、雞尾酒吧）。

接著，這些奇特空間帶領我們進入城市的公園、街道和社區農園等「共同」空間，在這裡，一個自由、民主、完全開放之純正公共空間的永恆理想，通過不同的私人管理方式而重新詮釋。首先是第四章的聯合廣場（Union Square），該處自1980年代起便納入了商業促進區的私人管理。矛盾的是，雖然商業促進區仰賴私人保全人員和營利活動，聯合廣場卻成了比兩英里之外，政府管理的世貿中心更「純正的」公共空間。第五章，我來到紅鉤球場（位於布魯克林水岸邊的舊工業區）看一小群自1970年代起開始在球場內賣吃食的拉美裔攤販，其「純正性」如何創造了另一種與鄰近宜家家居賣場不同的私人管理公共空間。第六章，我將拜訪紐約最貧窮的地區之一，東紐約（East New York）的一處社區農園，觀察全市社區農園運動的「純正性」，如何由1970年代開始時的政治抗議，逐漸轉變成都市食物生產。加起來，這三處公共空間呈現了純正都市地方模型，它們提供了恆久的城市權，雖然其中不乏衝突與不平等。

在結論部分，我將探討創造「終點文化」（destination culture）城市的得失：一種結合民間投資人、政府、媒體和消費者品味力量所形成的社會及實質轉變。回到雅各及摩西的作品，我的結論是他們追求的文化價值，其差異並不如我們一般假設的那麼大。雖然雅各不屈不撓努

31

力保存其心目中理想的城中村願景，摩西也一樣全力以赴設法以公司城理念取而代之，他們的理念卻結合而創造了今日我們視爲純正的混種城市：同時有新潮地區**與**豪華住宅、移民食品攤販**和**大型量販店、社區農園**及**縉紳化。雖然這個城市同時重視起源和新開端，它卻並未善盡保護居民、勞工和商店——小規模、窮困者及中產階級——權利的責任。就是這種社會多樣性，而不只是建築物和使用的多樣性，賦予城市靈魂。

奇特空間

1

布魯克林怎麼變酷的

旅遊書出版社寂寞星球（Lonely Planet）在年度世界最佳旅遊指南《藍色清單》
（*Blue List*）中，將布魯克林列為2007年最佳旅遊地點之一。這篇跨兩頁的文章開
頭就寫道，「今日的布魯克林欣欣向榮。任何街頭感足夠的紐約客，都知道東河
對岸才是新的市中心⋯⋯。」因此探尋野生動物自然棲息地的冒險家們，應該到
宏都拉斯去找吼猴，到加彭（Gabon）看大象，以及到布魯克林尋找穿著50美元T
恤的刺青部落客？

——紐約《每日新聞》（*Daily News*），2007年1月8日

那是十月份一個溫暖的夜晚，時間是凌晨一點，北布魯克林的街
頭異常冷清。龐然的廢棄倉庫及舊多米諾糖廠（Domino sugar refinery）沿著
水岸矗立，而嚴肅剛硬的工業建築則蹲踞在布魯克林皇后區快速道路
的陰影下。鋼製柵欄遮蔽了小型塑料和金屬加工廠的窗戶。鄰近的廉
價公寓在夜色中沈靜無聲。

不過，你十分清醒地駛過黑暗的肯特大道（Kent Avenue），越過變形
的瀝青路面，繞過地上的坑坑洞洞。你環著威廉斯堡兜圈子，尋找讓
布魯克林變酷的社區街坊。

首先經過北區（Northside），布魯克林時髦客文化最早的中心，在北
第七街（North Seventh Street）和貝德福大道（Bedford Avenue）地鐵站附近，
是藝廊、咖啡屋、酒吧及精品店叢集的地區。

　　接著，你穿越近來有法式酒館和日式美髮沙龍進駐的南區（Southside），街上的藝術家和研究生顯而易見。向前望去是綿延的各個鄰里，自二次大戰以來絕大多數是黑人社區，現在正快速地縉紳化，在社會和種族上更為多元──換言之，較有錢且變白了：貝德福─史岱文森（Bedford-Stuyvesant）、格林堡（Fort Greene）、柯林頓丘（Clinton Hill）。西邊僅隔一條街是布魯克林海軍造船廠，佔地遼闊，但杳無人煙。再過去幾條街區，是成排售價從百萬美元起跳的褐岩連棟住宅。

　　獨自逛過這片黑暗的地景，你看不到任何生命跡象。但當你轉過較寬廣的法拉盛大道時（Flushing Avenue），就會看到兩人成對、四人成群走在一起的男男女女。那是哈西德派猶太人（Hasidic Jews），女人頭上戴著假髮和頭巾，裙長過膝，頭戴黑帽的男人則穿著長長的黑大衣。由於安息日自日落時開始，按規定不能開車，因此這時還在外頭的信徒就必須步行回家。

　　哈西德派猶太人之後，你又看到一些人走在街道上；男人穿緊身牛仔褲，女人著短裙。不過，其中一名年輕男子穿著牛仔裝，一個年輕女子則扮成女巫，遠處音樂聲開始轟轟作響。

　　你停好車，徒步前進。不久就看到一群年輕人，有男有女，站在一棟兩層工廠建築物破舊的車庫門前談話。二樓窗戶射出的光線照著他們，將臉龐映得閃閃發亮，空氣中充斥著震耳的搖滾樂。

　　你上前敲門，強化鋼鑄大門打開，冷不防地你面對著一具機器人、一名黑豹黨人、還有一位阿拉伯酋長。兩名保鑣裝扮的壯漢站立警戒，顯然是當真的：剃著光頭、修剪整齊的山羊鬍子、長長的黑色皮大衣，還戴著耳機。他們引領你來到一座掛滿了塑膠骷髏頭和聖誕燈飾的樓梯前。你上到二樓，遞給門房一張十元鈔票，他揮揮手，讓你進入擠滿人的起居室，一支樂團奏著音樂，還有好幾打狂歡作樂的

人在喝酒跳舞。天花板上，閃爍的彩燈吊掛在裸露的噴水管上。房內遠遠一角，有許多人圍著一張桌子，在一堆紙張、羽毛、金屬線和膠水中搜尋著，互相展示自己做的面具。

現在是萬聖節，而你發現的是稱為「路布拉德」（Rubulad）的地下派對。

路布拉德是那些啟發寂寞星球在2007年《藍色清單》中將布魯克林封為「紐約市最時尚之處」的新鄰里機構之一。它是一連串的非法和半合法巡迴音樂表演、偶爾舉辦的派對和一次性事件，例如在荒廢的倉庫、舊工廠的開放樓層，以及威廉斯堡的波蘭酒吧舉辦的銳舞派對；在城市的這個地區，波蘭人是逐漸消失的族群。你透過網際網路、電子報、個人部落格及口耳相傳，得知這些事件。

知道路布拉德是你夠酷的一個指標。另一個則是實際找到派對，雖然當派對發起人陶德（Todd P）上了《村聲》報導後，有些人認為知名度毀掉了地下派對原有的氛圍。他們也表示，另一個派對發起人的房東取消了租約，就是因為其空間使用引起太多注意，畢竟那不合法。（陶德說：「事實上，合法或不合法並不是個精確的議題，而是警方執法程度的不同。」）但是媒體繼續報導這些事件，而且儘管（或因為）有各種噪音嗡嗡作響，他們總能想辦法繼續辦下去。[1]

路布拉德這類自助派對，在當前流行文化趨動的都市更新中扮演了重要角色。酷文化消費場所替原本難以想像的鄰里發展出某種誘人形象，進而促使商業繁榮，有錢人開始入住，最後是租金驚人的豪華新公寓紛紛落成。這聽來就像典型的縉紳化過程。但在這裡創造新形態純正性的卻是低俗的時髦客文化，而非淨化版的娛樂。

像威廉斯堡大多數的酷場景一樣，路布拉德始於1990年代初期，原本僅限於一小群音樂圈人士和時髦客，後來因媒體報導，尤其透過

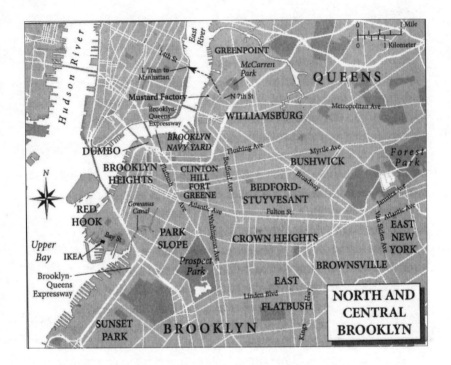

部落格和電子郵件討論群等新型媒體宣傳，而知名度日增。它的成功
與消費文化的重大轉向有關，美化了城市的粗獷純正性，相對於企業
辦公室和郊區住宅乏味的同質性，這種文化推崇藝術家和音樂家自助
表演中發現的純正性。但是，路布拉德的成功也突顯了資本和政府等
傳統都市要素。只不過，此處是因為私人開發商或政府投資的**缺席**，
才創造出新文化蓬勃發展的契機。

38　　　威廉斯堡於1990年代蓬勃發展，成為時髦客重鎮，印證了珍‧雅
各認為的，租金低廉的舊建築將成為新活動培養皿的看法。不過，與
她看法不同的是，她重視鄰里內既有的商店主和居民，威廉斯堡的
新企業家則以其社會、文化和經濟資本，將社區改造成以獨立音樂、

另類文化和時髦美食餐館為主的新沃土。這種改造加上其他鄰里的縉紳化，攜手重塑了布魯克林的形象。酷文化生產賦予布魯克林一種新的、白種人的消費形象，集中在本區北邊，與曼哈頓較昂貴的高級社區，以及紅鉤、班森赫斯特，還有貝德福─史岱文森一帶的勞工階級社區形成對比。然而，如果沒能扭轉數十年來創意人不斷外流的現象，進而吸引這些人遷入布魯克林，這種新形象就不可能奏效。

我開始覺察到80年代中期開往布魯克林的人才列車，是我正替《紐約時報》撰寫建築和設計專欄時，注意到我的羅勒德斯（Rolodex）旋轉名片架上以718（電話區碼）為首的部分逐漸變厚。沒多久，該區就變得非常酷，各種羅伯‧威爾森（Robert Wilson）的劇場製作在BAM（布魯克林音樂學院）上演，加上由皇家國家劇院（Royal National Theater）邀請而來，在BAM刻意做成「破舊狀」的附屬建築物國王劇院（Majestic Theater）演出的節目……接踵而至的是餐館，很快地，美食評論家給當地廚師的星級評等，就如雨點般落下（誰知道呢？）。
—— 約瑟夫‧喬凡尼尼（Joseph Giovannini），《紐約》雜誌，2004年5月2日

39

　　二十世紀的大部分時間，布魯克林一直有著讓人難過的名聲，出生在這兒的藝術家和作家，都迫不急待地逃離他們的出生地。這些成功脫離的作家中，最有名的大概就是文學評論家阿爾佛列德‧卡津（Alfred Kazin），他在回憶錄中敘述自己如何在1940年代由布朗斯維爾（Brownsville）搬到曼哈頓，拋下貧窮猶太移民父母與黑人鄰居承受的苦

難，再也沒有回頭。移民勞工階級鄰里的生活醜惡且令人不快。工廠是污濁與骯髒的狄更斯式血汗工廠，社交生活就是住在街上，居民經常互相攻擊。晚至1930年代末，威廉斯堡及毗連的綠點區（Greenpoint）鄰里的大部分房屋，都還沒有中央暖氣系統與熱水；許多無電梯的出租公寓並沒有私人室內廁所，浴缸則放在廚房，要用時以大水壺裝水於爐子上燒熱，再倒入浴缸。1930年代的奧斯卡金像獎得獎編劇家丹尼爾‧富克斯（Daniel Fuchs）寫了兩部以威廉斯堡為背景的小說，對他二十年前成長的街坊有鮮明的描繪：「我們在這裡看盡人類一切所做所為。那是一個殘酷盛行的世界，令人眼花撩亂，拾荒人、皮條客、幫派分子在路邊喝汽水時遭到射殺。」這是純正的城中村，一點都不詩情畫意。[2]

可是，到了1940年代，一小群美國土生土長、但並非出生於紐約的男性和女性文人，開始跨過布魯克林橋，遷入布魯克林，尋找一個可以躲開曼哈頓高額房租和瘋狂競爭的避風港。從華特‧惠特曼（Walt Whitman）到楚門‧卡波提（Truman Capote），選擇搬到布魯克林的作家喜歡這個有強烈地方感的替代空間，以及碼頭和工廠林立的「陽剛」文化；它是無產階級的、純正的，尚未完全現代化。布魯克林對先前住在下曼哈頓格林威治村社區的藝術家和作家尤具吸引力，格林威治村於1920年代經歷了某種早期形式的縉紳化，以及蜂湧而入、想一窺波希米亞生活方式的觀光客。由於房租節節上升，加上好奇心旺盛的遊客令人不堪其擾，許多作家轉移陣地，遷往布魯克林高地，此地有和格林威治村極類似的貴族風褐岩住宅及窄小街道，但安靜得多，也沒那麼擁擠，還擁有可以眺望曼哈頓天際線的絕佳景緻。這裡的房子比較便宜，尤其是南部，高地景觀在此變成一大片混著社區服務中心、出租公寓和小公寓的雜色地景。1930年代中期，詩人兼作家詹姆斯‧亞吉

（James Agee）在此地看到極具社會多元性的居民，「藝術家和記者、共產主義者、波希米亞人和理髮師。」這是一個作家可以稱之為家的地方。[3]

作家之所以受到布魯克林吸引，是因為它**不是**曼哈頓。房租便宜是一個重要誘因。但這裡緩慢的步調、鄰里的友善互動，和相對不世故，都讓此處與美國其他地方比較相似，而不像曼哈頓；也因此，布魯克林顯得更「純正」，因為它讓大多數作家想起自己的出身。威廉斯堡土生土長的作家，也是移民成長故事經典《一棵生長在布魯克林的樹》（*A Tree Grows in Brooklyn*）的作者貝蒂・史密斯（Betty Smith）於1943年寫到：「布魯克林是個小鎮，只不過規模龐大，是紐約人（即曼哈頓人）急於逃離的小鎮。」這種回歸迷思，與布魯克林出生作家對出生地的排拒恰成對比，如卡津、保羅・馬歇爾（Paule Marshall）和彼得・哈米爾（Pete Hamill）等人，長大後離開父母家，以及他們強勢、甚而專制高壓的族裔社區，不論是猶太、愛爾蘭、義大利或加勒比海社區。然而，隨著那些族裔社區逐漸老去變小，這種迷思不斷引誘更多藝術家和作家來到布魯克林，一如珍・雅各對於哈德遜街城中村那種淨化的欣賞。[4]

1970年代之後遷到布魯克林褐岩房屋的作家，發現這裡的街道和建築物與自己的認同感不謀而合。詩人佐丹（June Jordan）1984年受訪時，告訴訪問者：「建築的規模和風格恰好適合簡單的個人生活，我們也都過著簡單的個人生活。」小說家寶拉・福克斯（Paula Fox）享受和大自然及文化的親密聯繫，她說自己喜歡「漫步至街頭雜貨店，街邊成排的老房子完全不會遮住星星，走過梧桐樹下，看著枝葉由繁茂至凋落，這種四季交迭變化的親密感，遠非日曆所能及」。不過，這種對於建成環境的審美欣賞，僅限於一些舊的布爾喬亞鄰里，像是布

魯克林高地、公園坡、格林堡和貝德福—史岱文森等，這些地區長串
的十九世紀住宅街區雄偉堂皇，仍然給人獨特的高貴莊嚴印象。[5]

41   1980及1990年代間，更多新聞記者、藝術家、作家、演員和電影製
作人渡過東河，布魯克林的形象開始改變。加上布魯克林音樂學院大
膽採取冒險政策，支持前衛色彩濃厚的表演，希望在城市的主要文化
機構中站穩腳步，這些藝術家和作家帶動各種活動，讓布魯克林喧鬧
異常。愈來愈多藝術家和作家成爲布魯克林小說、電影和生活風格媒
體文章的主體和作者，就像小說家保羅・奧斯特（Paul Auster）一樣，他
們的存在改變了城市的文化地理。作家兼電影《親情難捨》（*The Squid and
the Whale*）的導演諾亞・鮑姆巴赫（Noah Baumbach）回憶起1980年代的布魯
克林時，表示那裡當時仍然「與曼哈頓是分離的」。在那之後，評論
家菲利浦・羅佩特（Philip Lopate）補充說：「布魯克林逐漸變成曼哈頓
的**延伸**。」雖然如此，大多數變化都集中在布魯克林四十多個鄰里中
的三個。因爲這時布魯克林高地的褐岩住宅已過於昂貴，實非手頭拮
据的藝術家和作家所能負擔，他們只能向已縉紳化的屋主承租位於公
園坡的公寓，或敦寶（Dumbo，曼哈頓橋下〔Down Under the Manhattan Bridge
42 Overpass〕廠房倉庫區的縮寫）和威廉斯堡的舊工業廠房。由於這個地區的
新餐館和獨立音樂吧密度出奇的高，以致威廉斯堡很快就被媒體封爲
「酷炫的中心點」。[6]

    威廉斯堡是這些地區中最爲工業化的一區，正因爲如此，它也是
1980年代最難吸引縉紳者或不動產開發商的一區。至少早自紐約港在
1960年代初期關閉，而市政府逐步決定放任布魯克林的工業凋零起，該
區的倉庫和小工廠便逐漸撤空，許多居民失業。威廉斯堡和鄰近的布
什維克（Bushwick）在十九世紀時以釀酒著名，但最後一家僅存的雪佛酒
廠（F&M Schaefer）在1970年代結束營業，曾是當地最大雇主的多米諾糖

酷炫的中心點：貝德福大道，威廉斯堡。雪倫·朱津攝。

廠也逐漸減少生產。當工廠所有人抱怨勞動成本上升、貨車行駛路線過度擁塞，以及海外競爭劇烈時，市政府甚至不打算提供任何協助。商業和政治領袖視曼哈頓為該市商業中心，布魯克林則是在曼哈頓企業總部上班的員工的居所。1975年財政危機後，銀行對市政府預算嚴加控制，民選官員無法提出任何紓困計畫。公共支出大幅削減，導致街道和高速公路無法修補維護，垃圾堆積路旁，消防站和其他基本服務停擺。雖然全國目光聚焦於南布朗克斯（South Bronx）的貧困和縱火事件，威廉斯堡的工業社區（當時居民以義大利和波多黎各裔勞工階級為主）則面臨看似無可救藥的衰落。1980年代間，當金融部門擴張促使市政府重新考慮經濟成長時，威廉斯堡獲得的關注微乎其微。[7]

　　雖然政府官員並不支持布魯克林製造業，但有時在政治壓力下仍必須採取行動，以避免創造「另一個蘇活區」，蘇活區到了1980年時，金屬加工廠及硬紙板和抹布工廠已經被藝廊和廠房住家取代了。1980年代中期，市政府驅逐了100多名非法住在威廉斯堡和富頓渡口（Fulton Ferry，即後來的敦寶區）工廠區廠房內的藝術家，以維護原有的製造業空間。副市長阿萊爾‧湯森德（Alair A. Townsend）說「這攸關工作機會」，這可能是嘗試壓抑藝術家引領之都市更新的最後一次官方聲明。[8]

　　不過，此時藝術家早已進住威廉斯堡的廠房和小公寓。1990年代初期，水岸區的115,000名居民中，約有兩千人是藝術家。雖然在不斷縮水的當地人口中只佔2%，但在這個原本對藝術極度陌生的地區中，他們卻顯得十分醒目。1990年代期間，藝術家、作家、平面設計師、家具製造者，以及新媒體製作人的人數快速成長，其中以威廉斯堡、公園坡和敦寶區為最。這些鄰里中從事創意工作的人口比率高達20%，相對地，全紐約為4%，全美則是2%。這些鄰里的新居民不僅有創造力，還「相互關連」。廿一世紀開頭幾年，光是在布魯克林發表的部落格就有兩千多個，大部分位於公園坡（318）、威廉斯堡（242）及敦寶（31）。[9]

　　在老一輩的族裔、工人階級居民搬走或去世，剩下的小工廠也關門或因地主提高租金而遷走後，新居民為這三個鄰里創造了一種不同的形象。不僅如此，在某種全球品牌延伸效應下，這種形象成為布魯克林全區的整體標記。布魯克林不再是來自自治區公園（Borough Park）和科尼島（Coney Island）的猶太喜劇演員開種族玩笑時的話柄（電影《安妮霍爾》〔Annie Hall〕的熟悉場景）；有如瀝青叢林的班森赫斯特，那裡的義大利年輕人不約而同梳著蓬鬆髮型、穿黑色皮夾克，好像某種部落標誌似的（一如電影《週末夜狂熱》〔Saturday Night Fever〕中所見）；或是一些懷念

43

往事的成年人，談起1950年代布魯克林道奇隊（Brooklyn Dodgers）棄布魯克林移往洛杉磯之前，他們如何常常到皇冠高地（Crown Heights）的艾比特球場（Ebbets Field）去看傑基‧羅賓森（Jackie Robinson）為道奇隊出戰，總會邊說邊流下懷舊的眼淚，這些人現在多已退休且老去，紛紛搬往佛羅里達州或南卡羅來納州。現在，媒體呈現的布魯克林具有一種不同的純正性，與舊有的勞工階級和族裔起源並沒有多大關係。一如《紐約時報》藝術評論家霍蘭‧科特（Holland Cotter）2004年所寫的，今日的「布魯克林風（brooklyn-ness）是一種**文化**族群（cultural ethnicity）」。[10]

　　爭議不斷、命運多舛的麥卡倫公園泳池（McCarren Park pool），是位於威廉斯堡和綠點區邊界的一處公共休閒設施，最能反映布魯克林形象的急劇轉變。該泳池於1930年代由羅伯特‧摩西興建，經費來自聯邦「工作發展管理部門」（Work Progress Administration），目的在服務過度擁擠公寓區內的貧窮勞動階級。1930和1940年代嚴熱的夏季期間，每天有超過六千名泳客經過泳池入口宏偉的拱門。然而到了1970年代，當越來越多的非裔和波多黎各裔居民遷入附近的鄰里，開始利用這個泳池後，便不斷因為誰屬於這裡，以及誰該為犯罪和破壞事件增加負責等問題而爆發種族衝突。許多泳客擔心安全而不再去公園。身陷財政危機自顧不暇的市政府，任由泳池與鄰里其他設施一併荒廢，最後終於在1983年將其關閉以進行整修。不過，由於不滿公共服務大幅縮水，也擔心發生更多無法控制的改變，白人居民組織了抗議活動，意在阻止泳池整修。

　　其後二十年間，社區團體及紐約市公園管理處不斷就各種替代方案討論和爭辯，公園管理處提議建造更大的游泳池，擴大服務區域；當地居民則希望縮小泳池，並僅限附近居民使用，因此也較具種族排他性。有關新設施的規模和類型爭議不休，將部分泳池建築物指定為

44

歷史地標也引發歧見，加上預算危機一再重演，以致泳池翻修始終未能完成。於此同時，威廉斯堡逐漸由包含勞工階級白人、黑人和波多黎各人的民族熔爐，轉變成主要由藝術家和音樂家混居的白人文化區，有些人看上麥卡倫公園裡未使用的公共空間，開始在此舉辦免費音樂會。2005年，一場在清空的水泥泳池內舉辦的現代舞表演吸引了一萬五千名觀眾，清晰頻道通訊公司（Clear Channel Communications）認定該泳池是旗下子公司現場音樂國（Live Nation）舉辦付費演唱會的絕佳場地。該公司捐了幾百萬元給公園管理處，做爲清除塗鴉和重新整修泳池的經費，藉以交換該公司的使用權契約。

接下來的三個夏天，泳池爭議再度集中在誰屬於那裡的問題，但這一次受到考驗的是清晰頻道通訊公司，一家專辦主流收費音樂會的大公司，對立方則是那些希望繼續舉辦週日夜「泳池派對」、提供免費後龐克樂團演出的人，其中許多人是當地社區居民。現在威廉斯堡己是酷炫的正字標記，企業媒體願意冒險一試。[11]

當……我瀏覽那些酷貓店，浸入獨立搖滾樂團演奏現場，走在整排都是藝廊和咖啡店的街道上，仍感覺「比利堡」（Billyburg，譯按：威廉斯堡）在尖端上的平衡。

——珍妮佛‧巴格（Jennifer Barger），《華盛頓郵報》，2005年11月30日

45　　時髦威廉斯堡的故事，結合了將鄰里再塑爲文化培養皿，與「純正」酷炫產品循環的關鍵舞台。如同1990年代的芝加哥柳條公園

（Wicker Park）、1980年代的曼哈頓東村，以及1970年代的蘇活區，威廉斯堡的新「純正性」也始於租金低廉且有點危險的鄰里，讓那些二十出頭、身無分文，一心想成為藝術家的年輕人可以在此構成場景、創辦雜誌、從事各種市場價值不高的實驗性藝術形式。由本地人成立，以圈內人為對象的地方媒體——另類週報、影印傳單、維基和部落格——逐漸被急切渴望內容的主流媒體吞噬。首先是全市報章雜誌上熱情洋溢的餐廳和藝廊評論，接著是全國性報章和指南上老套刻板的旅遊文章（「當……我瀏覽那些酷貓店」），最後則是企業媒體網站大力促銷這些鄰里的購物機會。以特殊讀者群為對象的藝術和音樂評論家，也一致推崇威廉斯堡是未來的新潮流。透過媒體傳播，威廉斯堡遂凝聚成某種易於辨識、可供全球文化消費的當地產品：純正的布魯克林酷炫。

回溯這個媒體傳播過程，顯示新純正性的產生何其快速。威廉斯堡第一家藝廊烈帝斯法蘭（LedisFlam）於1987年開張。1991年，在全市的外賣店和雜貨店免費發放的另類周刊《紐約報》（New York Press）登出一篇標題為〈布魯克林狂驅〉（Brooklyn Unbound）的文章，讚美當地獨樹一格的俱樂部和酒吧，這些店就開在「一大片既詭異又宏偉的空曠水岸上，那些猶如龐然大物般的破敗倉庫，非常適合當作表演空間」。幾個月後，一篇《紐約》雜誌的封面故事宣告威廉斯堡是「新波希米亞」，肯定為該區帶來眾多週末購物人潮和觀光客。本著該雜誌尋新訪奇的調調，這篇文章形容泰迪酒吧（Teddy's）是「波蘭區內一家典型的勞工酒館」，對象是那些不可能靠自己發現布魯克林的中產階級曼哈頓人和郊區居民。下午時分，酒吧內的顧客組合頗不尋常，包括一對剛從東歐來的夫妻、兩個穿著牛仔褲的年輕男人、幾名中年電工，以及一位「反串表演藝術家」。次年，藝術界假伊利諾大學卡內特藝

術博物館（Krannert Art Museum）舉辦一項大型展覽，展覽目錄中宣稱已發現「威廉斯堡典範」（the Williamsburg paradigm）。這項展覽吸引了藝術家和贊助人的目光，他們一直在尋找一個新的藝術社區，以取代已經太過通俗且越來越昂貴的東村。[12]

　　負責該項展覽的藝術教授喬納森・芬伯格（Jonathan Fineberg）將這個典範歸功於各種不同類型波希米亞藝術家的共同成果，這些藝術家有如十九世紀巴黎和1980年代下曼哈頓的同行前輩，舉辦各種不同凡響的藝術活動，進而創造某種社區感。雖然芬伯格推崇威廉斯堡藝術家的樸實無華，但他更應該讚美他們的創業能量，以及他們創辦的那些曇花一現的俱樂部和集會，替動態文化經濟奠定了基礎。就此而言，威廉斯堡的運作和其他任何藝術導向的「工業區」都很類似，例如芝加哥柳條公園、柏克萊、倫敦霍斯頓（Hoxton）或是東村。各個地點的文化生產者圍繞著臨時事件的節點，建立起一個又一個重疊的網絡，這些事件創造出社會資本與媒體回饋，成為持續創新的動力。某項事件、俱樂部、藝廊或部落格的參與者，有可能會參加或籌辦其他類似活動。這就像矽谷，只是少了工程師和大筆創投資金。[13]

　　1980年代初期如火焰般發光發熱的東村藝壇，無疑左右了1990年代藝術家對威廉斯堡的期望和疑慮。一如1984年賓州大學當代藝術館（Institute of Contemporary Art）的一場表演，迅速奠定了東村藝術界的典律地位，1993年伊利諾大學的「威廉斯堡典範」展，也讓該鄰里的創意一鳴驚人。有抱負的年輕藝術家都想到這裡來。起初，沒有其他藝術家在場是個誘人特色。布魯克林和曼哈頓之間的文化和地理距離，讓人容易將威廉斯堡看成某種「另類」空間。然而，隨著越來越多藝術家遷入，他們相互發現和互娛——藉由街頭派對、討論和自助表演——的能力，打造了一個培育純正性的溫室。[14]

誠如其他藝術區，威廉斯堡的活力不僅取決於藝術家、作家和音樂家的存在，還有賴於他們扮演文化企業家（cultural entrepreneur）的能力。事實上，有些人的確將這個角色發揮得淋漓盡致。他們創辦的俱樂部和藝廊雖小，卻成為其他藝術家和有心參與的年輕文化消費者的社交中心。這些地點也吸引了藝術批評家和音樂記者，因為這些場所是由藝術家經營，他們的業餘店主身分更突顯了其局內人特質——由藝術家介紹其他藝術家，由音樂家推薦其他樂團——也讓他們顯得更為純正。就他們而言，藝廊和俱樂部讓他們自己顯得隨心所欲、作風低調，而且赤貧如洗。由於經營者幾乎賺不了錢，這些場所沒有暖氣，而且絕大多數沒有歌舞表演或賣酒執照，以致經常遭到警察和消防局突擊檢查。它們的名稱和獨立搖滾樂團一樣怪異，常隱身於荒廢的水岸工業區附近迷宮般的狹窄巷弄中。但是，這些都是純正性的標誌。[15]

自1990年代初起，威廉斯堡開始不時舉辦綜合性多媒體事件而打響知名度，這些事件有些像1980年代的俱樂部和派對，但也有著1960年代自由集會和表演的味道。廢棄工廠和倉庫足以容納眾多觀眾，而且由於銳舞（raves）和文化反堵（cultural jamming）等另類運動正方興未艾，各類表演觀眾的增加潛力更不容小覷。所有這些與獨立藝術和音樂世界有關的文化事件，都集中在老荷蘭芥末工廠（Old Dutch Mustard factory），一棟荒廢多年、位於水岸附近、好幾層樓高的大型工廠建築。1993年上百位藝術家和音樂家租下此地，打算舉辦一種稱為「有機體」（Organism）的活動時，工廠主人即已經常將工廠出租做為未公開派對的場地，往往可吸引好幾百名付費參與者。「有機體」被形容為第一次網路塞車，由某天晚上六時持續至次日上午九時，吸引將近兩千人參加。舉辦人架設電子系統、仿生雕塑和電腦投影，並要求參與者親身參與這樣的環境；《新聞週刊》（Newsweek）稱之為「銳舞派對續

47

集」。這種事件能在主流雜誌上博得一席版面，可謂成果豐碩，《新聞週刊》的那篇文章稱許威廉斯堡是一種文化現象。[16]

1994年一場大火迫使芥末工廠關閉後，「有機體」發起人之一羅伯特・艾米斯（Robert Elmes）在貝德福大道地鐵站附近巷弄內另一座舊醬料廠（一家美奶滋工廠）中創立了「加拉帕哥斯」（Galapagos），一家提供表演空間的酒吧。艾米斯於1989年從加拿大來到威廉斯堡，他希望「加拉帕哥斯」能成為培育藝術家及互動式表演和娛樂的固定場所——即創意社區的社區機構。不久後，「加拉帕哥斯」的表演就登上了《紐約時報》和《村聲》，艾米斯則從歐洲、亞洲和北美洲引進各式各樣表演。他也因此成了威廉斯堡新酷炫的主要推手。[17]

繼倉庫派對和表演空間興起後，類似東村的小型展售藝廊也在不久之後出現，吸引年齡層較高、也較富裕的媒體評論人和文化消費者。這類贊助者於1995年開始跨過東河，某位專門展示前衛概念作品的蘇活藝術經銷商，邀請四家威廉斯堡藝廊——醬料（Sauce）、動能（Momenta）、四牆（Four Walls）和派洛吉（Pierogi）藝廊——替他的藝廊共同舉辦一場展示。這場蘇活展覽讓威廉斯堡躍上文化地圖。曼哈頓收藏家現在將威廉斯堡藝術家視為藝術新秀，以曼哈頓為基地的主流藝術媒體，也開始走訪威廉斯堡的藝廊。評論家讚美該鄰里的純正感，就像「被發掘」之前的蘇活區。[18]

1990年代期間，除了表演和藝術外，威廉斯堡也開始發展另外兩個符號經濟部門的生產地點：食物和時尚。平價新餐館從該區波蘭烘焙坊和拉丁酒店的「原味」純正性，轉變成結合亞洲異國情調及跳蚤市場時髦風的新波希米亞風餐館。中東料理餐廳「歐茲諾美食」（Oznot's Dish）於1992年開張，兩年後獲得《紐約時報》好評。大約同一時間，一名年輕女子綺蒂・夏皮羅（Kitty Shapiro）在貝德福大道地鐵站

附近開了一家「L Café」。同條街的一名波蘭酒館酒保追憶當時情景：
「她的作法類似格林威治村。」不出數年，該間咖啡店儼然成了一個
鄰里機構，面街的店鋪窗口出售貝果，還提供附近兒童高腳椅，以及
用熱牛奶特製的「寶貝奇諾」（babyccinos）。丹・席格勒（Dan Siegler）
說，那是「一種純正的環境，一個街坊的接合點」，他在夏皮羅轉換
跑道時，向她買下了那間咖啡館。[19]

　　當布魯克林酒廠遷進只離「加拉帕哥斯」幾條街遠的另一座舊工
廠時，威廉斯堡的新純正性又往前邁進了一大步。這是近百年來本區
的第一家酒廠，這次行動來自兩個布魯克林人（一名記者和一位銀行
家）的發想。小作坊手藝釀造啤酒風潮在1980年代橫掃全國後，他們
就決定辭去工作，改行做啤酒生意。他們創造了一款精品啤酒，叫做
「布魯克林拉格」（Brooklyn Lager，譯按：lager為一種淡啤酒），在北部釀
造，並以布什維克為分銷據點，該區是威廉斯堡東邊的鄰里，人口以
非裔美人和拉丁裔勞工階級為主，犯罪活動猖狂，到處是破舊不堪的
房屋和工廠。由於貨車司機不敢在入夜後進入布什維克，布魯克林酒
廠於是在威廉斯堡租用倉庫，以便於運貨。到了1990年代中期，大約
就是「加拉帕哥斯」開張的同時，酒廠老闆決定直接掌控釀酒作業，
於是將酒廠由北部遷到威廉斯堡。雖然此舉吸引了工會流氓和武裝劫
匪（可以遠溯至該社區最初起源的典型人物）不必要的注意，但不久
之後，威廉斯堡的治安好轉，以致酒廠主人甚至可以提供訪客導覽行
程。此外，他們也舉辦週末夜歡樂時光活動，除了有當地樂團表演、
撞球遊戲外，還提供三美元啤酒。某種程度上，手藝釀造啤酒生產重
回它的起源威廉斯堡，但已成了更高級的商品。[20]

　　1990年代末期時，「街頭時尚」（street fashion）公司「布魯克林產
業」（Brooklyn Industries）為威廉斯堡越來越多元的企業發展，帶來另一

加拉帕哥斯藝術空間（Galapagos Artspace）前址：北第六街，威廉斯堡，
面向東河。雪倫‧朱津攝。

項酷文化產品。這次的企業家是列克希‧方克（Lexy Funk）和伐賀普‧
阿伏薩（Vahap Avsar），兩名一面從事非藝術工作，同時努力想在曼哈
頓設計界出人頭地的藝術家，方克在廣告公司上班，阿伏薩則是餐廳
晚班經理。有一天，阿伏薩在居家工作室附近的垃圾車內發現許多大
片乙烯基（vinyl）板，靈機一動，決定將其再利用。他將那些乙烯基板
切割成一片片，再和方克一起把那些小片縫製成阿伏薩設計的郵差包
（斜揹袋）。幾年內，他們自創魁布托（Crypto）商標的訂單，已多到他
們需要更大的生產空間，就在威廉斯堡租了一間已清空的單層工廠。
阿伏薩、方克、加上幾名員工利用屋頂來切割乙烯基板，再拿到室內
縫製成郵差包。阿伏薩畫下從他們屋頂見到的布魯克林工廠建築物和
屋頂水塔天際線，做為公司標章；不論其用意是否在挑戰「曼哈頓聯
運」（Manhattan Portage）──幾年前成立於曼哈頓的郵差包公司，以曼

50

哈頓著名的天際線當做公司標章──此舉都讓布魯克林搖身變成一種審美主題。阿伏薩和方克將公司改名爲「布魯克林產業」，產品除了揹包，另增加了T恤和褲子，並且於2001年時在貝德福大道開了一家零售店。其後幾年間，他們陸續在曼哈頓和布魯克林開了七家店，而且和布魯克林酒廠一樣，開始將產品分銷到其他地區。當白人獨立嬉哈藝術家搖滾伊索（Aesop Rock），在歐洲夜總會內穿著布魯克林產業T恤表演時，介紹他的出場詞便說他「來自布魯克林」；這也讓威廉斯堡（以及整個布魯克林）的企業，成爲一種全球品牌。[21]

　　威廉斯堡的新企業家將該鄰里的「純正性」具體化爲一種文化迴響（cultural buzz）產品，將自己的新開端塑造成有力的起源故事。藝廊、表演空間、小釀酒廠和郵差包，共享了由一份廢棄工廠和兩份藝術創新構成的都市想像，所有這些一起打造了「布魯克林製」的創意組合。這個故事和威廉斯堡的眞正起源全然無關，無論是1900年代初期的「拾荒人、皮條客，〔以及〕盜匪」，抑或該區工業全盛時期的多米諾糖廠工人和波多黎各技工，甚至是還開在貝德福大道的波蘭肉品市場和墨西哥雜貨店（不過與威廉斯堡走紅以前相較，現在生意已大不如前）。

　　布魯克林酷炫的起源故事，是一則獨立藝術家和文化反堵、參與及創造力的浪漫故事；是一種反企業、反曼哈頓的怒吼。它也反映了私人開發商和政府官員在經濟發展上的蓄意缺席，他們漠視製造商的請求，在房東因藝術家湧入而拒絕續約或大幅提高租金時不願插手提供保障。不僅如此，它也代表重大的文化轉型，創造出一種新的粗獷美學，使得威廉斯堡從碼頭旁一個廉價、不起眼的移民鄰里，迅速浴火重生成爲美國都會中「第三時髦的鄰里」。[22]

　　由粗獷到酷炫的蛻變，並非1990年代的威廉斯堡所獨有。雖然未

51

能影響人口衰減且缺乏經濟成長機會的城市，但同樣的蛻變確實讓那些擁有旺盛企業金融和媒體產業的大城市，將其成功延伸到中心區以外的破敗鄰里。新粗獷特色不僅描述了威廉斯堡的復興；它也適用於網路商務鼎盛期的舊金山市場街（Market Street）以南地區的重生、西雅圖的星巴克和油漬搖滾（grunge）＊，以及堪薩斯市、奧克拉荷馬市、巴爾的摩及費城等地少數工業鄰里的再生。粗獷的吸引力繫於後工業時代精神，以及符號經濟將髒污危險綜合成為新文化商品的能力。

「我就愛這裡的那種粗獷和工業感覺。」她邊說邊指著並排停靠的貨車、滿街跑的汽車、穿著兜帽運動衫的男人推著板車。「就好像這些是原料，然後你到餐廳去飽餐一頓。」

——《紐約時報》，2007年2月9日

如同威廉斯堡，1990年代之前，「粗獷」（gritty）一詞在通俗文化中難得一見，當它出現時，通常帶有死亡和毀滅等象徵意義。「粗獷」一詞用來描述老式黑白電影的風格和內涵，尤其是1940和1950年代在紐約和洛杉磯拍攝的那些黑色電影，訴說個人面對現代城市的疏離感，以及城市如何悲劇性地喪失權力，敗給了更年輕、更繁榮的郊

＊ 譯註：一種流行於 1990 年代初期，融合龐克搖滾和重金屬風格，歌詞帶有虛無、冷漠、不滿色彩的搖滾音樂風格。

區。這種黑色形象恰好可以用來做爲布魯克林經濟衰退的旁白，從1960年代關閉港口和海軍造船廠及放棄釀酒廠起，到白種人族群社會地位向上爬升，逐漸離開該區的出租公寓和褐岩住宅，搬進曼哈頓高樓公寓和郊區的錯層住宅（split-level house），導致社會地理發生變化。「粗獷」是用以形容他們拋在身後的事物：擁擠的街道、飆高的犯罪率，以及藍領生活。[23]

1970年代時，這詞彙通常用來形容因工廠關門，以及從紡織品到鋼鐵等多年來支撐美國家庭的基本工業製品紛紛外包，以致陷入困境的工業城鎮和都會社區。1978年出版的攝影作品集《粗獷城市》（*Gritty Cities*），凸顯了人、地和產品之間連繫的斷裂，如何摧毀了費城、巴爾的摩和紐澤西州派特森（Paterson）等城市。這些城市在全盛時期都以製造業聞名；它們是鐵城、鋼城、絲綢城和黃銅城，這裡的「鄰里都帶有一個多世紀以來，賺錢養家者從工廠回家時臉上那種堅毅自豪的表情」。不過，到了1970年代末，這些粗獷城市最引人注目的卻是衰敗的視覺印象：成排的紅磚小屋、廢棄的工廠煙囪，以及空蕩蕩的街頭店面。猶如道奇隊離去後的布魯克林，粗獷城市「賴以吸引遊客的只剩懷舊之情」。[24]

「粗獷」很快就成了媒體形容老舊城市社會弊病和審美敗壞的代名詞。俄亥俄州揚斯鎮（Youngstown）在1970年代末期有多家鋼鐵廠停產，「污穢骯髒、爐床冷卻多年的舊工廠」佈滿「粗獷街道」。巴爾的摩則是「一條看似永無止境的粗陋排屋（row house）*，炎熱的夏天夜晚，熱得受不了的人們弓著身……在他們的石頭台階上，呼吸污染的髒空氣」。在較繁華的城市裡，「粗獷鄰里」在「精華地段」旁顯得陰森又淒涼。[25]

---

* 譯註：row house 又稱為 town house，即一整排造型相似的連棟房屋（共用牆壁）中的一棟，又譯為連棟房屋、連排住宅。

這時，新聞工作者也開始將這個詞用在他們喜歡的通俗文化形式上，尤其是那些與紐約市有關者。「粗獷」同時用來形容下曼哈頓鮑爾利街上的龐克搖滾俱樂部CBGB，以及評價很高、以虛構的中城南區（Midtown South）街道為背景的電視影集《警網鐵金剛》（*Kojak*）。「粗獷」的用法改變，尤其是在紐約脈絡中，對於像威廉斯堡這類鄰里而言是個好兆頭，雖然這些地方破落衰敗又缺乏公共服務。[26]

記者嗅出這些粗獷街道正在經歷某種改變，但到底是什麼在變化，端視它登在報紙哪個版面而定。《紐約時報》就業版提到新成立的生物科技公司設在「粗獷、廠房林立的下西區哈德遜街」。但《紐約時報》的週末版則提醒讀者注意那些開在這個「充滿粗獷倉庫、尚未縉紳化的街坊酒吧，以及鑄鐵百年建築物地區」內的時髦餐館和俱樂部。許多文章都指出，藝術家是帶頭改變的人，從蘇活區「粗獷的前工業建築」開始，逐漸擴及「粗獷之城」紐渥克（Newark），「二十年來肩負著城市凋萎的印象」。不過，由於房價不斷上漲，粗獷區和精華區之間的差距逐漸縮小。1978年某期《紐約時報》便宣告「曼哈頓的『邊緣』區日益時髦」，因為「精華區的居住成本過高，迫使越來越多人搬到粗獷的鄰里」。[27]

1990年代中期，正當藝廊、表演空間和手藝釀造啤酒開始定義威廉斯堡的新純正性時，粗獷鄰里成了文化鑑賞家的目標。《亞特蘭大憲法報》（*The Atlanta Journal and Constitution*）論及曼哈頓最新的藝術展覽區時說：「粗獷的西卻爾西區（West Chelsea）贏得藝術界青睞。」倫敦《金融時報》則指出倫敦南岸區（South Bank）「粗獷的後工業荒原氣息」，在劇院、時髦購物區和現代藝術博物館推波助瀾下，已轉型成為一座「成長的發電廠」。[28]

接下來的歲月裡，評論家讚美粗獷的小說、戲劇和藝術，說它

們具有誠實的美學特質、稱頌其呈現特定時空的能力，並且以我們期待純正性的方式，將「粗獷」視為一種直接的生命經驗。《紐約時報》說，「〔藝術家〕班‧夏恩（Ben Shahn）於1930年代拍攝的紐約街頭生活照，有一種最直接、最粗獷的自發性。」媒體也讚賞從費城到舊金山等城市縉紳化鄰里散發出來的粗獷都市美感。弔詭的是，此處「粗獷的酒吧」和倉庫，現在和新餐館、精品旅館及昂貴的高級公寓並立。所有城市都一樣，粗獷鄰里的房價上漲得比別處快。今日，媒體所用的「粗獷」一詞是用來描述地下文化及其帶動的文化消費與不動產開發的創意能量之間的加乘綜效，不再是一種替代品，而是城市成長的推手。當《紐約時報》推薦教堂地下室「週五戰鬥夜的粗獷魅力」，觀眾包括「貧民窟來的惡棍……藍領工人階級……有錢的紈褲子弟和時髦人士」時，讀者知道這是正面的推薦。同樣情形也發生在高齡九十一的亞瑟‧勞倫斯（Arthur Laurents），他是音樂劇《西城故事》（*West Side Story*）的原著作者，也是該劇2009年重新搬上百老匯舞台時的導演；勞倫斯說新版本的音樂劇應能「具有1950年代劇場無法成就的純正粗獷特性」。現在，我們瞭解的「粗獷」意味著**純正性**，而那是件好事。[29]

　　儘管如此，原本那種不好的老舊粗獷在碰到種族問題時，仍然有跡可循。雖然如威廉斯堡等某些工業鄰里在1990年代間轉趨時髦，但其他布魯克林鄰里（黑人和拉丁裔移民居住的內城區）依然擺脫不了破敗的房屋、失敗的學校、缺乏就業機會和高犯罪率。大多數這些鄰里的公共住宅計畫也快速老化，這類公共住宅設計成由某種類似公園的綠色空間環繞的高塔，卻形成垂直的貧民窟——即珍‧雅各最鄙視的那種設計。然而，這種種族上的另類粗獷，位於貝德福—史岱文森、格林堡、柯林頓丘和東福萊特布許（East Flatbush），也發展成為一種新

的布魯克林酷炫印象。但是不同於威廉斯堡，這些新開端是透過嘻哈音樂和黑人電影進入通俗文化的。

傑伊Z（Jay-Z）、比吉史莫斯（Big' Smalls），嚇得你們屁滾尿流

代表布魯克林打得你們全趴下

你們瘋了，以為你那點沒用的詞就能跟我玩？

我可是從馬西（Marcy，譯按：布魯克林貧民區）來的，我是一軍，笨蛋，你們是老二。

——傑伊Z，〈布魯克林警察〉，1996年

1990年代中期，當史派克・李將小說《黑街追緝令》（*Clockers*）改編成電影，並且把小說中虛構的紐澤西州德姆西鎮（Dempsy）投到現實中的布魯克林街頭時，他把該行政區粗獷的黑人鄰里帶入了通俗文化的虛擬核心。打從十年前投入電影生涯起，李就將他電影裡的場景設定在布魯克林，也都在該處實地拍攝。他的第一部電影《喬的貝德史岱理髮店：我們剪頭》（*Joe's Bed-Stuy Barbershop: We Cut Heads*, 1983）基本上就是一部鄰里電影。第二部電影《美夢成箴》（*She's Gotta Have It*, 1986，或譯《穩操勝券》）的片頭畫面，就是布魯克林大橋（Brooklyn Bridge）。其他導演拍攝相同畫面時會以曼哈頓天際線為背景，李則不同，他強調的是那條河靠布魯克林的這一邊。他大量運用城中富爾頓購物中心（fulton Mall）、布魯克林高地觀景台（Brooklyn Heights Promenade）和格林堡公園（Fort Greene

Park）等地標，一段長達六分鐘的彩色場址幻想序列。介紹李自己扮演的角色馬爾斯（Mars）出場時，李讓他騎著單車溜下敦寶區內一座山丘。觀眾如果需要文字符號來確認黑人和布魯克林之間的關係，李就讓收音機男拉西姆（Radio Raheem）——稍晚期電影《為所應為》（*Do the Right Thing*, 1989）中的角色——穿著一件印有「貝德福—史岱文森」字樣的T恤。《黑街追緝令》的片頭曲也明確宣告，「這個行政區是布魯克林。」利用這一切技巧，李的電影一改非裔美人長期以來的都市認同符號哈林，以黑人鄰里布魯克林取而代之。[30]

　　李的這些鄰里影像延續了非裔電影導演奧斯卡·米考斯（Oscar Michaux）及查理斯·柏奈特（Charles Burnett）樹立的模式，他們善於描繪內城勞工階級的日常生活。不過，他們也依循經典的紐約「街道」電影，如《死路》（*Dead End*, 1937）及《一棵生長在布魯克林的樹》（*A Tree Grows in Brooklyn*, 1945），這些電影聲稱以鏡頭下的一條街區來演繹純正的都市生活。然而，早期電影都是在好萊塢拍攝，只是將佈景做得好似紐約街頭，但《為所應為》和《布魯克林的夏天》（*Crooklyn*, 1994，或譯《種族情深》）則是在貝德福—史岱文森街上的褐岩屋實地拍攝。李以戲劇性手法運用街道，好像那是一座舞台。這個地方和《親情難捨》中公園坡的縉紳化街道並無太大不同，沸騰的憤怒和挫折溢出成為暴力。然而在每部影片的核心，充滿愛的家庭和熟悉的角色，看著鄰里和朋友來來去去，並且像希臘歌詠團般品頭論足，表示意見。在貝德—史岱長大的嘻哈音樂家和演員莫斯戴夫（Mos Def），呼應目前對布魯克林的流行看法：「它還保有小鎮鄰里般的精神，居民互相認識，而且對自己的街坊忠心耿耿。」但《為所應為》對於1980年代紐約和其他美國城市常見的種族仇恨和社會緊張並不掩飾。當時布魯克林黑人社區的悲劇，在於自己人和外來者之間的衝突，以致非裔居民本身互鬥，也

仇視街角披薩店的義大利人，以及剛搬來的韓國蔬果店老闆。[31]

　　雖然李也為嘻哈音樂表演者拍攝音樂錄影帶，但布魯克林尚未因這類音樂而聞名。1970年代發展出音樂節拍和音樂取樣技術的D.J.（譯按：Disk Jockey，唱片騎士）來自布朗克斯。一直要到1980和1990年代M.C.（饒舌者）開始饒舌說唱歌詞而非播放節奏後，新一代饒舌者才用聲音替其他有大量非裔人口的外圍行政區的「純正性」發聲：布魯克林和皇后區。如果傑伊Z和巴斯達韻（Busta Rhymes）「代表」非裔美國人鄰里如貝德—史岱或東福萊特布許，或是公共住宅社區如馬西公共住宅（Marcy Houses），意思是指他們的產品是純正的——由於它喚起了種族經驗而預期這類音樂「名符其實」的黑人聽眾，以及因為它論及危險而喜愛它的白人，都如此認為。一如黑人導演的電影，嘻哈音樂也從1990年代描述某個稱為「族裔聚居區」（the ghetto）的抽象空間，轉而具體提到「鄰里」（the hood）的特定街道和地標名稱。其中有些鄰里就位於布魯克林。[32]

　　說出鄰里名稱讓嘻哈藝術家得以將產品的起源品牌化，而品牌化之所以重要，是因為在音樂事業中成功所涉及的經濟和文化利益很驚人。就像耐吉（Nike）和愛迪達（Adidas）會花錢買黑人運動員的背書，其他企業如服飾、汽車和手機廠商會僱用嘻哈音樂家來促銷產品。這種模式創造了數億元的運動—時尚—娛樂綜合體，包括紐約的德夫詹（Def Jam）、洛克費拉（Roc-a-Fella）和壞男孩唱片（Bad Boy Records），以及洛杉磯的死囚區唱片（Death Row Records）等唱片公司，都是嘻哈企業家創設的唱片品牌。1990年代中期，幫派饒舌（gangsta rap）靠著這些唱片大發利市，他們的歌詞呈現出、也強化了黑人鄰里的「純正性」。最引人注目的是貝德福—史岱文森，這是傑伊Z和比吉史莫斯的家鄉，後者是知名的「聲名狼藉先生」（notorious B.I.G.），一個肥胖壯碩的饒舌歌

手，簡單地說，也是壞男孩唱片旗下最重要的嘻哈藝術家。

比吉史莫斯的名字取自於1970年代薛尼‧鮑迪（Sidney Poitier）執導的一部黑幫喜劇片的角色，他的人生比他的身材更引人注意。他的饒舌作品說到毒販和蹲黑牢，使用淺白語言來描述鄰里內的槍戰和古柯鹼交易。靠著個性和歌詞，他使他成長的鄰里成為「純正」嘻哈文化的搖籃——從非法販售毒品到金鍊，好的、壞的和醜的都有。當比吉和傑伊Z在〈布魯克林警察〉（*Brooklyn's Finest*, 1996）副歌中說唱「你從哪裡來」（Where you from?）時，他們喊出那些橫跨布魯克林中心的鄰里，這些社區在1960和1970年代經歷由白轉黑的種族變化，1980和1990年代間，由於加勒比海移民和非裔移民不斷增加而發展出更複雜的族裔認同。幫派饒舌日益流行，帶動這些鄰里變成酷炫的中心，但其方式和威廉斯堡不同，吸引的群眾也不同。[33]

就算黑色布魯克林很酷，但生存並非易事。1977年，比吉史莫斯於一場據說是嘻哈唱片公司與經營公司的商業大享之間的殊死競爭中被射殺。其他布魯克林嘻哈藝術家則經常因非法持有武器，或因涉及音樂俱樂部打鬥而被捕——猶如許多歌曲中暴力描述的翻版。就像威廉斯堡的藝術企業家，嘻哈藝術家創造了一則起源故事，構成布魯克林新純正性的基礎。但不同於威廉斯堡的時髦客，黑色布魯克林危機四伏。

史派克‧李的電影《黑街追緝令》以戲劇化手法描繪布魯克林誘捕並讓人動彈不得的力量，表現在主角對於火車的那種受挫迷戀。電影學者寶拉‧馬蘇德（Paula Massood）將劇中火車的意象與黑人移民史連接，從非洲奴隸貿易開始，經過由南方農村朝北方工業區的大遷徙，最後以遷入原本的白人鄰里告終。布魯克林不只是個臨時停駐點，她說：「而是許多趟旅程後的真正終點。」但是史催克（Strike），那個喜

57

歡在自己破舊公寓內把玩電動火車模型的街頭毒販，卻從來沒搭過火車。只有當那個努力想偵破該鄰里一樁謀殺案的刑警洛可（Rocco）發現史催克是無辜的，幫助他遠走高飛時，史催克才首度搭上火車，離開這個城市。馬蘇德觀察到，電影最後一幕中，透過火車的車窗照在車內的金色光芒，與整部電影其餘部分的「沈重黑暗明顯不同」。她和李一樣，都認為這種金色光芒與沈重氛圍之間的對比，是一種審美、也是道德的抉擇。[34]

不同於威廉斯堡，黑色布魯克林的鄰里並沒有因文化生產的成長機器而受益。這裡雖然是饒舌歌手的誕生地，卻沒有類似支持曼哈頓嘻哈音樂產業的「俱樂部、電台、有線電視台、唱片公司和混音錄音帶生產商」的關鍵群聚。因此，《美夢成箴》強而有力的片頭畫面，並未替黑色布魯克林創造出六年後另一座橋以基本相同的拍攝手法替威廉斯堡創造的類似價值，當時《紐約》雜誌的封面故事為此將威廉斯堡封為「新波希米亞」。如果一如該篇雜誌撰文所說的，威廉斯堡的藝術家和音樂家「感受到與曼哈頓的對話」，那麼貝德—史岱的饒舌音樂家離它的邊緣還遠得很呢。[35]

寰宇主義的故事與布魯克林重生變酷的起源故事，兩者同步進展。世界各地的文化企業家遷入了威廉斯堡，許多來到布魯克林中心區的饒舌藝術家，其家庭也來自非洲和加勒比海。一如威廉斯堡將布魯克林藝術、樂隊、啤酒和T恤出口到世界各地，布魯克林嘻哈也是一種全球品牌。但黑色寰宇主義面臨布魯克林逐漸「白色化」的困境。1980年以前，二十多歲的白人多半是勞工階級年輕人，住在如班森赫斯特及灣嶺等傳統白人鄰里：城中村。1980年以後，隨著白種人口逐漸老化，以及因社會地位上升而遷往郊區，這些年輕白人節點消失了，伴隨的是加勒比海、拉丁裔、亞裔和非裔移民不斷增加；布魯克林變得

較黑、也較偏棕色了。但是，到了2000年，布魯克林地圖顯示白種成年人聚居於不同的地方：三個創意鄰里 —— 威廉斯堡、公園坡和敦寶 —— 代表較富裕、也更合乎審美概念的新「城中村」。[36]

大多數人稱此為縉紳化。但這個詞彙過於狹窄，不足以描述重塑布魯克林實質紋理和名聲的人口統計與經濟變化。白人遷入加上非裔美國人移出，顯示某種反向的族裔繼承過程，白人取代了黑人和拉丁裔，而街角小店現在賣的是有機全麥通心粉。布魯克林的新「純正性」反映了不同的、高檔的社會特性，這裡的**高檔**既是指較富裕的居民，也是指比較高聳的建築物。[37]

英國人漢普頓先生說：「一般認為布魯克林對有心積極栽培子女的父母是個好去處，也是一個前程似錦的超級縉紳化地區。」

——《紐約時報》，2009年3月29日

雖然2008年金融危機導致新建案資金擱置，許多高級公寓無法脫手，但紐約市長彭博（Michael Bloomberg，又譯布隆伯格）主政下於三年前展開的土地分區重劃，使得建築物更高、也更密集，布魯克林終於「曼哈頓化」。這是1950年代羅伯特‧摩西的夢想，但是由於私人不動產開發商不相信有錢人願意搬到布魯克林，以致這個夢想遲遲無法成眞。不過，他們確實遷入此區，而節節高升的房價，加上豪華新公寓不斷推出，業已促使威廉斯堡改頭換面。布魯克林酒廠的租金已漲為三

倍，加拉帕哥斯藝術空間也逃往敦寶，藝術家和音樂家紛紛東遷，移至布什維克、更遠的到福萊特布許，甚至搬到皇后區，當他們從時髦的核心遷進這些新地區，也就地建立了酷炫酒吧和餐館。

59　　當紐約城市規劃委員會於2005年重劃170個威廉斯堡街區時，明確地以升級水岸為目標，擺脫僅存的工業使用，收回精華地段，用來建造高層住宅。現在，從舊多米諾糖廠到雪佛酒廠舊址之間的東河水岸，聳立著許多二十至四十層樓高的住宅大樓，遠離河岸的高地則佈滿以鋼架和玻璃建造的高級公寓，例如「鋼製閣樓」（Steelworks Loft），名稱正反映出對該鄰里過往歷史的一種審美趣味。這種再開發代表市政府期望的未來。

　　在分區重劃過程中，彭博政府尊重珍・雅各啟發下制定的法律字面意義，卻全然不注意背後的整體社會目標。城市規劃委員針對鄰里居民提出的197a社區發展計畫舉辦公聽會，一個由勞工階級家庭和藝術家組成的聯盟，強烈贊成維持輕工業設施，並且建造低層平價住宅。然而，委員會否決了居民的提案。在更高一層的公聽會上，彭博市長和市議會則忽視雅各本人於過世前送來的一封支持社區計畫的信函。「值得一提的是，這項社區憑自身智慧擬訂的計畫所不會造成的後果。」雅各於信中寫到：「它不會摧毀數百個製造業工作……〔它〕不會為了推動新住宅計畫，犧牲現有住宅，以及放棄具想像力且居民在經濟上買得起的新寓所……〔它〕不會違反現有的社區規模，也不會冒犯鄰里的視覺和經濟優勢，這些優勢正好是吸引藝術家和其他生活工匠的因素。」但是，議會依舊著手將水岸從製造業區重劃為住宅區，允許高層（想必是相當豪華的）公寓大樓取代空置廠房和老舊倉庫。[38]

　　面對社區要求提供平價住宅，市議會的折衷方案是提供開發商稅收補貼，以及蓋更大型建築物的權利，只要建商同意在建案中納入約

20%的「平價」出租公寓。不過，這些協議完全是自願性，而高地的開發商與建築物業主對這類獎勵措施多半不予理會，寧願收取市場承受範圍內的最高租金。由於這些原因，某開發商拆除老荷蘭芥末工廠 *60*—— 稱得上是威廉斯堡新純正性的紀念遺址 —— 改建成閣樓公寓和排屋，一座「私人禪風庭園」，以及頂樓小屋。³⁹

布魯克林變酷的故事，以及隨之而來的大規模不動產開發，固然顯示資本投資和政府政策的效果，但也證明了媒體和新中產階級消費品味的文化力量。這些也產生了一種與過往全然不同的布魯克林純正性。

如果問在布魯克林區土生土長的中年男子保羅，現在的布魯克林為什麼這麼酷，他不會想到老荷蘭芥末工廠或路布拉德之類的派對。他會羞澀地笑著說：「布魯克林不是**一直**都很酷嗎？」保羅在有關二次大戰的電影中看到布魯克林的純正性，他是看這些電影長大的，影片選角維持了族裔平衡，象徵著美國文化的多樣性，但獨缺黑人，黑人直到1949年以前都被隔離編成獨立單位參戰。保羅說，來自布魯克林的軍人一直是「社會中堅」。但這種印象屬於布魯克林的舊純正性，而在它所代表的時代中，這個行政區不只是城中村，也是整個美國的祖國。當時每七個美國人裡，不論他們住在何處，就會有一個人的家族成員中有人來自布魯克林。

新布魯克林則不同。它是一個大家前往的地方，而不是**出身**的地方，而且此處的居民並未過著那種傳統城中村的生活方式，卻對他們擇居鄰里的「純正性」十分自豪。今日布魯克林的都市形象結合了時髦客和新移民、生活風格媒體和部落格，而且兩者都希望成為下一個文化終點，也嚮往二次世界大戰之後就消失的城中村。然而，對每個世代而言，布魯克林純正性的概念，都顯示出將人們的生活所在與永恆都市經驗連結的熱切渴望。

　　老一代的布魯克林人和傑基・羅賓森一起長大，看著他在1947年打破「膚色藩籬」，這代人是由對**昨日**的懷舊情緒界定的。他們一再回顧道奇隊離開、海軍造船廠關閉，以及許多鄰居遷出、搬往郊區之前的那些日子，認爲那是布魯克林的黃金歲月。現在，他們大都退休了，住在南區或某些中低階層鄰里，與新移民爲鄰。

　　中年世代的新移民多在1985年之後移入布魯克林，當時由於美國移民法修改，以致加勒比海人、墨西哥人、華人和非洲裔移民增加，加上蘇聯解體，也帶來眾多俄國和中亞移民。這個世代則由對**明日**的希望所界定。他們在小工廠內努力工作，開計程車，或給人家當褓姆、照顧小孩，期望自己的下一代有所成就。

　　第三代是二十和三十歲這個世代，他們以**今日**來界定自我。縉紳者和時髦客，他們在布魯克林鄰里中發現某種塑造寬鬆、新潮認同感的審美工具，從褪色的商店招牌和工廠閣樓建築，到新的藝廊和咖啡館。他們雖然口口聲聲說仰慕布魯克林起源的舊純正性，卻又創造了另一種反映自身起源故事的純正性。

　　在布魯克林，並不是所有東西都絕對高檔。威廉斯堡的豪華公寓供過於求，賣不出去的餘屋比比皆是，當紅的免費音樂會舉辦場地，從麥卡倫公園游泳池改到新的水岸公園。幾個鄰里外，在縉紳化的公園坡中，食品合作社引發的熱誠奉獻——以及社區的理想化——不亞於街角的老糖果店。大西洋院開發案因金融危機而遭擱置，科尼島方面則有建商打算將一處具歷史意義但骯髒破舊的遊樂場，改建成附設購物中心的主題樂園，市政府表示反對，雙方你來我往，不斷過招。然而，布魯克林行政區首長馬帝・馬柯維茲（Marty Markowitz）表示，開發讓整個布魯克林變酷。[40]

　　近年來，開發讓布魯克林改頭換面，犯罪率也同時大幅下降。這讓中產階級人士願意深入某些他們從未去過的鄰里。種族曾被視為這些改變的阻礙。不過，這些年來，布魯克林不斷變白，業已使縉紳化逐漸擴大及於勞工階級的黑人鄰里，而新移民和白人縉紳者的遷入，也將其他地區塑造為族裔馬賽克。然而，倘若種族藩籬還是任何地方黑人縉紳化的阻礙，我們在「黑色美國首都」（capital of black America）哈林區，想必可以感受到那種效應。種族和地方之間的歷史關聯，在這裡比任何布魯克林鄰里還「純正」。

哈林為何不是個族裔聚居區

這個房間內的每個人都還記得三十年前的景象，當時哈林是擁有悠久歷史、但前途黯淡的社區——一個空屋和廢棄建築比比皆是的鄰里，一個陷入遺棄和衰敗惡性循環的社區。看看今日的哈林。它已經搖身一變，成了五個行政區中最熱門的住宅區。人們搶購區內華麗的十九世紀連棟住宅。不過十五年之前還在減少的哈林區人口，再度開始成長。

——彭博市長，紐約／全國住宅會議，2002年12月

這是六月份一個溫暖的星期六中午，明亮的陽光照在120街和雷諾克斯大道（Lenox Avenue）交口的塞特潘尼烘焙坊（Settepani Bakery）路邊咖啡座。你沒想到在哈林區吃早午餐得帶防曬乳，所以選了個紅色遮陽篷下的桌位，戴上黑色太陽眼鏡，悠閒地翻閱菜單。小小的方型白桌子和輕巧的鋁製椅，讓你想起義大利或格林威治村的咖啡店，菜單上的菜色也激起你對其他地方的幻想。煙燻火雞帕尼尼（panini）配上夾有布里乾酪（brie）的黑麵包（pumpernickel bread）；莫札瑞拉起司（Mozzarella）、蕃茄和羅勒配上迷迭香佛卡夏麵包（focaccia）；圓管麵條加上杏仁、羅勒和番茄香蒜醬；卡布奇諾和拿鐵是必備，但是也有去咖啡因的印度瑪莎拉奶茶（Masala chai）。

你瞭解塞特潘尼為何受到哈林區知名人士喜愛。你聽說著名詩人、編劇和演員瑪雅·安吉羅（Maya Angelou）常在這裡用午餐，她就住

在不遠處的重修褐岩連棟住宅。有人看過名氣響亮的籃球冠軍和作者賈霸（Kareem Abdul-Jabbar）走過此處。餐館網站將辦公室位於125街的前總統柯林頓（Bill Clinton）列爲企業顧客。當你班上的研究生進來喝杯咖啡，同時爲你的課做些研究專題時，他們發現《哈林世界》（*Harlem World*）創辦人和發行人丹尼爾・提斯代爾（Daniel Tisdale），只隔幾桌之遙，正在舉行商務會議，也看到艾瑞克・伍茲（Eric Woods），《上城》（*Uptown*）雜誌財務長和該鄰里第一家酒類專營店「哈林釀造」（Harlem Vintage）的共同創辦人。

　　哈林還有其他著名餐館：可敬的席維亞餐廳（Sylvia's），列在每個遊客必訪名單上的靈魂食物餐廳，兼賣自製瓶裝醬汁；M&G小館（M&G Diner），以香煎豬排、羽衣甘藍和蜜汁蕃薯聞名；以及艾美露絲餐館（Amy Ruth's），提供以本地名人命名的菜色，例如以退休警察局長約瑟夫・李克（Joseph Leake）命名的威化鬆餅（waffles）和培根，以及向前店主的朋友艾爾・夏普頓牧師（Rev. Al Sharpton）致敬的雞料理和威化鬆餅。不過，自2002年開張以來，塞特潘尼烘焙坊以其紅色遮陽篷、戶外咖啡座和迷迭香佛卡夏，業已在媒體所稱的「新哈林文藝復興」（the new Harlem Renaissance）中擁有特殊的一席之地。

　　第一次哈林文藝復興是1920和1930年代那段創造力非凡的歲月，當時非裔美國人和加勒比海作家、畫家，以及知識分子和白人文學評論家聯手於曼哈頓上城打造了「黑人文化首都」。詩人如藍斯頓・休斯（Langston Hughes）、小說家如左拉・妮爾・赫斯頓（Zora Neale Hurston），以及現代美國典範中備受尊崇的社會批評家杜布易斯（W.E.B. Du Bois），住在城內某個粗獷地區，也在此工作，這個地區原是爲中產階級白人開發的，但由於一連串瘋狂的過度建設、目標式行銷及過度擁擠，很快就擠滿了勞工階級黑人。

「新哈林文藝復興」：塞特潘尼咖啡，雷諾克斯大道。雪倫‧朱津攝。

　　種族主義迫使哈林變成族裔聚居區。大學畢業的黑人專業人士、成功的企業家和演藝名人，生活在該鄰里中幾處獨享的高級住宅區，周圍環繞著出租給家務勞工、非技術性搬運工，以及工廠工人的廉價住宅和公寓，這些人多半是來自南方的新移民。濃縮在這樣一塊地方中的人才和社會挫敗感，釀製出各種文藝沙龍和政治雜誌，還有勢力龐大的教會、黑人民族主義領袖，以及白人開的夜總會（內有黑人表演者，吸引城中心的純白人客戶群）。在這些條件下，二十世紀前半葉的哈林塑造出某種純正的種族認同空間，一種「崇高的黑色文化」，是個既壓抑又解放靈魂的空間。[1]

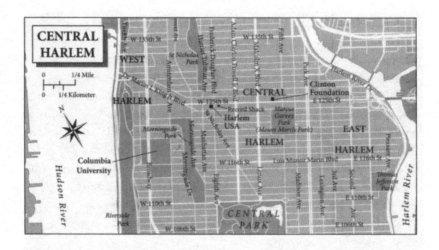

　　不過，現今的「哈林文藝復興」指的是縉紳化的鄰里。原本用來做毒窟和單人房旅館的貴族式褐岩排屋，經過整修後，再次展現出維多利亞式建築的壯麗光彩。豪華出租公寓和持份產權公寓如雨後春筍般冒出，取代原本破敗的出租住宅和空地。街道上點綴著現代連鎖商店，以及以往此地不曾見過，頗具趣味的咖啡店和精品店。「哈林文藝復興」不只是行銷該鄰里新近商業成長的口號，也是其歷史文化獨特性的標誌。

　　一如威廉斯堡的升級，哈林的逐步再開發也仰賴外來資本和國家，並獲得新生活風格媒體的協助和鼓動。廿一世紀最初幾年，塞特潘尼從「上曼哈頓培力區」（Upper Manhattan Empowerment Zone）獲得一筆小額貸款，該機構由美國國會於1990年代成立，以促進該地區的商業振興。然後，當餐館在吸引客戶上遭遇困難時，前總統柯林頓於2001年卸職後成立的柯林頓基金會（Clinton Foundation）提供了一筆補助金，聘請紐約大學（New York University）商學研究所的學生顧問。在顧問建議下，塞特潘尼烘焙坊變更菜單，除了原有的酥皮點心外，新增了沙拉、三明

治和義大利通心麵。就在那時，一篇《紐約時報》的介紹將它描述為
「哈林新仕紳尋找拿鐵咖啡」，在「瓷碗中淺色義大利冰淇淋球繚繞
的白霧中」，互相見面問好的地方。[2]

塞特潘尼與哈林至今仍明確代表的靈魂食物襲產之間的文化距
離，讓它成為該社區驕傲兼焦慮的來源。烘焙坊老闆尼諾‧塞特潘
尼（Nino Settepani）和他妻子利亞‧亞伯拉罕（Leah Abraham）帶給哈林區
兩種不同傳統。塞特潘尼屬於一個在紐約烘焙業界有30年歷史的義裔
美國人家庭。他離開位於格林威治村、仍由兄弟經營的家庭事業，在
布魯克林東威廉斯堡開了一間商業烘焙屋，也在卻爾西和威切斯特
郡（Westchester County）經營了一陣子餐廳。雖然布魯克林的工廠照常營
業，但是他把大部分精力放在哈林的餐館。亞伯拉罕來自衣索匹亞，
是塞特潘尼的公眾形象。她經常接受媒體訪問，是近期遷入哈林區的
廣闊非洲離散族群中，極為顯目的一員。

既未「本土」得讓人視為非裔美國人，又還沒「鄉土」得足以
驅散縉紳化的疑慮，亞伯拉罕承認塞特潘尼替該鄰里設定了一個新基
調。「我們是某些改變的催化劑，」她說，而且對於不是所有人都喜
歡或接受這些改變感到遺憾：「有許多我們剛開張時在這兒的人，現
在都不在了，或是沒那麼常出現了。」雖然她努力帶給這個鄰里和
客戶一些貼心服務，「無論是建議、提供引領或指導——就是盡量引
進一些新的事物」，她也了解許多長期居民那種不滿、甚至憤怒的感
覺。更別提抱怨亞伯拉罕費心營造的親切友好氣氛「太娘」（faggoty）
的那名哈林男子。他既不喜歡這種風格，也沒有任何賓至如歸的感
覺。塞特潘尼及腰的金屬圍欄，覆蓋著搭配遮陽篷的方型紅帆布，是
他與哈林新中上階級之間的象徵性屏障。[3]

這個中產階級的某些成員正坐在你周圍的桌位上：棕褐膚色的年

67

輕夫婦，有些人編了髮辮，帶著小孩的家庭，都穿著入時、禮貌地閒談著。你的服務生是個有著蜂蜜般金黃膚色和深色短髮的年輕人，看起來像是北非或中東人士，但他告訴你他來自拉丁美洲，是個自由攝影師，正在幫一本建築雜誌以哈林褐岩建築裝修爲主題，製作一個攝影專題。你很容易就能想像，曾在網際網路和有線電視上流傳的房屋裝修視訊宣傳影片中，看過類似的、充滿國際都會色彩的早午餐用餐人群，例如《房屋與花園》（*House and Garden*）雜誌旗下電視頻道的「哈林返鄉」（Harlem Homecoming）：「年輕的職業夫婦回歸哈林，進住百年老屋。」[4]

在已故演員奧西・戴維斯（Ossie Davis）莊嚴的聲音旁白下，這幕「回歸哈林」說得是一個非裔美國家庭，戶長是三十出頭的投資銀行家，在史崔弗街（Strivers' Row）出生和成長，畢業於賓州大學沃頓學院（Wharton School）和哈佛商學院，那條街兩旁都是十九世紀的排屋，現在成了歷史地標區。霍沃德・山德斯（Howard Sanders）任職於華爾街，娶了一位牙買加裔女企業家，有一個可愛的稚齡幼子，他歌頌在哈林擁有房子所代表的一切文化和經濟價值。他說：「我是個相當節儉的人，買東西不喜歡支付超過實際價值的金額，所以我認爲城市裡房價最划算的地方就在哈林。」山德斯強調了這個說法。那棟「由毀滅邊緣救回」的百年老屋，特色是原有的桃花心木工，幾乎每間房都有壁爐，還有一個雖小但十分迷人的後院。它提供了一個「優雅生活」的環境。

但是，這部影片的重要訊息是哈林是流離散居各處、在不同國家和族裔文化中成長的非洲後裔的心靈家園。山德斯說：「它具備我們西印度裔和非裔美國人來源地的文化，這些文化在這裡牢牢地扎了根。」

在塞特潘尼烘焙坊，你到處看得到這種寰宇主義，甚且意義更爲廣遠。坐在你隔壁桌的中年黑人夫婦用完早午餐離開後，兩個二十多歲的年輕白人女子接手他們的桌位，其中一位告訴你，她住在附近的公寓。你想知道那是否就是《紐約時報》描述的「都市宿舍」（urban dorm），一些年輕單身的研究生，通常是白種人，因爲無法負擔市中心的房租，結件在此合租坪數較大的公寓。他們的遷徙讓你想起1900年代初期來到哈林的黑人家庭。[5]

不過，現在這有一部分是一種**白人遷移**。你看著一對30多歲的白人夫婦，坐在大門附近的紅色遮陽篷下。也許他們是你在《建設綠色哈林》（*Building Green in Harlem*）視訊影片上看到的新屋主，那是《居家》（*Dwell*）網站上一套十集的短片。你從影片中得知，就像山德斯一家，他們之所以搬到哈林區，是因爲在曼哈頓其他地區都買不起同樣大的房子。但是那對白人夫婦不是在這裡出生的，和非洲離散人口也沒有關係。他們是看到一篇標題爲「哈林文藝復興」、有關早期排屋重新裝修的文章，才找到哈林區來的。[6]

付錢後，再看還坐在位子上享受陽光的其他餐館顧客最後一眼。你在中午時分光顧，當時已經用完早午餐的幾乎都是黑色、棕色和棕褐色皮膚的人。現在，雖然只過了一小時，塞特潘尼烘焙坊的顧客已經幾乎都是白人了。

你知道不能遽下結論。哈林區絕大多數的居民，約75%左右，仍自認是黑人。超過50%家戶落在該市收入最低的兩個五分位數內，另有20%人口徘徊在中間地帶。該區的氣喘病比率甚高，出生率則偏低。對該區大部分住在補貼住宅的長期居民而言，擁有一棟史崔弗街的住家（當地一棟整修精緻的褐岩房屋，價格已超過四百萬美元），或是每個月支付上千元房租來分租一間「都市宿舍」公寓，都是遙不可及的夢想。[7]

　　但是，這麼多新富階級男女進住哈林區，快速改變了鄰里特色。廉價的家庭小商店（mom-and-pop stores）逐漸失去了租約，有些被教會趕走，教會藉著出售房地產獲得的意外之財來改善設備和計畫；豪華住宅吸引了新的黑人布爾喬亞階級。位於125街、富有盛名的唱片小屋（Record Shack）所有人席克胡魯・山吉（Sikhulu Shange）於2007年喪失租約，他說：「你還是看得到哈林的外觀，但它正在快速消失。我們之前建造的，他們現在要拿走。他們要那種文化。」[8]

　　如果說，多年來哈林體現了杜布易斯在廿世紀初描述的，非裔美國人的雙重種族意識，今日它就代表了亨利・路易斯・蓋茲（Henry Louis Gates Jr.）所稱的黑色**社會階級**連字號。一方面你有新的高層辦公大樓和住宅大廈、百萬美元的褐岩排屋，以及迷迭香佛卡夏麵包：「新哈林文藝復興」的文化符號。另一方面則有舊的高層公共住宅社區、社會服務機構，以及「雞舍」：黑色貧民窟的沃土。這些空間之間的裂痕如此之深，已使哈林陷入了純正性危機。[9]

　　這是一個比1900年代初期，農村黑人向北方大遷徙以來，黑人鄰里一直感受到的歷史性「定義危機」更廣泛的問題，當時高學歷的都市中產階級居民自視為道德監護人，站在文化分隔線的一邊，而其貧窮的鄉下表親從事充斥酒精、廉價酒店和低級娛樂的粗鄙大眾文化，站在分隔線另一邊。今日，有各種不同群體都在角逐代表哈林最佳利益的主張權：舊的和新的黑人居民，包括中產及勞工階級；新的和未來的白人居民，全都是中產階級；不動產開發商、新零售企業家、媒體，以及一大群政府機構，全都將哈林推離不久之前的族裔聚居區，而越來越像其他的曼哈頓鄰里。雖然許多新建案都因為金融危機而暫停，照料黑人顧客的小店卻紛紛被迫關門，長期居民也被迫遷移。這種狀況迫使哈林面對以前無法想像的挑戰：今日城市裡的任何鄰里，

「黑色美國首都」：2006年，山吉攝於125街的唱片小屋外。雪倫·朱津攝。

是否有既屬於黑人、又是窮人的權利？哈林是否已喪失它作為黑色族
裔聚居區（dark ghetto）的純正性？[10]

他來自於查理·派克（Charlie Parker）和勒魯瓦·瓊斯（LeRoi Jones）、迪吉·葛拉
斯彼（Dizzy Gillespie）及杜布易斯的哈林。
　　　　　　　　　　——麥可·杭特（Michael Hunt）論賈霸，《密爾瓦基前哨報》
（*Milwaukee Journal-Sentinel*）線上，2007年11月20日

心理學家肯尼斯·克拉克（Kenneth Clark）於1965年民權運動鼎盛時期稱哈林爲「黑色族裔聚居區」時，他令人想起的是個幾乎無望的荒廢空間，這裡生來皮膚黝黑的男女，註定孤立地住在有權有勢的白人築起的「隱形圍牆」後頭。圍牆內，房屋因年久失修而傾圮。街道總是髒亂不堪，公園無人維護，顧客服務甚差。有權者漠視「社會、政治、教育——尤其是經濟——的殖民地」的「日趨醜陋」，印證了居民日復一日學到的教訓：他們在各方面都不如白人。克拉克說：「唯一不變的是一種欠缺感。」[11]

至少自二次大戰以來，這一直都是美國族裔聚居區的主要印象。這種印象深植於白人的觀念和流行文化中，以致大多數非裔美國人居住的都市鄰里，都無法逃脫黑色和貧窮的概念性覆蓋，這是社會學家所謂的種族和階級的「交織」（intersectionality）。即便是約翰·夏夫特（John Shaft）——好萊塢最早也最好的一部黑人電影（Blaxploitation）《殺戮戰警》（*Shaft*）中成功塑造的私家偵探角色——也實事求是地強調了這一點。當他打電話給女友，告訴她當晚恐怕無法赴約時，她問道：「你有麻煩了嗎，寶貝？」

「是啊，我有兩個麻煩，」夏夫特說：「我是黑人且生來就窮。」

對於不知道克拉克著作的廣大觀衆而言，這部電影提供了一個閱讀黑色族裔聚居區的捷徑。夏夫特的純正性讓他得以移動——雖然並非全無摩擦——於兩個世界之間。他住在格林威治村一間很酷的單身公寓，辦公室則在時報廣場，兩地都屬於族群多元但主要爲白人的地區。他很容易就和1970年代期間，紐約電影中越來越常見的各種社會族群混在一塊：白人計程車司機和同志酒保、黑人民權分子、拉丁裔街頭人物、義裔美人警察和幫派分子。但是當白人警察需要「哈林區」

發生什麼事的消息時,他們會找他。當哈林幫派頭頭(一個名爲坎坷老喬〔Bumpy Jonas〕、參考死於1968年的眞實幫派分子坎坷強森〔Bumpy Johnson〕寫成的角色)也要求夏夫特調查綁架他女兒的黑手黨時,他說:「我的人在哈林以外不値一文錢。」夏夫特對兩方的價值顯示黑色族裔聚居區錯綜複雜的純正性。它既不是外人能穿透理解的,又無力對抗外人,與傳統的城中村非常相似。

　　以視覺角度來描繪族裔聚居區的地方感,重要的非裔美國攝影師兼製片人也是本片導演的葛登‧帕克斯(Gordon Parks),做了具體的美學選擇,他回顧1940和1950年代的黑色電影,並指向馬丁‧史柯西斯(Martin Scorsese)的《殘酷大街》(Mean Streets, 1973)和《計程車司機》(Taxi Driver, 1976)。當夏夫特走過時報廣場或格林威治村的市中心時是白天;但當影片隨著他移往上城哈林區時,幾乎總是夜間。街道場景一片黑暗,一如夏夫特拜訪的磚造和褐岩出租住宅般黑暗嚇人。建築外牆和內牆的油漆都已剝落,門牌號碼粗陋地漆在門上。玻璃和垃圾棄置在人行道,小群聚集的男人無所事事地袖手旁觀。這的確就是白人重新發現哈林文藝復興之前那些年的「黑色族裔聚居區」:純正的黑色和貧窮。[12]

　　人們被1970年代哈林區的毒品暴力嚇壞了,電影中的夏夫特偵探,以及現實中黑人幫派分子法蘭克‧盧卡斯(Frank Lucas)和尼克‧巴尼斯(Nicky Barnes)的經歷,已達惡名昭彰的地步,巴尼斯曾被《紐約時報雜誌》(New York Times Magazine)稱爲「碰不得的人」(Mr. Untouchable)而聞名。[13]白人也因爲黑人越來越敢於公開抨擊白人的家長式作風而不高興,尤其在涉及哈林文化傳承的「純正」再現議題上。所有人都知道,那是一場控制權的鬥爭。

　　大都會藝術博物館(Metropolitan Museum of Art)於1968年黑權運動最

高峰時籌辦一場名爲「哈林在我心」（Harlem on My Mind）的展覽時，非裔美國和白人藝術家表達憤怒抗議，因爲「白人扭曲、不相干且侮辱人的」鄰里歷史圖像，以及——在這場藝術博物館展覽中——未將當代黑人藝術家作品納入。很多黑人也對展覽居然在哈林以外地區，位於第五街白人文化權力大本營的博物館內舉辦而忿忿不平。根據《紐約時報》，這項展覽「原本受到哈林文化團體熱切歡迎」，開幕時卻引起激烈抗議。頭幾天，示威者在博物館前不斷往來遊行，三名擔任規劃委員會顧問的非裔美國專業人士辭職，不知名的「破壞者」毀損了幾幅大都會博物館的歐洲繪畫館藏，在畫上塗寫小小的 H 字母，包括一幅林布蘭的畫作。[14]

　　然而，該展覽最具爭議的問題是展覽手冊，各方蜂湧而來的抗議迫使博物館回收該手冊。手冊中收錄了幾篇文章，作者分別是：展覽策展人亞隆・舒奈爾（Allon Schoener），紐約州藝術委員會（NYSCA）的白人行政官員；湯瑪斯・霍芬（Thomas P. Hoving），博物館的白人館長；以及坎蒂・凡艾利森（Candy Van Ellison），紐約州藝術委員會的族裔聚居區藝術工作室（Ghetto Arts Corps.）的一名黑人青少年。這幾篇文章激怒了眾多選民：舒奈爾的文章惹起怨怒是因爲他提醒大眾，首度籌辦哈林歷史全觀的是個白人；霍芬的文章則是因爲誇大了富裕白人和與之共事或爲其工作的非裔美國人之間的瞭解不足問題；凡艾利森的問題則在於文章論及紐約黑人和猶太人之間的種族緊張關係。[15]

　　最後這篇文章註定要挑起抗議風暴。如同之前詹姆斯・鮑德溫（James Baldwin）在《紐約時報雜誌》的一篇文章，以及與該展覽大約同時引發教師長期抗爭的社區爭取公立學校控制權運動，凡艾利森的文章提到納森・格雷澤（Nathan Glazer）和丹尼爾・莫尼罕（Daniel Patrick Moynihan）的1963年著作《熔爐之外》（*Beyond the Melting Pot*）中描述過的

情況：猶太房東和黑人房客，以及已經獲勝的猶太人和仍在尋找公共官僚機構工作的黑人之間的利益衝突。但是，註明她說法出處的註釋在編輯過程中被拿掉了，結果不管黑人還是猶太人，都認為這篇文章過於挑釁。兩個族群都抗議這項展覽，分別尋求有權勢者的支持。舒奈爾後來寫道，讓他驚訝的是紐約市議會威脅如果博物館不撤回該手冊，將終止對「哈林在我心」展覽的支持，於是大都會博物館很快就讓那二萬六千份手冊埋在地下室，永不見天日。[16]

到了1970年代末，大多數臨時訪客都不再前往哈林區了。位於125街、以現場表演聞名的阿波羅劇院（Apollo Theater）於1976年關門，爵士俱樂部和好餐館也所剩無幾。在財政危機的這些年裡，整座城市似乎已沈淪至最低點時，這個破落的鄰里，從東區的出租住宅，到糖丘（Sugar Hill）的褐岩排屋，都喪失了對未來的希望。走在中哈林區，一名《紐約時報》記者看到「沿著125街曾經熙來攘往的購物街，現在充斥著以木板釘死、空無一人的商店；每條街幾乎都有燒毀棄置的建築物……；數以百計無所事事的人群聚在街角，沈溺在葡萄酒和威士忌中，虛度一日又一日；勉強算是青少年的年輕人公然兜售毒品，有如其他男孩叫賣報紙般公開。」[17]衰敗的範圍之大，即使是大型「脫貧計畫」也徒勞無功、束手無策。

黑色族裔聚居區無可避免的種族和貧窮交織困境，根源在於非法毒品交易——這是盧卡斯說他光靠在116街賣毒品，一天就可賺上百萬美元的時代——以及政府重建意願日益薄弱。「這是十年後的苦澀收成，」紐約聖公會教區執事長說：「但回顧它們，我們也沒理由指望其他結果。改變，真正改變的意志，從來就不曾存在。」[18]

1980年代，由於快克（crack）使用泛濫成災，更多建築物遭到棄置、釘上木板，生活變得越來越暴力。這些年間，紐約市政府成了哈

林區最大的財產所有人，在地主無力納稅時，便透過物權訴訟奪取建物。小地主決定明智的作法是，與其改善建築物，不如放棄而一走了之，因爲根本沒人要買這些建築物，房客也無力支付較高的租金。吸毒者佔據空屋，安全通過街道成了遊客和居民的最大問題。[19]

由於這些原因，專家大都相信哈林應該不會縉紳化。在全美各大城市的「都市先鋒」中佔絕大多數的白人屋主，都不太願意住在黑人鄰里。他們多半希望離毒品販子、腐敗或無能的警察、不良公共服務及次級商店越遠越好。他們害怕被搶，甚至喪命。1960年代起，許多城市的非裔美國人群起抗議馬丁‧路德‧金恩（Martin Luther King Jr.）及麥爾坎X（Malcolm X）遇刺，以迄1990年代，非裔美國人抗議洛杉磯的洛尼‧金恩（Rodney King）被捕事件，電視定期播送棕色皮膚群眾攻擊自家附近商店的影像，讓這些恐懼持續發酵，難以消弭。白人也蒙受黑人自身恐懼的恫嚇，這是由白人針對膽敢進入白人社區的黑人的仇恨攻擊所煽動，例如1989年在布魯克林班森赫斯特被四名白人青年殺害的約瑟夫‧霍金斯（Yusuf Hawkins）。在這種情況下，鮮有白人會想將哈林區縉紳化。[20]

錢也是個問題。哈林的房價很低，尤其是市長愛德華‧柯希（Edward I. Koch）主政下的市政府，試圖以每戶幾美元的價格拍賣那些房屋。但是，由於銀行和其他大型放款機構持續拒絕放款，不願意對黑人鄰里提供私人投資資本。潛在的購屋者，無論白人或黑人，就像地主一樣無法獲得必要的貸款來大幅翻修哈林區的舊房子。就算眞的取得了貸款，通常是以自已的房屋做爲擔保品，還得面對高利率和喪失贖回權的風險，情形很類似晚近的次貸危機。

即使開發商願意，也不可能建造像上東區和上西區那種底層是零售商店、上面是公寓的建築，因爲哈林區多數土地使用都規劃成高層公共住宅社區的「公園內塔樓」式設計。最重要的是，這裡尚未出現

富裕的黑人中產階級，足以擔任改變的重要媒介，受到哈林區莊嚴排 75
屋和文化純正性的吸引，進而帶動縉紳化。

　　但是，一點一滴地，從事專業、金融和媒體工作的新黑人中產階
級，開始購買便宜、破舊失修，但依然氣派十足的房子，觸發了一小
波文化更新。投資顧問和愛滋病維權人士艾瑞克·索耶爾（Eric Sawyer）
於1981年以26,000美元買下哈林區褐岩屋，當時是整個街區僅有的三
間有人住的房屋之一，並決定「堅持到底」。成立於1968年，以贊助
非裔美國藝術為宗旨的工作室博物館（Studio Museum），翻修位於125街
的一棟十九世紀末建築物，並於1982年遷入。八年後，國立黑人劇場
（National Black Theatre）也翻修並遷入附近另一棟舊建築，該劇場和工作
室博物館一樣，也成立於1968年。兩個文化機構都獲得重要的外援：
劇場的支持來自紐約州都市開發公司（Urban Development Corporation）、漢
華銀行（Manufacturers Hanover Bank，現在是摩根大通銀行一部分）、國家藝術
基金會（National Endowment for the Arts）、市府機構、總部位於紐約市的大
媒體公司。雖然許多商業專案「都因為投資人不了解該地區而幾近沒
頂」，《紐約時報》表示，但「全憑他們的堅持不懈」，再發展計畫
終於開始贏得支持。[21]

　　不只是堅持不懈。至少花了一個世代的時間，才讓那些準哈林企
業家發展出某種程度上能確保取得融資的社會資本。1960年代，當《黑
色族裔聚居區》（Dark Ghetto）出版時，黑人政治家不論在市政府或主政
的民主黨內，都尚未據有重要領導位置，對州政府的都市開發公司或
銀行也不具任何影響力。同樣地，雖然藝術領域的黑人文化企業家，
沒有理由相信白人政治人物或商業領袖，或白人文化製作人和觀眾，
會想進入他們的地區，但他們已在非營利組織、私人基金會和政府機
構間建立了信譽。

到了1980年末期，再發展計畫開始反映出新黑人中產階級的浮現，包括大學畢業生和文化企業家、擁有公務機關和商業公司職位的男女，這些人可以構成銀行和地方經濟發展組織的幹部網絡。他們發現自己的起源故事不在於黑色族裔聚居區的底層生活——疏離的年經人、激進行動分子和1960年代的幫派分子——而是可以遠溯至「哈林文化復興」的高雅生活。達利‧布拉德沙（Daryl Bloodsaw）是一位成長於南方的廣告總監，1998年在哈林區買了一間四房住宅，他憶起剛搬來時，與毒販處於某種「緊急狀態」。他說：「〔但是〕當我走在這些街道上，想到蘭斯頓‧休斯住在這裡，也想到艾靈頓公爵（Duke Ellington）和所有其他人，真是太棒了。我可以感受到那段歷史又活了起來。」[22]

　　哈林文藝復興的有力形象，反映出一種新的美國文化認識，願意稱讚其多元的族裔根源。1970年代起，許多大學和學院開始重視黑人文化史，高中也會指定閱讀和演出非裔美國人的經典作品。但它也與1980和1990年代威廉斯堡的發展類似。非法表演空間、L Café和派洛吉藝廊都讓威廉斯堡感覺很酷。不過，哈林則成為一種不同的地方，此處遙遠過去的選擇性願景，創造出新的純正感。

　　第一次哈林文藝復興的敘事，強調那些多數人渴求的哈林文化成分：富裕的史崔弗街而非貧窮和罪行，棉花俱樂部的好時光而非出租住宅的私人派對，休斯和艾靈頓公爵的美學而非杜布易斯或馬可士‧嘎威（Marcus Garvey）較具批判性的種族政治。在這段敘事中，完全沒有提到哈林文藝復興「正發生在哈林變成美國大貧民窟之際」，有紐約最高的死亡率、疾病率和失業率的事實。[23]

　　但誠如賈霸在他的哈林文藝復興史中指出的，1920和1930年代的哈林區是個複雜地方。五個鄰里，「各有獨特個性」，構成了城市中的城市，或是如作家克勞德‧麥凱（Claude McKay）於1940年所說的，是

一個「黑色都會」（Negro metropolis）。第七大道有教堂和戲院；雷諾克斯大道上有撞球廳、舞蹈俱樂部、禁酒令地下酒吧；史崔弗街和糖丘有黑人菁英的貴族式排屋；135街上有一間YMCA及公共圖書館分館，是作家匯聚之處；還有125街的商業樞紐，是哈林歌劇院（Harlem Opera House）、阿波羅劇院和維多利亞劇院（Victoria theater）的所在，也有一些小型百貨公司，例如布倫斯坦百貨（Blumstein's Department Store），業主是猶太人，不斷遭到要求工作機會的黑人杯葛。[24]

就像威廉斯堡，哈林的粗獷純正性帶有獨特的美學、政治和地方感，反映的是一段排他的歷史。第二次哈林文藝復興傾向於採取不同觀點。但不同於勞動階級的布魯克林鄰里，廿一世紀最初幾年的哈林改造，不只依靠新居民、文化企業家和媒體報導，也仰賴政府的積極行動。

全世界的人都知道，哈林是黑色美國的精神和文化首都，但它也快要成為經濟首都了。

——上曼哈頓培力區總裁兼執行長肯尼斯‧納克斯（Kenneth J. Knuckles）
2005年8月

如果你在1990年代中期，大約塞特潘尼烘焙坊開張之前十年，站在125街和雷諾克斯大道交叉口，你看到的不是準備迎接改變的鄰里。大部分建築物都老舊低矮，商店既低調、又狹小廉價。極少數的連

鎖店標誌在手寫店招和經常關著的鐵門中顯得格外突出。阿波羅劇院雖已整修，有了新播音設備，但尚未重新開張。維多利亞劇院也已關閉。黑人店主在1960年代還只占2%，到1970年代末期，已上升至35%，主因是許多白種商人迫於居民的攻擊行為，以及因暴力威脅導致保險費率奇高無比，紛紛遷離。即使到了1990年代，許多商業地產所有權都還是屬於市政府或非營利的地方法人。[25]

你會看到新面貌。1985年美國移民法修訂，將新企業家帶進了哈林區，尤其是不需要支付高額租金的臨街店面，以及藉著族裔紐帶來維繫批發商和顧客關係的生意。到了1980年代中期，30多位韓國商人在125街開店，賣服飾、假髮、美容用品和雜貨。1990年代初期，來自西非和加勒比海的眾多攤販在街邊擺起攤子、販售衣服、音樂光碟和食物。這種臨時非洲市場的攤販生意十分興隆，一車又一車巴士，將歐洲和日本遊客載到距此兩條街外的席維亞餐廳品嚐靈魂食物，並且在鄰里內的幾間教堂聆聽福音證道。[26]

自1960年代晚期起不時宣佈的開發計畫中，雖完成了兩棟全新辦公大樓，並由州政府機構和非營利法人進駐，但大多數根本未曾執行。布倫斯坦百貨一樓已經分割成三間小型服飾精品店和一間珠寶店，但那些曾在媒體上廣為宣傳的大型計畫，壓根沒動工，例如公益購物中心（Commonwealth Shopping Center）、哈林國際貿易中心（Harlem International Trade Center）、內城廣播公司（Inner City Broadcasting Company）錄音室和總部，以及「哈德遜河哈林」（Harlem on the Hudson），這是沿著哈德遜河岸建設的複合用途開發計畫，由日本人投資。

民間投資人對於能否以合法方式在哈林賺到錢，仍然沒有信心。1987年股市崩盤，接著是不動產衰退，以及1991年爆發聯邦資金抵押貸款醜聞，更使得投資人卻步，州政府束手無策，既無法利用私人投

資，又沒能提供投資人足以降低風險的獎助。

在哈林做生意是一項危險的投資。非裔美國人居民於1980年代杯葛韓國人開在125街的雜貨店「可可」（Koko's），該店韓國員工誤控一名黑人顧客為賊，並持刀攻擊對方。儘管一般關係祥和，社區居民仍然一致展現出對白人商店的憤怒。這些敵視情況之一涉及了「唱片小屋」老闆山吉。1995年，佛雷迪時尚商場（Freddy's Fashion Mart）的猶太業主佛雷迪・哈拉利（Freddy Harari）告訴山吉將終止他的分租契約，導致後者喪失唱片小屋的營業空間。當哈拉利和原始房東、名為萬民聯合禱告殿（United House of Prayer for All）的教會拒絕變更計畫時，社區居民開始丟擲燃燒彈，接著杯葛佛雷迪時尚商場。然後，一名當地黑人居民在自殺之前，攻擊並射殺了七名非黑人員工。這些暴力事件經媒體人事渲染，一連數月在許多紐約人心中迴盪不去。黑色族裔聚居區仍然鮮活的存在著。[27]

儘管表象如此，但大約在同時，125街已徘徊在重生邊緣。由於哈佛商學院教授麥可・波特（Michael Porter）指出，這些低收入鄰里具有提供中心位置及受縛消費者（captive consumers，譯按：指別無選擇的消費者）的優勢，加上柯林頓政府針對居民無處可去的購買力提出了報告，連鎖商店對於在內城開設分店，逐漸沒那麼排斥了。內城更偏企業化的取向，也來自雷根經濟學（Reaganomics）近十年的影響，此即保守的共和黨認為隨著商業發展，窮人應該戒掉對於政府援助的依賴。這個理念獲得紐約市黑人社區支持。社區領袖厭倦了不斷試圖拆除圍繞黑色族裔聚居區那道由公眾非難和投資人冷漠築起的高牆，新一代非裔美國人律師和企管碩士則熱切渴望成為企業家。這些專業人員和過去呼籲黑人資本主義和黑人民權的分離運動，幾乎沒有共同之處，有些人甚至加入了共和黨，後者積極吸收這些人來擴大政治基礎。[28]

　　最重要的是，1990年代期間，當柯林頓政府致力降低福利發放人數時，紐約市公共部門的再發展策略也轉了方向。該市智庫曼哈頓研究所（Manhattan Institute）力勸政府官員將最優先事項從社會福利轉變成「創造市場」。紐約市選民於1993年投票選出共和黨候選人朱利安尼（Rudolph Giuliani）擔任市長，兩年後，紐約州選民選出共和黨候選人帕塔奇（George Pataki）為州長，兩位首長都領頭運用公款從事企業化投資。某些哈林在地的發展機構——尤其是深具影響力的阿比西尼安浸信會（Abyssinian Baptist Church）——也已就緒，預備投資其社會資本，成為商業開發的非營利夥伴。黑色族裔聚居區在耐心哄誘下，要開花結果了。[29]

　　此時，由於自1970年起即代表哈林區擔任國會議員的查爾斯・藍吉爾（Charles B. Rangel）眾議員促成，聯邦政府成立了上曼哈頓培力區（簡稱UMEZ）。雖然某些連鎖店已在125街上開設小型分店——美體小鋪（Body Shop）、班與傑利（Ben & Jerry）和麥當勞等——現在大公司也開始和UMEZ協商，爭取大額資金，打算在哈林開店。儘管有藍吉爾眾議員介入，先前不願在這裡經營生意的主流開發商，認為培力區或許提供了避開黑人政治圈舊有恩庇關係的辦法。西125街成立了一個商業促進區，那是一種改良過、市場導向的商業房地產業主協會，成功促進了市中心購物街的繁榮。朱利安尼市長派出警力，強制驅離125街的西非攤販，將他們遷至116街，馬爾孔沙巴茲清真寺（Malcolm Shabazz Mosque）擁有的一塊空地。

　　市府、州政府和聯邦政府官員現在鼓勵投資哈林，該區條件也確實有所改變。快克吸食情況在2000年時達到巔峰後，開始下降；犯罪率也降到1960年代的水準。許多年輕人死亡或入獄；其他人則變老、長了智慧，對希望在此地經營生意的男女而言，也沒那麼可怕了。一位西

哈林區中年男子告訴訪問者：「就我而言，現在我看事情比較會從個人出發，不像年輕時，我就是那種會丟磚塊和各種東西，一心想將猶太人趕出哈林的人。」[30]

在這些新條件下，培力區熱切地執行「創造市場」任務。他們努力招徠連鎖店，哈林原有的這類商店根本不敷居民需求，還有星巴克之類的高檔零售店，這一方面可以滿足鄰里內現有的中產階級居民，也能吸引新來者。每個人都曉得，沒有好餐館、商店和酒吧，對於新房屋和辦公室的需求就會消失。

1995年1月至2006年5月間，UMEZ核准超過3.35億美元補助金、貸款和債券。他們的第一項重大專案是「美國哈林」（Harlem USA），一座27.5萬平方英尺的購物和娛樂複合中心，2000年於西125街開張。「美國哈林」在許多方面都十分引人注目。它是位於中哈林黃金地段的全新大型玻璃帷幕商業建築物。它為多年來只有一間電影院的地區，引進了一座包含九間首輪電影放映廳的綜合電影院。綜合電影院周圍是現代化的書店和咖啡廳、休曼書店（Hue-Man Books）、老海軍服飾（Old Navy）分店、HMV唱片行、莫德體育用品（Modell's Sporting Goods），以及一家迪士尼商店（雖然HMV和迪士尼不久後就關門了）。這項商業發展的關鍵，在於利用政府部門資金來取得私部門貸款；UMEZ放款1100萬美元給開發商——前籃球明星轉行成為企業家的魔術強森（Magic Johnson）及其夥伴桂德地產（Grid Properties）的杜魯·格林沃德（Drew Greenwald），以及營建開發公司高譚組織（Gotham Organization）——這筆貸款帶來大通開發公司（Chase Development Corporation）的4800萬美元貸款和紐約州帝國開發公司（Empire State Development Corporation）的300萬元貸款。大通另外還在州政府鼓勵更多銀行進駐資源短缺地區的專案補助下，於「美國哈林」內開設了一家分行。不久之後，UMEZ又資助另一項在東125街的

大型計畫，發行1700萬美元免稅債券，建造全市最大的汽車百貨中心，由通用汽車（General Motors）和保得金汽車集團（Potamkin Auto Group）負責開發，後者是以紐約為基地的家族式全國汽車經銷網路。

但是，吸引開發商和連鎖企業的過程並不平順。雖然在非營利的阿比西尼安浸信會支持下，佔地50,000平方英尺的路標超市於1999年在東125街開幕，但本地商人對於競爭抱怨連連，而不論是政府、還是民間企業家都發現，取得商業大承租戶的承諾實非易事。「美國哈林」的格林沃德回想當時的狀況：「在哈林幾乎不可能〔讓他們簽約〕，除非我們能讓零售商看到上曼哈頓500,000人的價值。」格林沃德聲稱，哈林「有全美國最大的收入密度——每平方哩將近八億美元」。但零售店寧可先看其他連鎖店能否成功，再決定要不要承諾。[31]

雖然哈林區的辦公室租金低於中城或是下城，但公司行號並未蜂擁搶租哈林區辦公室。根據阿比西尼亞開發公司（Abyssinian Development Corporation）前執行長的說法，唯有在柯林頓總統遷入位於125街的辦公室後，這些公司才開始表現出一些興趣。但是，那時除了「美國哈林」外，「哈林中心」（Harlem Center）也在原本規劃興建、但從未動工的哈林國際貿易中心預定地上開幕了，這是一棟小型辦公室建築，有三個連鎖店承租戶——馬歇爾百貨（Marshall's）、CVS及H&M。原本的貿易中心計畫對政治人物的吸引力一直高過開發商，「哈林中心」則不同，它是在公私部門的強勢外來者間的協商中浮出檯面的：州政府、市府官員，以及大型商業開發公司森林城市開發公司（Forest City Ratner），後者希望借政府之力，在布魯克林執行一個更大的複合使用計畫——大西洋院。「哈林中心」也獲得重要的內部機構支持：阿比西尼亞開發公司。[32]

雖然大多數居民都歡迎新的購物機會，但有些人認為哈林是低

收入黑人居民的地方，他們對於商業縉紳化摧毀了這種純正性表示不滿。「〔2002年〕六月份一次在尙博格黑人文化研究中心（Schomberg Center for Research in Black Culture）舉行的里民會議上，」一位《村聲》記者寫道：「聽眾激烈地質問所有論壇講者，包括銀行、UMEZ、本市住宅保護局（Housing Preservation Department, HPD）及公共住宅主管機關代表。一位年長婦人在空中揮舞著瘦弱的拳頭，但她的聲音比拳頭更強而有力，她尖叫：『那些該死的政客到哪裡去了？』」在這些居民的看法中，125街面貌的改變，無可置疑一定會導致租金上漲和**住宅**縉紳化。他們意識到，高檔商店會讓自己遭取代。[33]

不過，UMEZ繼續努力重塑零售地景。1995年，哈林中區超過600家商店中，只有3%屬於連鎖企業分支或加盟店。五年後，該區共有568家商店，其中7%爲連鎖店，是1995年的兩倍。哈林第一家星巴克開在125街和雷諾克斯大道交叉口，靠近先前的非洲市場，是備受期待的零售業發展升級的重大指標。到了2006年，隨著許多老建築拆除或封閉起來等待重建，以及新商店佔據更大的空間，留下來的商店僅剩300家，其中16%屬於連鎖企業，幾乎是1995年的三倍多。更值得注意的是，哈林中區出現了私人經營的高檔精品店、餐廳和餐館，像是塞特潘尼烘焙坊。這類新企業零售資本的比率，由1995年的零一路攀升，2006年時已占所有商店的10%，本地人擁有的舊式廉價商店比率，則由84%降至74%。[34]

紐約城市規劃委員會也積極推動土地使用變更。如同在其他鄰里的作法，他們將哈林區的寬闊大道重劃爲高密度的高樓發展區——一樓是店面的公寓式住宅——保留褐岩屋街道爲低矮建築區。這些高度和密度限制帶來雙重效益：保持鄰里藉以吸引縉紳者的特色，又容許開發商創造一個有如上東區和上西區般繁華的零售地景。城市規劃委

員會也核准一項醞釀很久的哥倫比亞大學擴校計畫，這項70億美元的計畫同意哥大將校園往外擴大好幾個街區到134街，穿越西哈林的商業區，那兒有一些倉儲設施、汽車修理廠和幾棟公寓住宅。然後，城市規劃委員會又在2008年通過極具爭議的125街土地使用重劃案，將那個通稱為「黑色美國大街」的地區，劃設為複合使用的高樓區。這項計畫給予開發商興建更高層大樓的權利，以將臨街空間租給藝術和文化設施為交換條件，只不過這些設施也可以包括連鎖企業經營的商業電影院。雖然居民強烈抗議，哈林區的市議員也致力爭取更多負擔得起的公寓，但這三項計畫最後都獲得紐約市議會通過。[35]

以這種方式變更125街的土地使用，具體化了社區對喪失哈林文化純正性的恐懼。居民對於市政府將西哈林的一大塊割讓給大學極為不滿。他們知道125街上的新建築租金必然會上漲，就像其他地方一樣。他們相信，小型的在地文化生產者，從視覺與平面藝術家及劇團，到私人經營的音樂小店，都會被更多連鎖店取代。雖然城市規劃委員會辯稱125街的土地使用變更會替社區創造更多成長，包括一個區域文化樞紐及工作，但長期居民和商人並不同意。一如威廉斯堡，地方社區委員會推行自己的計畫，試圖將新住宅大樓限制在124街和126街，將125街的零售貿易留給小商店。一個與哥倫比亞大學有關的規劃小組設計了另一個方案，將「文化區」內的優先權賦予在地的小型文化團體。

兩個替代方案都毫無勝算。當城市規劃委員會投票通過委員會自己的計畫案後，建築史學家麥可・亨利・亞當斯（Michael Henry Adams）被「逐出」公聽會的會議室，他憤怒「咆哮」著：「你在摧毀哈林。你是要擺脫所有黑人。」唱片小屋的老闆山吉警告：「很快就到處是百萬富翁，本地人將無法繼續住在自己家中了。很快就不再有任何黑人

經營的商店了。」[36]

　　但是，居民必須吞下的最殘酷事實，是他們的黑人同胞積極參與了迫害其他黑人的行動。哈林是黑人文化的培養皿，一直獲得黑人經營的小商店支持，但許多人現在發現，生意實在無以爲繼了。「黑膠唱片是寶貝，工作人員見多識廣，山吉兄弟是黑人歷史和音樂知識重要財富」的唱片小屋，於1995年擊退了佛雷迪和萬民聯合禱告殿的驅離，卻在2007年永久喪失租約，迫使這位經營者流落街頭，在香精商人和走私香菸攤販旁，擺攤販售音樂光碟。音樂小店巴比快樂屋（Bobby's Happy House），還有瑪那靈魂食物與沙拉吧（Manna's Soul Food and Salad Bar）也喪失了租約，前者的黑人店主自1940年代起便在哈林開店，這兩塊地產後來出售，是125街一項100,000平方呎商業再開發計畫的一部分。[37]

　　當然，由於越來越多消費者由網際網路下載音樂到iPods，導致音樂產業變化，所有音樂商店也因而蒙受威脅。但是，唱片小屋店面的業主是黑人教會，威脅巴比和瑪那兩家店的交易主導人，則是哈林極具影響力的不動產經紀商尤金·吉斯科姆（Eugene Giscombe），他在哈林中區從事房地產已有多年，也是125街商業促進區主席。吉斯科姆表示：「改變在所難免，只要沒人受到傷害，就沒有關係。」然而，125街公聽會上的聽眾，對著城市規劃委員會中投下贊成變更土地使用的少數族裔委員破口大罵，「高喊『湯姆叔叔』和『出賣』。」[38]

　　卡米洛·荷西·維蓋拉（Camilo José Vergara）自1977年起，幾乎每年都會替東125街上靠近公園路一帶的一處雙店面拍照，記錄公部門發動的逐步改變。他的首批照片顯示的是紫霧酒吧（Purple Mist）漆得光可鑑人的深紅色大門；窗口吊著幾只稀疏的盆栽，前方大門的玻璃片上畫著一些酒杯做爲裝飾。後來，那個空間分割成兩個較小的店面，承租者一個接一個快速更替，店面也逐漸變得老舊，經營過一連串不同行

84

業，有服裝店、炸魚和薯條外賣店、簡陋的菸草店，以及一間髮辮編織沙龍。2001年，上曼哈頓培力區成立後，世貿中心攻擊事件之前，該店面兩邊都空著，重新合一，準備翻新。三年後──停頓的部分原因是恐怖攻擊事件後經濟不穩定──國際床墊寢具連鎖品牌「名床甸」（Sleepy's）開幕。根據《克雷恩紐約商業周報》（*Crain's New York Business*），該店搶到了「這個蓬勃發展社區中最後一席便宜店面」。上曼哈頓培力區的「創造市場」策略可謂成功，現在「飢渴的零售商貪婪地攫取手邊的商業空間，希望搶食哈林快速成長的零售市場」。[39]

　　有關培力區效益的研究顯示，2000年至2006年間，在哈林中區開設的十五個新企業零售商店樣本中，有五個取得UMEZ貸款，其中三個另外獲得柯林頓基金會協助。第六個新零售商獲得美國中小企業管理局（U.S. Small Business Administration）貸款；其他九個企業則靠自己的資本和外來投資者。要得到UMEZ的貸款並不容易。對一個運用公共「資源來推動民間投資」的公家機構而言，UMEZ衡量成功貸款申請人的財務標準，自然是十分嚴格。花店老闆辛西亞·哈里斯（Cynthia Harris）說，她花了三年準備申請需要的所有表格文件。在這三年間，她得靠著儲蓄和地方銀行信用貸款來支撐創業資金，她先生則幫忙送貨。她有儲蓄這件事反映了哈里斯在自行開店以前，已經在大學行政部門、一個非營利法人，以及私人企業工作了15年的事實。[40]

　　誠如哈里斯的事業生涯顯示的，許多哈林的新零售企業家都是新黑人中產階級成員。這些企業家擁有學士、碩士學位和法律文憑；他們已有穩定的金融、行政或專業生涯；其中一些人還相當富裕。這些商店主與先前世代的小店主不同，他們有辦法取得資金，通常來自黑人投資者。卡羅爾的女兒（Carol's Daughter）是125街上一家以黑人顧客為主的美容保養品公司，由麗莎·普萊斯（Lisa Price）在1990年代創立，

她曾經從事電視和電影製作工作。普萊斯在將事業擴張至哈林以前，獲得成功的品牌顧問史提夫・史陶特（Steve Stoute）協助，成為她的外部合夥人。史陶特帶來1000萬美元投資資金，這些資金來自饒舌明星傑伊Z、演員潔達・蘋姬・史密斯（Jada Pinkett Smith）和威爾・史密斯（Will Smith），以及唱片製作人湯米・莫托拉（Tommy Mottola）。另一個黑人擁有的企業是位於「美國哈林」的休曼書店，由小說家、律師、前護士和職業籃球選手派崔克・尤恩（Patrick Ewing）的前妻麗塔・尤恩（Rita Ewing），以及另一位職業籃球選手賴利・強生（Larry Johnson）的妻子賽萊斯特・強生（Celeste Johnson）共同創立；第三位合夥人，休曼書店的總裁瑪瓦・艾倫（Marva Allen）曾擔任密西根州高科技業的經理，獲選為當地百大最具影響力女性。卡羅爾的女兒和休曼書店都獲得UMEZ貸款。

雖然許多新企業都以非洲為中心主題，有著哈林名稱，而且商品主要是賣給黑人顧客，但並非所有企業主都是黑人或來自鄰近社區。十五家商店研究樣本中，只有略少於半數的店主和共同經營者是哈林本地人或居民。另外一半中，包括一位來自印度的餐館老板，一位來自法國的餐館老板，以及一位從芝加哥搬到哈林的藝廊主人。不過，這裡比城內其他地方更重視的是，新企業家需要一個能將自己與哈林黑人社區起源連結的個人故事，即便這個故事模糊了某些事實。新零售企業家就是如此確認哈林的純正性，也利用它來建立自身的純正性。

努比恩襲產（Nubian Heritage），一家在125街上開設水療旗艦店的美妝公司，就是個好例子。雖然媒體喜歡將兩位利比亞共同創辦人尼瑪・塔伯曼（Nyema Tubman）和黎塞留・丹尼斯（Richelieu Dennis）形容為前街頭攤販，於「125街人行道上販售香精和肥皂」，但兩人都曾在波士頓的貝比森學院（Babson College）主修商業，在那裡，丹尼斯和卡羅爾的女兒創辦人普萊斯一樣，在廚房爐子上測試家傳護膚秘方。丹

86 尼斯在遭解雇失去日間正職工作後，便和塔伯曼在路邊擺攤販賣自製產品，不過她們也組織街頭攤販，形成一個經銷網絡。他們在布魯克林一條以非裔和加勒比海裔美國人爲大宗的主要購物街上，開設第一家店。但是，在UMEZ貸款和柯林頓基金會協助下，她們於2004年將公司營業處遷至哈林，並創立水療旗艦店。2005年，她們再獲得另一筆UMEZ貸款，於是開始在自己的工廠內生產商品，並在皇后區成立第三家店，還透過網際網路配銷產品。[41]

猶如布魯克林產業和布魯克林酒廠之於威廉斯堡，這些零售企業家也靠著製造具當地認同特色的產品，並結合地方機構網絡，創造出哈林的新純正性。但是，在哈林，這種新純正性同時與過往的文化形象及當前的行銷機會呼應著。「卡羅爾的女兒」的經理在與某位訪問者談話時，深思熟慮地建構起一套連結社區起源故事和企業創投新開端的敘事。她說：「我們絕對能感受到，所有哈林社區培力團體的力量。」

> 巴茲牧師（Rev. Calvin O. Butts）和阿比西尼亞浸信會協助聯繫對的人，找到我們需要的空間，對我們幫助很大。計畫企業（Project Enterprise，與葛萊敏基金會〔Grameen Foundation〕有關的微型企業放款機構）及其微型貸款，對於小本經營的社區來說真是太棒了，公司創辦人普萊斯曾獲得獎金，並對他們的學生發表演説。上個節慶季節時，執行合夥人史陶特和他的行銷和品牌形象公司……參與了哈林醫院的玩具籌募活動。麗莎也參與哈林醫院、黑人姐妹（Sisters in Black），以及哈林培力區的研討會或發表演講。我們堅定支持並協助提升社區的能力。[42]

一如卡羅爾的女兒，創立哈林釀造的兩位商管碩士伍茲和賈賈・葛林菲爾德（Jai Jai Greenfield）也販售以認同爲基礎的商品——以他們來說，是少數族裔經營的小型酒廠生產的酒——並且和社區組織共建網絡。他們特意使店面設計與哈林文化史相連結，藉此主張自己具有社

區圈內人的身分，簡言之，成爲哈林**純正**的一環。「設計宗旨是要喚起『哈林文藝復興風格』，葛林菲爾德說，哈林釀造就像一個舒適的房間，有溫暖的木質地板和映著燭光的架子。許多1920年代的人才，最早都是在這種背景下從事表演。」但這類描述，就像努比恩襲產創辦人的街頭攤販聲譽一樣，都模糊了一些重要事實。一個庫存充足的現代酒廠，不太可能和1920年代的公寓有相似之處，更不至於讓人想起廉價公寓的租金派對。然而，酒廠的敘事連結了哈林文藝復興的強大印象。這種修辭手法使得兩名黑人企管碩士的創業投資，雖然在本質上及**純正性**上與舊族裔聚居區文化背道而馳，卻能夠理所當然的屬於哈林。[43]

　　哈林的新純正性確實涉及了文化襲產。但是，不同於1960年代緊張的政治氣氛，守門人不再特意排除那些無法因出身或直接經驗而主張承繼襲產權利的人。純正性現在也適用於社會多元且族裔多樣的消費者和企業家。他們擁有足可鑑賞襲產美學的文化資本，也擁有購入的金融資本。最重要的是，新哈林文藝復興的會員資格不但對新黑人中產階級、也對白人開放。

你可能在心靈上來自某處，卻未必實際源自該處。

——音樂製作人亞隆・列文森（Aaron Levinson）

《哈林實驗》（*The Harlem Experiment*），WNYC-FM，2007年12月20日

公共和私人資本造就了新哈林，媒體報導則將它開放給更廣大的公眾，使得這處鄰里成爲各種新居民和觀光客的想望之處。1980年代，主流媒體如《紐約時報》和《紐約》雜誌等，開始陸續報導縉紳者的故事，其中黑人的故事多過白人，由於鄰里衰敗，這些人得以用低價買下褐岩屋，然後面對吸毒者、幫派和斷垣殘壁。1990年代期間，當培力區成立商店時，新居民的故事開始變得比較樂觀，2001年之後，以白人爲焦點的故事逐漸多於黑人。媒體報導強調新精品店和餐館，以及它們如何創造符合所有都會中產階級品味的優雅生活風格。不只地方媒體，就連《時尚》（*Vogue*）、《O雜誌》（*O Magazin*）和《黑人企業》（*Black Enterprise*）也撰文介紹新企業及其老闆，他們因爲身爲黑人企業家而更具新聞價值。

隨後的幾年間，網際網路進一步將哈林推銷給全世界觀眾。新商店設立自己的網站；旅遊和生活風格網站刊登餐廳、民宿旅店和商店的評論；設計網站則提供逐步解說的視訊檔案，教導大眾如何採購和裝修舊屋。2005年變更土地使用分區後，新公寓住宅開始上市，開發商替每棟建築成立了網站，將大理石臥室、附設建身房等生活風格設施，連結上鄰里的文化襲產以及新餐館和精品店。所有媒體合力宣傳，加上民間開發商和州政府新投資推波助瀾，將哈林打造成一個有獨特純正感而充滿興味之處。[44]

但詳細檢視媒體的再現，顯示出兩個問題。首先，儘管有《紐約時報》支持發展的報導，以及不動產業者的線上促銷，黑人導向的《阿姆斯特丹新聞報》（*Amsterdam News*）揭露了財產稅急升、荒廢舊屋難以出售，以及居住和商業快速縉紳化、黑人居民和商店主被黑人和白人投機者取代的現象。《阿姆斯特丹新聞報》表達該社區對於黑人中產階級遷入或回歸哈林定居感到自豪，但也透露他們擔心這些新居民

遷入，是否會摧毀了貧窮黑人原本賴以爲生的低租金住宅和商店。[45]
第二個問題反映出網際網路上虛擬呈現的哈林，與現實生活實際狀況
的差距。閱讀許多文章、部落格，以及有關新餐廳和商店的評論，會
讓人對哈林所能提供的舒適生活，懷有比實際狀況更美好的想望。哈
林確實有許多復原良好、華麗莊觀的舊褐岩屋，也有一些新餐館和酒
吧，提供愉悅的社交場所。但是，這些場所畢竟仍爲少數，而且相隔
甚遠。尤其對店主來說，彼此間距離過大，難以創造足夠的群聚效應
來吸引維持日夜經營所需的顧客數量。超市和美食店仍然供不應求，
經濟危機也導致經營失敗案例不斷增加。所以，媒體傳遞的印象可能
過度誇大了新哈林文藝復興的成效。

但是，就在同時，另一種媒體，亦即不動產維基和部落格，提
供了將哈林開放給潛在新居民的有力辦法。在一個房屋長期短缺且價
格不斷上漲，導致人們對不動產極度著迷的城市中，這些網站吸引大
批的熱切讀者和鉅細靡遺的貼文。雖然無從得知這些貼文作者是誰，
是不是可靠或客觀的觀察者，不動產部落格充斥著各種有關建築物、
商業、售價和租金變動的謠言、資訊和意見。對於志不在找房子的讀
者而言，這些部落格提供了一趟前往陌生鄰里的偷窺之旅。更嚴肅的
說，它們提供了一種探討鄰里變化的痛苦與狂喜均衡狀態的方法。

哈林出現了豪華公寓、高租金和富裕居民，已在不動產部落格
引發許多辯論。只有少數貼文刻意提起種族議題；這對哈林和一般公
共討論而言，都象徵著重大改變。因爲哈林區的犯罪率比以往大幅降
低，認爲這裡危險的聲音也少了許多。各種貼文轉而著重於任何鄰里
都經常提起討論的議題：住宅品質與價格、商店與交通運輸便利性，
以及公寓出租和房屋出售的速度。不過，總是難免會隱約論及黑色族
裔聚居區。潛伏在網路上針對公寓大小、環境設施，以及房屋租金等

89

沈思底下的，是對於驅使中產階級遠離哈林的情感議題的關注：公共
住宅社區與社會服務機構的存在，以及長期居民對於縉紳者（無論白
人或黑人）的怨懟。[46]

　　由最近Curbed.com上的一個討論串，大致可以知道這些討論的調
性。[47]這次討論一開始是有人要求提供有關「艾靈頓」建案的資訊，那
是一座以爵士樂作曲家艾靈頓公爵來命名的新公寓建築，以及有關一
棟接近莫利斯山（Mt. Morris）歷史街區、位於117街和雷諾克斯大道精心
整修完成的褐岩屋的相關訊息。Joey 喜歡褐岩住宅的地點和陽台，但
不滿意臥室的大小和浴室洗手槽。Kablowie 聲稱，124街上一棟倉庫改
建而成的「Loft 124」的閣樓公寓，最近才以每平方呎一千多美元價格
售出，這可能「創下了110街以北建案的最高紀錄」。但Kablowie又補
充，明顯指涉黑色族裔聚居區：「我猜買家終究沒有因為那條街和那
個鄰里而卻步！」

　　Bing 讚賞從另一棟房子的屋頂陽台看到的景觀，但警告，「一如
往常，這是哈林，擁有城市景觀表示你有點兒像是一個往內窺視的外
來者。」Central Harlem anonymous不喜歡哈林的美學，但承認房市正
熱。談到Loft 124，他說：「我認為那個街區很醜，但那棟建築確實讓
人印象深刻。」他也對不動產投機帶來的賺錢機會十分心動，因為他
認識的某個人正「打算賣掉哈林其他地方的房子，拿那些錢來買〔一
間Loft 124的公寓〕」。

　　其他部落客則表示，他們不認為值得花那麼高的價錢搬到哈林。
一名自稱Anon的部落客說：「首先，你應該因為對街的公共服務和診
所而要求大幅降價。它們是某種『類型』的磁鐵，那兒隨時排滿了這
類型的人。你所買的可是明明白白擺在你家前門的鄰避〔NIMBY，別
在我家後院〕因素。」雖然這份貼文表達的焦慮對象，比較傾向於是

社會地位而非種族，但仍然引發了「黑色族裔聚居區」印象。不論該部落客是白人還是黑人，她都不認為一個花100萬美元買下公寓的人，應該容忍與社會福利辦公室和美沙酮診所為鄰。

Anon也不喜歡124街上繁忙往來的卡車和計程車。但是Central Harlemite以歷史觀點來討論這項批評，提醒Anon才不久之前，計程車司機還不太情願駛進哈林區，甚至因為害怕遭搶而不願意搭載黑人乘客。Central Harlemite喜歡Loft 124，她說是因為「在那區你竟然能招到計程車。對於我們這些常搭計程車的人而言，在124街附近能看到計程車，真是天賜恩惠呢」。

這個正面看法獲得另一位Anon的呼應，她最近買下Loft 124的一間公寓。「我們最初對這個街區並不感興趣，」她說：「但我們在那兒待得越久，就覺得越自在。那兒的確有一些你看到的『特色』，但我們從來沒有任何不安全的感覺（即使在深夜也一樣）。我認為這區潛力無窮。」意味深長的是，她重視的並不是該區原有的居民和使用者，而是對街計劃要興建「一棟（有新哈林零售店的）大型高級住宅大樓」。雖然新開發案未必能完全將公共診所和社服機構驅離，但幾乎必定可以讓其黯然失色，「對這個街區一定會有非常正面的影響。」顯然，黑色族裔聚居區的終結恐怕還早得很呢。

對於這個論點的不同看法，也主導了近期在City-data.com上關於中產階級黑人社區的討論，來自全美各地的網友，在這個網站針對不同區域的生活品質發表評論和提出詢問。這項討論始於一篇Moeshak發表的貼文，他說自己打算搬到紐約，「希望找一個中上階級的非裔美國人社區」，尤其以北部郊區和市區內為優。[48]大多數回覆談到三個北郊的郡區，一如Moeshak提到的——有漂亮房子、林蔭街道、好學校，以及浸信教會的社區。有些貼文建議Moeshak試試長島（Long Island）和皇

91

后區的郊外社區。不過，當一篇Sweetz發布的貼文建議哈林時，其他人紛紛插話，強烈否認哈林可以歸類爲「中產階級」。

根據Sweetz的話，哈林「越來越貴，縉紳化情形也日益普遍」。但是Hustla718（718是布魯克林和皇后區的電話區號）立即表示異議：「哈哈哈！請告訴我，你在開玩笑。〔貝德福─史岱文森和哈林的史岱文森高地（Stuyvesant Heights）〕離黑人中產階級鄰里還遠得很呢。」

Sweetz反擊說：「我可沒開玩笑。我很喜歡哈林的進步感，而且就像我說的——費用上漲了——所以也不像以前那麼可怕了——加上醫院和其他各種設施——『先進的』和中上階級黑人同胞不斷增加。」

Hustla718接著利用居民收入數據做爲攻擊武器：

你有沒有看過國會第15區（曼哈頓上城）的人口普查數據。全美國第三窮的行政區。如果將生活費用納入考量，就成了第二窮的區域。

如果涉及不動產市場利率，租金成本可能還會上漲，但極低收入住宅的數目也會增加。目前該鄰里大多數居民都是低收入戶。

無論如何，哈林絕對稱不上一個中產階級黑人鄰里。

他在貼文的最後，建議哈林只不過是個「有著少數雅痞的族裔聚居區」。被窮人圍繞的昂貴住宅是一個「泡沫」，他說，不是「一個中產階級鄰里」。

此時，Scatman 加入討論，提到安吉羅已修復的褐岩住宅，這間曾被《紐約時報》寫過的房子，現在價值高達340萬美元。他說：「看來名流富豪都想前進哈林。」然後，他向Hustla叫陣，要他「自己來哈林看看！我就是這樣，即使還有125街和萊辛頓大道上的巢穴，它還是比1970年代末期好得多了！喔耶，你要如何解釋125街上的英國人爲我媽指方向的事？」

但Hustla以他自稱的第一手觀察結果，駁斥Scatman：「至於東125街和萊辛頓大道，我對那個地點知之甚詳。那是搶劫的熱門地點。那個路標超市是許多非法活動的老巢，這也就是爲何總有許多人聚集在那裡的原因。」

Scatman以不同的角度來論述。如果白人不斷遷入哈林，而且是歐洲白人，那個鄰里就一定是中產階級。「而且，附帶一提，」他說：「我朋友在哈林的公寓在20年前大約有90%是黑人，現在則只剩30%是黑人！而且你要怎麼解釋有個英國人爲我媽指方向的事呢？」

整個討論接近尾聲時，一位新作者針對最初那份貼文提出了一個問題。如果哈林變得不那麼窮，也沒那麼多黑人了，那它怎麼還會是一個「中上階級非裔美國人」社區呢？「我猜現在哈林會是個好答案，」他說：「但是它的非裔美國文化正在逐漸流失，我想五到十年內，該原始發文者將會回到原點。」

Curbed.com 和City-data.com討論中的大部分貼文，都未強調黑色族裔聚居區純正性的喪失。他們偏好郊區獨立住宅和林蔭街道，或至少是莫利斯山公園周圍的褐岩排屋——如果公園內的非裔鼓手停止擊打出吵雜樂聲。他們對於住所應符合社會地位的渴望，符合一般中產階級的典型品味。1960年代時，甘斯曾寫到：「中產階級人士經常重視地位多於便利性，因此他們會排斥住商混合鄰里——或是任何居住人口多樣性的社區。」黑人中產階級的這種傾向不亞於白人中產階級，他們同樣偏好安靜、秩序井然且舒適的傳統中產階級鄰里。他們雖然能欣賞非裔美國人的襲產，但對於和低階層黑人分享空間抱著矛盾的情緒，他們對塞特潘尼的喜好通常高於香雞屋。這些消費偏好顯示，有一定數量的黑人支持更多的縉紳化。[49]

黑人對於哈林的矛盾情結，呼應了有關黑人文化多樣性的更大社

92

會議題。根據佩猶研究中心（Pew Research Center）最近的一次調查，有超過半數黑人答卷者表示，今日黑人的多樣性已高到不應「繼續被視為一個單一種族」。雖然這份調查是在歐巴馬總統當選前一年，以及諸多有關「後種族」的討論開始前就實施了，它提出了哈林能否再回到一個貧窮和黑人社區的問題。不只是房租上漲的現象，還有誰才是真黑人的定義曖昧問題──以及某些個人逃脫黑人與貧窮的歷史重疊命運的機會──持續促成了純正性的危機。[50]

93　　整理你的行囊，前進上城吧！第二次哈林文藝復興正方興未艾，現在正是加入行列的好時機。但身為先驅，並不意味著粗製濫造。從義大利式廚房到挑高天花板，再到城市景觀，Loft 124的每個面向、每個細節都經過精心設計，在保留閣樓建築歷史感的同時，也帶給你最舒適的現代居家生活。

　　　　　　　　　　　　　　　　　　　　　　── www.loft124.com, 2007

　　我們不能忽視將哈林重造成一個較舒適地方的真實渴求，希望將此處從黑色族裔聚居區改變成中產階級、種族融合的寰宇主義社區。相應於像山吉這樣遭逐出承租店面的每個企業主，以及每位被迫離單人房出租旅館的長期居民，有更年輕、更富裕的居民在此地扎根。他們不會向身著大喜吉服裝（dashiki）的老人買音樂帶，而是下載到自己的電腦。他們在Curbed.com上發文，「整個鄰里真的凝聚在一起」，新的D.J.音樂吧也即將開幕。他們的品味和要求替哈林的新企業純正性創造了市場。

　　政府官員同樣急於重寫該地區的起源故事。藍吉爾眾議員在替
1968年「哈林在我心」展覽的新版手冊作序時，寫出了官方觀點。他並
未提到展覽的爭議；對於非裔美國人獨特的歷史和文化、與城市其他
部分的隔離狀況，以及爭取就業機會、服務和像樣住所的努力，也都
輕描淡寫。簡單地說，藍吉爾輕輕帶過哈林作為黑色族裔聚居區的歷
史，將重點擺在一波波居民（黑人和白人、非洲人、非裔美國人、拉
丁裔美國人和歐洲人）所造就的寰宇文化。他在提到哈林區的教會之
前，先談到各色各樣的族裔風味餐館，提供從秋葵濃湯和炸雞到波多
黎各木方葛（mufongo）、軟果糕和巴斯克亞沙雞（Basque chicken yassa），還
有墨西哥粽（tamales）、貝果和「歐洲新式烹飪」等多樣食物；他先論
及不動產市場，才談到可負擔的住宅。藍吉爾讓讀者了解到哈林目前
渴望的純正性。[51]

　　儘管對過往的黑色族裔聚居區並無懷念之情，但其陰影仍籠罩
著哈林的未來。持續的高失業率、壞學校和公共衛生問題，顯示種族
不平等仍是個現實問題。金融危機導致許多新建設停擺，留下許多待
售公寓以及緊鄰的一塊塊空地。但是，黑色族裔聚居區實質環境的逐
漸重塑——以及人口的篩選——都持續不斷的抹除哈林充滿爭議的歷
史。然而，這不是都市想像遭遇修正的唯一舊鄰里。這種情形也發生
在下曼哈頓的東村，那兒的藝術家、演員、低收入居民以及學生，自
覺地召喚激進過往的鬼魂，藉以對抗縉紳化潮流。許多年來，東村的
日常口號一直是「死雅痞敗類」。

東村的在地生活

我想下曼哈頓發生了難以置信的事情。熟食店消失，出現了BMW。

——《紐約時報》，2007年5月30日

上午十點鐘，你站在百老匯和阿斯特廣場（Astor Place）轉角處，等著一批來自日本的大學生。那是一個涼爽飄著細雨的六月天，行人扣上鈕釦來抵擋寒意，早晨這個時候，市中心尚未出現平常的忙亂情形。那群學生出現時，你驚訝地看到他們全都是年輕女性，由一位在這個城市有些門路的中年男教授帶領。她們對於來到紐約雀躍不已，對格林威治村尤其興奮。當你指出吉姆·鮑爾（Jim Power），也就是失業的「馬賽克人」（Mosaic Man），過去二十年來為了美化市容，一片一片獨力貼在街燈柱上的彩色磁磚時，所有人都拿出數位相機拍照。當你指出街角的日本麵包店時，他們以尖細的聲音咯咯地笑。你聽到她們互相說「Beard Papa's」，她們在日本時就已從網路得知這家連鎖店。

然而，她們不認識阿斯特廣場髮型師（Astor Place Hair Stylists）這類在地機構，這家店位於你身後這棟建築物的地下室，擁有八十位包含各種不同族裔的理髮師團隊，運用老派技術，以剪刀修出下曼哈頓龐克場景中最搶眼、最違反重力原則的莫霍克髮型（Mohawks）。1980年代，年輕人常抱著朝聖的心情，從郊區和海外地區來到東村的阿斯特理

髮店，進去時一頭蓬亂濃密的頭髮，出來後頂著高聳的冠毛，噴著髮膠，通常染成不自然的黑、紅或綠色，和穿在身上的黑色皮夾克及金屬扣十分搭配。這間沙龍是一位義大利裔美國理髮師在1945年開設的，至今仍由家族擁有和經營。現在和它分享同一街區的商店，還有冰淇淋連鎖店酷聖石冰淇淋（Cold Stone Creamery）、法國鞋子連鎖品牌雅砌（Arche），以及一家大型連鎖書店邦諾（Barnes & Noble）。

那些日本學生也不知道，直到不久前，街角那家沃爾格林藥房（Walgreen's）一直是阿斯特專賣酒店（Astor Wines）的所在地。該店於1960年代創立成為鄰里的專賣酒店，之後由於美國人對好酒的喜愛日益增加，乘著這股潮流成了全市最大的專賣酒商。如同阿斯特廣場髮型

阿斯特廣場，星巴克：包圍在歷史與商業之中的阿斯特立方體。理查‧羅森攝。

師，阿斯特專賣酒店至今仍由創辦人家族所擁有，不過去年由於房東將租金調漲至連鎖店才能負擔的程度，被迫搬到兩個街區外，更遠的拉法葉街（Lafayette Street）去了。

到了下一個路口，你指出路中央安全島上豎立的阿斯特立方體（Astor Cube），一個1968年起便神秘地只靠一點來平衡自身的大型黑色雕塑。那個雕塑是青少年和大學生、龐克族和滑板族、乞丐和路邊小販的集合場所。街道對面漆成橘色的行動咖啡屋「泥貨車」（Mud Truck）出售反體制的現煮咖啡。顧客喜歡說，他們是要抗議過去幾年來星巴克在該區擴張的方式：街道一邊是室外咖啡座，另一邊是大型室內咖啡館，第三家星巴克設在邦諾書店內，一條街之外還有另一家星巴克。

有誰記得東10街上的免費商店（Digger Free Store），1960年代志工在那裡發放二手鞋、服飾及一些零星物品給「黑人和波多黎各兒童、說中東方言的老婦、目光呆滯赤足的逃家者、跟跟蹌蹌的酒鬼，以及興高采烈的嬉皮夫婦」。現在，那個鄰里已經星巴克化了。這在哈林可能是令人樂見的現象，但是在東村，星巴克卻是如自由落體般向縉紳化墜落的悲慘標誌。難怪耶利米・莫斯（Jeremiah Moss），部落格「耶利米消失中的紐約」（Jeremiah's Vanishing New York）的匿名部落客，要將阿斯特廣場稱爲「邪惡的中心點」（epicenter of evil）。[1]

在東村，抗議向來是一種生活方式，而歷史永遠都很重要。這些是該鄰里純正性名聲的來源，它們一直都保存在租金低廉，有時破舊、通常十分質樸的出租公寓和小店這類社會空間中。現在，在維持了幾十年60年代懶散放任的生活方式後，東村那些古怪的商店和詩人咖啡屋已逐漸被時髦餐廳、連鎖商店，以及修繕後的昂貴公寓淹沒。不誇張地說，新居民和遊客是在消費當地。

97

ટ

從鯡魚店跨過街道,他們販售覆盆子蘋果汁。花草茶和天然乾燥水果店的隔壁,
他們仍秉持著1904年以來的方法製做西佛勒(sfogliatelle)和卡諾里(cannoli)等義
式甜點。

——〈東村食物:傳統與改變〉,《紐約時報》,1985年11月16日

　　要認識東村,必得知道它的地方史,而且對任何鄰里來說,它
的歷史幾乎可說是太多了。不同於哈林或威廉斯堡,影響東村起源故
事最深的不是種族和犯罪,而是各世代的社會抗議——反對地主、
富人、政府,以及其他各種形式的權威。它早在百老匯音樂劇和電影
《吉屋出租》以戲劇化形式,呈現A大道上以大多數社會抗議已成過往
歷史的一代為對象的波希米亞叛變羅曼史之前,便已開始了。
　　東村最初建立時是供做東河碼頭附近沼澤地移民的廉價居所,它
介於豪斯頓街(Houston Street)和第14街,以及鮑爾利街和東河之間。
這裡是小德國(Kleine Deutschland)的一部分,十九世紀中期時,大部分
下東區都是如此稱呼,但一如稍晚才加入街道網的地區,此地街道都
是以字母為名而非數字,也因此得到字母城(Alphabet City)的暱稱。這
裡總是充滿經濟牢騷與政治衝突,也是種族和社會緊張局勢的溫床。
1849年,當阿斯特廣場是商業劇院區時,年輕的愛爾蘭移民與英國血
統的本地出生美國人因一場有關敵對莎士比亞演員的文化戰爭而發生
衝突:一個被視為傲慢盎格魯貴族的英國人,以及一個愛爾蘭人認為
處於劣勢而感同身受的美國人。1963年內戰期間,抗拒徵兵的勞工階
級不滿紐約有錢人花錢免除兵役,在湯普金斯廣場公園(Tompkins Square

Park）北方架起障礙物防堵警察。接下來幾十年間，德國和捷克雪茄製造商、猶太和義大利製衣工人，以及東歐木匠聚集在公園中，在庫伯聯合學院（Cooper Union）大禮堂和鄰近的韋伯斯特大廳（Webster Hall）舉行群眾集會，為社會主義、無政府主義和勞工權利進行辯論。工會首領山繆・岡柏斯（Samuel Gompers）據說曾於1984年在公園附近舉行的一場集會中，僥倖逃過拘捕，激進派領袖艾瑪・高德曼（Emma Goldman）則在1900年左右住在東13街。

多年以來，逐漸破敗的建築，以及一批批來自波蘭、烏克蘭和波多黎各的新移民，讓這個下東區最北邊的部分未受到大多數紐約人注意，尤其如果他們離家上大學，並賺夠了錢後搬到郊區或上城。雖然1950年代第二次世界大戰後，該區吸引了一些沒錢住在附近格林威治村的窮藝術家和作家。他們仍然未打入主流市場，或者不想一試。抽象表現主義藝術家在第10街靠近第3大道的藝廊展示他們的作品，敲打派（Beat）詩人在咖啡屋寫下詩句，爵士樂手在東邊幾條街之外的俱樂部演奏。稍後於1960年代期間，新一波大學生、逃家青少年，以及社區行動主義者遷入東村，在粗獷街道上開拓出鄰里，賦予新名稱。他們的平價商店和簡樸小店銷售迷幻藝術海報和吸毒工具，將該鄰里重建成嬉皮士的避風港。詩人和舞者在鮑爾利聖馬克教堂（St Marks Church-in-the-Bowery）演出，演員則在該區地下室和店面的外外百老匯（off-off-Broadway）劇場中工作。

1970和1980年代期間，如同威廉斯堡和哈林，當地主放棄房租受管制的建築物，任其破敗，而吸毒者進駐，龐克藝術家、詩人和搖滾樂者就在東村找到了立足之地。佩蒂・史密斯（Patti Smith）、金髮女郎合唱團（Blondie）和雷蒙合唱團（Ramones）都在鮑爾利街上的CBGB音樂俱樂部表演，那是「一個單調、醜陋、令人不快的地方」，店主希利・

99

克里斯塔爾（Hilly Kristal）如此回憶，「但是對搖滾樂者而言夠好了。CBGB的常客似乎也不在乎搖搖晃晃的醉漢，不介意偶爾會踩到一些身體。」低廉租金和粗獷的在地街道特色製造出某種藝術場景，成就了下曼哈頓的新創造能量。年輕的藝術學校畢業生來到城市，發現自己沒辦法負擔蘇活區的生活費，只能藉著東村破敗的廉價公寓店面組成公社，那裡曾是移民經營肉店和麵包店之處。他們需要便宜的居住和工作空間，但他們也追逐早期移民者的夢想；他們是來自各處的難民。[2]

　　雖然衝突從未間斷，但該鄰里容忍許多不同的生活方式。各個不同新進團體與逐漸老去的猶太人和東歐移民、近期的波多黎各移民，還有人數較少的非裔美國人混雜而居。黑人爵士薩克斯風傳奇樂手帕克和他的白人伴侶住在這裡；湯普金斯廣場公園東側的B街現在是以他的名字來命名。艾倫・金斯伯格（Allen Ginsberg），敲打派詩人和同志平權（以及其他許多理想）行動主義者，也住在這兒，常在A街一家叫奧德薩（Odessa）的烏克蘭餐館吃波蘭餃子（pierogi）。米格爾・阿爾葛林（Miguel Algarin），米格爾・皮內羅（Miguel Piñero）的狂熱合夥人，仍然住在C街附近，兩人共同創立了奴友利肯詩人咖啡館（Nuyorican Poets' Café）。1980年代間，畫家尚—米歇・巴斯奎特（Jean-Michel Basquiat）、凱斯・哈林（Keith Haring）和肯尼・夏弗（Kenny Scharf），表演藝術家安・麥格努森（Ann Magnuson）和卡倫・芬利（Karen Finley），以及其他生活藝術的未來大師們，流連於聖馬克廣場的57俱樂部（Club 57），以及該鄰里許多表演俱樂部、直覺（seat-of-the-pants）藝廊和咖啡店。「不同於今日，」一名至今仍工作於紐約藝術界的前東村藝術家回憶到，「藝廊是**社會**空間。人們**終日**流連其中。」[3]

　　從1950年代到1980年代，大多數來到東村的文化移民都是因為自覺「與眾不同」，他們也相信因為這種差異的集中，該鄰里必然是

「純正的」。「我來到下城的原因大概和其他人都一樣，」藝術作家和編輯卡羅‧麥孔米克（Carlo McCormick）說，「因為我們如此不同，在任何其他地方都格格不入。」相較於高犯罪率和毒販讓這個鄰里危險重重，東村提供安全空間給盡可能與眾不同的人物。「你如果住在蘇活，你無法踏出那個鄰里，」一名同志藝術家憶起，「倘若你踏進小義大利，你會被痛打一頓。」直到1980年代，即使是在紐約市，有些社區對藝術家、同志和縉紳者仍然極度仇視，以致他們的住所和汽車會不時遭破壞或塗鴉，他們自身也會遭到毆打或搶劫。1980年代，大約在藝術家進住的那段時間，警方開始採取大規模的打擊犯罪策略。以掃蕩毒品及對「生活品質」罪行零容忍為目標，大量逮捕犯罪者，逐漸改善了東村的安全性。[4]

於此同時，敲打派詩人、廉價咖啡屋、前衛劇場，以及非主流表演空間等文化基礎設施則創造了另一種純正性。該區是實驗性新文化的培養皿，一如後期的威廉斯堡場景，在獨立地方媒體和藝術企業家的發揚下，成為某種創意沃土。麥孔米克於1979年遷至東村，但他說：「1970年代時，我常在附近閒蕩，多半時候是個觀察者而非參與者。那時我還是個孩子，會撿拾《蘇活新聞週刊》來查看發生了什麼大事。我們逛到默德俱樂部（Mudd Club）、錫盤巷（Tin Pan Alley）、ABC No Rio美術館、「時報廣場秀」（Times Square Show）〔表演空間、另類藝廊、臨時藝術展覽〕，只因為這些看起來比官方文化要有趣多了。」[5]

1980年代的文化異議分子，加入了他們發現深植於東村的抗議政治。藝術家和行動派分子占據湯普金斯廣場附近街區的廢棄公寓和倉庫。他們和其波多黎各鄰居併肩，共同清除棄置公寓倒塌或拆除後留下的破瓦殘礫，並在清除後的空地上建立社區農園，1990年代末期，當朱利安尼市長執政下的市政府試圖將這些地拍賣給不動產開發商時，

還引發了抗議示威，以及許多抗議人士被捕。即便今日，地盤之爭仍然塑造著東村的地方特質。但是，許多長期居民面對遺棄和更新的威脅，同樣深感失望。他們既害怕地主不願意修復故障的鍋爐，也擔心隨著縉紳化而來的高昂房租。

101 有時候這種恐懼會沸騰溢出，抗議文化的作用就像是一只大汽鍋，將對權威和市場力量的深沈憤怒置於其中，不斷加熱和攪拌。1988年一個炎熱的八月，無家可歸的男女遊民占據湯普金斯廣場公園，搭建了一座帳篷城市，而龐克族、搖滾歌手、無政府主義者，以及其他想爭取城市公共空間自由使用權的人則是其保衛者。警察和這些保衛者對峙了一天一夜，並在他們想阻止警方拆除帳篷時加以毆打。不過，遊民也引發了地方社區委員會、多數居民，以及市長柯希的憤怒與驚慌。

今日的東村看來像個生活的好所在：老建築物已經縉紳化；有趣的小麵店、日本美髮沙龍，以及摩洛哥、阿富汗和素食餐廳；還有相當重要的是，每天二十四小時都有各種族裔走在大街上，而且多數是年輕人。甚至湯普金斯廣場公園也於1988年警察施暴事件後翻修，現在顯得既平靜又舒適。老人推著裝滿物品的購物車坐在長椅上休息閒聊，學齡前兒童坐在幼兒鞦韆上前後擺盪，年輕人則在圍起來的球場中打籃球。

但是，這些街道上，你可以聽到另一種時間的低吟。希臘人稱之為「契機」（*kairos*）：一種過去侵入並挑戰現在的感覺。它和「時間」（*chronos*）不同，我們對時間的一般認知，是一種單方向不間斷地從昨日到今日、再到明日的簡單進展。東村的街道和建築物則提示著另一種時間的存在，讓現在不再只是過去的累積；這些是創造「一種純正起源，以及當前希望的正當理由」的「契機意象」（*kairological images*）。它

們讓你自覺正在重建一種獨特的起源故事,而住在一個蘊含藝術能量和權威對抗歷史的舊鄰里中,街頭店面和出租公寓是你能獲得舒適的物質形式。在這樣的空間中,你意識到你可以活在任何時間,也可以扮演這些角色中的任一個:詩人、反叛者、漫遊者。或者,你也可以同時扮演所有角色。[6]

隨著**契機**而來的是一種特別的純正性,連結你對舊東村的感受和你對它的**消費**渴望。突然之間,你看到自己投射在破舊時髦街道上的自我形象,正符合行銷理論家所期望的純正性:消費者與其渴望對象之間的共振。[7]

因此,難怪今日在東村販賣**契機**可以帶來大把鈔票。聖馬克廣場上三棟緊鄰的房屋,曾經是稱為Dom(意為「家」)的波蘭社交俱樂部,之後大約自1960年起,以極快速度多次換手,依次成為反戰樂團「法格斯」(Fugs)的表演空間、安迪‧沃荷(Andy Warhol)經營的俱樂部,以及一間名為「電動馬戲團」(Electric Circus)的迪斯可舞廳,現在全改建成了公寓,以每月高於2000美元的租金出租。蘇富比(Sotheby's)不久前才以1400萬美元拍賣出一幅巴斯奎特1980年代的油畫。這些價格與該鄰里小心翼翼培養出來的純正感背道而馳。他們說披頭族(beatniks)和嬉皮士的東村已死,而該鄰里的深層文化特色,孕育藝術及抗議和異議文化的能力無以為繼。縉紳化剝奪了這些社會團體再生產在地文化所必需的低廉房租和社會空間。

不過,東村和其他城市的波希米亞鄰里最不尋常之處,在於它同時吸引了周圍的富人和窮人。阿斯特廣場便是如此,十九世紀中期,兩條大道及其代表的社會階級在這裡匯集並發生衝突。布羅和瓦列斯在他們的紐約市發展史《高譚市》中寫道,「西側是百老匯街,有零售商店、百貨公司、龐大旅館及時髦的遊行。東側是鮑爾利街,運動

102

員、花花公子、幫派分子和打火小子的大街。」這兩種「階級世界」肩並肩存在，彼此間只隔了幾條街，有錢人會到勞工階級酒館和窮人廝混，品嚐危險的滋味，窮人則活在恐懼中，害怕其他團體，或至少他們的代理人——房東和警察——會將他們踢出他們的地盤。[8]

今日，這些階級世界相互重疊。縉紳化——在棄址上重建——由百老匯街向鮑爾利街穩健地往東推移，再朝向字母城以字母命名的街道拓展，創造一種新的地方感，消蝕著這裡的抵抗文化。聳立在阿斯特廣場的豪華公寓大樓，大通銀行占據了整個一樓。往南走，到了鮑爾利街，一位高級法國廚師在此地開了一家小餐館，還玩笑似地沿用了CBGB俱樂部的舊標誌：DBGB，丹尼爾布盧漢堡（Daniel Boulud Good Burger）。向北去，接近第14街處，一棟26層的紐約大學宿舍矗立於天際線。一如阿斯特廣場上的三家星巴克，這些高檔場所正是過去三十年來逐漸蔓延至東村的各種變化最顯而易見的代表。

103   當1982年《蘇活新聞》（*SoHo News*）關門時，下城區——犯罪猖獗、住家稀少，幾乎找不到餐館——正要開始繁榮。

——〈下城女孩〉，《紐約客》，2007年9月24日

我自1970年代起就一直住在東村附近，我家就反映了該鄰里的新開端。我們周遭的舊工業建築物都逐漸改建，成為建築師、心理治療師和文學經紀人的辦公室，以及藝術家、作家、設計師和律師的寓

所，這些人都是新都市中產階級的一部分。當外子的家具設計和製造事業剛起步時，我們搬進其中一棟建築物的閣樓。雖然我們這棟小建築物中已住了幾位以居所兼工作室的房客，但主要仍屬於輕工業。

一對住在一樓的年長夫妻，婚後就一起製作男帽為生；另一間則是兩個生意夥伴，看起來就像雜耍喜劇一般古老，專門製作銷售員的手提箱；兩個年輕建築師開設的木製工藝公司租下了中間樓層；在我們下方的樓層中，一位絹印業者和兩名員工在此掛牌營業。一位藝術家以其中一間閣樓當做工作室，本人則住在上城。一名女攝影師住在另一間閣樓，一位和我們年紀相當的男士住在幾層樓以下，以製造高架床（loft bed）營生，當時算是一種新式家具。

短短五年內，那些以傳統方式製作傳統物件的老人，或是退休、或因房東將租金抬得太高而逐一搬離了那棟房屋。取而代之的是一批從事較具創意性職業的年輕住戶：一對平面藝術家夫妻，一名來自巴黎、從事皮草大衣設計的年輕女子，還有一位來自米蘭的商業攝影師，他住在這棟建築，另在蘇活區租了一間工作室。又過了幾年，房東把個別樓層出售給某些住戶和新來者，將這棟建築轉變成一棟持份公寓（co-op）。價錢雖不是太高，但我們必須自行投資，讓空房子可以住人。所以，我們安裝了熱水器，一週七天都得使用這棟樓的鍋爐而不是五天，還得換掉老舊漏水的窗戶。我們也刷洗磚牆，並整修木質地板，增加它們的光彩和色澤。你知道我的意思：閣樓生活（loft living）。

幾十年後，大多數閣樓都易主過幾次，售價也攀升到我們在1980年代無法想像的水準。我的新鄰居銷售金融投資商品和不動產、任職於音樂產業，以及開業做律師。有個鄰居擁有一家精品店，另一位則製作宣傳片，還有三個是室內設計師。

104

本人周遭鄰居的變化，固然可以讓讀者管窺近年來下曼哈頓的轉

變，但也可以看到東村如何保持過去和現在的契機形象。從附近一棟建築物紅磚牆上褪色的油漆記號，我仍能從「斗蓬世界」這幾個字中讀到東村的起源，像幽靈似的提醒我們，在我們到來之前，是哪些工廠在使用這些廠房。然而，在人行道上，我從坐在路邊咖啡座的大學生、縉紳者和嬉皮士，看到了這個區域的新開端。從起源到新開端的移動是分階段發生的，從1960和1970年代開始，工廠逐漸消失，迎合工廠勞工需求的工具店和餐館隨之凋零，銀行、律師事務所、藝術學校和大學不斷成長。這種轉變又因閣樓生活的新品味和媒體炒作而益加擴大。如同哈林和威廉斯堡，我們的鄰里被重新想像。它的純正性仍然反映地方特色，但「地方」的意義已然改變。

東村仍然享有一片沃爾瑪（Wal-Mart）荒原中的純正性綠洲形象，這讓住在這裡的成本更加昂貴。幾乎每一處廠房閣樓和無電梯公寓，都被改裝成豪華住宅。「枯萎荒蕪」，1950年代都市規劃官員輕蔑地認為，這是我們這類鄰里的最大問題，卻結出了時髦的果實。[9]

再發展始於1950年代，直抵華盛頓廣場公園以南。當時，羅伯特・摩西利用聯邦政府資金推動都市更新，拆除製造廠房，代之以紐約大學教職員宿舍。從那時起，紐約大學便一條街一條街地向北和往東擴張。湯普金斯廣場公園已由公園管理處和警方清理完成，並驅除了抗議群眾。酒吧戰勝了族裔雜貨店；租金高漲迫使舊租戶遷離。不動產市場有政府機構的各種行動撐腰：紐約警察局（NYPD）維持治安、城市規劃委員會變更土地分區管制、州酒類管理局核發賣酒執照。結果是東村生活比以前安全，也更有趣。不過，最重要的是，吸引如此多人來到這個鄰里的地方特色，得通過消費來體驗：吃和喝，最常見的是購物。

午後接近黃昏，位在東村這個老饕天堂的「桃福吧」（Momofuku Ssam Bar）還在悠 *105*
閒的自助服務狀態，等著雞尾酒群眾──外表和穿了耳洞、身上刺青的服務生難
以分辨──湧入。

──《紐約時報》，2007年5月18日

　　東9街上的商店──介於第一和第二大道之間──拾起1960年代的
鬆散生活方式，再製成一種低調的時髦。即使在這個高度商業化的地
區，這仍然是一條很獨特的街區。它和往南一個街區的聖馬克廣場（St.
Marks Place）──崇尚粗野、蹩腳貨、穿耳洞和刺青的青少年大本營──
形成對比，東9街上的店鋪以普通價格提供良好品質。幾家復古服飾
店和家具店、新娘禮服訂製店、一家專售手工木製玩具的店，以及幾
家設計新秀的精品店。這條街上的精品店吸引了二十至三十多歲的顧
客、大學生，以及尋找獨特物品的觀光客，像是舊眼鏡框、果醬罐和
發條鬧鐘；這些跳蚤市場常見的物品，卻是分眾市場中的精選商品。
東9街上的店鋪主人以他們自己的方式，販售消費文化的契機形象。他
們瞭解純正性的價值，這種純正性連結了1960年代反文化的自我覺察， *106*
以及今日消費者典型可見的「私人和個別生活風格的動態覺察」。他
們的店鋪反映了目前主宰東村的「階級世界」：既優雅又頹廢、既嬉
皮又雅痞、既獨特又多樣。[10]
　　東9街在幾個方面有其獨特之處。人行道上濃密的樹蔭，這在下曼
哈頓十分罕見。另外，這個街區包含為數驚人的店鋪，商店比建築物
還多，在35棟四至六層樓高的出租住宅和小公寓中，共開了46家獨立

店鋪。大多數店面位於一樓，但有些是在低於街道的地下室中，另外一些則是成雙成對分立於出入口兩邊。這些建築物不是你在格林威治村中心靠近第五大道處或哈林某些地區，或是公園丘可以看到的那種有著抬高門階的貴族式褐岩排屋，而是典型的下東區出租公寓。大部分是在1899和1900這兩年趕建出來的，因為當時負責建造那些出租住宅的小型開發商和承包商，聽說新法即將通過，將規定他們建造一種新類型的低租金公寓，每個房間都得透光和有新鮮空氣。當時，該鄰里的房客大多是東歐或南歐移民，這些人是製衣廠、小型金屬車間或食品店工人，或是街頭小販，他們的小公寓擠滿了家庭成員和借住者。廁所在走廊上，整層人共用，每間公寓的廚房內配有一只爪足浴缸，就在一進門處。有些公寓到了1970或1980年代，廚房裡還保留著這種浴缸，因為房東拒絕改善房租管制公寓。即使到了今日，有些建築物還是沒有電梯。

過去數十年來，東9街上的所有建築物都翻修過；有些地方已經現代化，門窗重新漆過。但那個街區仍有某種古早感，黑色鐵製太平梯高掛在建築物前方；通往大門的低矮、塌陷的門廊。大部分公寓的租金都受到紐約州法的「管制」或「穩定」規範。商業租賃雖不受管制，但東9街上的店鋪都太小，引不起連鎖業者的興趣。同樣的小店多年後似乎還在原地。你可以想像這樣的街道景觀，出現在巴黎或萊辛頓大道（Lexington Avenue）某些較不現代化的地段。低調、迷人，而且很時髦：它很**在地**（local）。[11]

這條街的最東端是房租最低的地段，幾家店面提供居民每日所需服務：烘焙店、洗衣店、修鞋、修錶服務，還有影印店、乾洗店，以及獸醫診所。有些店主說，烘焙店和修鞋店從1920年代起就在那兒了。街區的其他部分，街道兩旁佈滿了店鋪，由於面積很小、貨品經

過選擇，因此只能稱爲精品店。一如許多購物街，爲數最多的是女裝店，共有17家；包括天然纖維製基本休閒服飾設計師艾琳・費雪（Eileen Fisher），於1980年代開設的第一家店，那是她將公司擴大成爲全國連鎖店以前的事。另外還有五間店鋪出售設計小物及居家用品、四間家具行販售「半古董」桌椅、兩間家具修理店、兩間店鋪提供身體保養個人服務和產品、一家眼鏡店專門提供電影和百老匯表演用的特殊眼鏡、一間藝術畫廊，以及販售手工錢包、珠寶、兒童玩具、信差包、蠟燭和從事現代巫術的威卡巫師（Wiccans）用品（窗上招牌寫著「進來吧，這兒有你需要的符咒」）。不同於周邊那些餐廳和酒吧林立的大街，這條街上完全沒有酒吧，僅有的三家餐館也只賣啤酒和葡萄酒：狹小黑暗的「第九街市場」（Ninth Street Market）、「泥貨車」的室內咖

「純正的」東村：東9街上的商店。雪倫・朱津攝。

啡屋，以及「維席爾卡」（Veselka），後者是開設於1960年的「烏克蘭靈魂食物」餐廳。迥異於你在許多商業中心鄰里見到的，對於設計師品牌的渴望式購物，東9街提供的是動機式消費：無關社會地位，只涉及自我表達。[12]

　　豐富多元的購物選擇並未反映出廿世紀中期，移民人口老化、地主拒絕整修公寓、毒販稱霸街頭那幾十年的衰退和資本撤離情狀。喬（Joe）的家庭擁有且經營「維席爾卡」，他指出最糟的年頭是1960年代末期和1970年代：「街頭充斥著毒品和犯罪。街坊變得更危險。」他在1970年代來到東村，當時是大學生，在餐館找到一份工作，娶了老闆女兒，並於1988年搬到當地定居。但是當他搬進位於湯普金斯廣場公園的一間公寓時，他說：「那個公園是遊民聚集的場所，他們一直在那裡搭帳篷住。真是一團亂，也很危險──一個非常危險的地方。遊民一天24小時都在那兒紮營，晚上還升火取暖。那裡亂糟糟的，真的很亂。整個城市裡，沒有任何人有那種政治勇氣去清理一下。」就是這種情況導致柯希市長最後召來警力清空公園，這是都市中產階級在商業領袖支持下，斷然背離1960年代容忍異己的態度，打擊威脅公共秩序的行為的訊號。即使在東村，這種衝突對峙最終也成了一邊是「社區居民」，另一邊則是「無政府主義者、龐克族和遊民」。喬接著說：「鄰里內的人都無法使用公園。太危險、太髒亂了。」[13]

　　艾蓮娜（Eleanor）也記得，東村是個讓人受不了的地方，她於2001年在東9街開了一家服飾配件店。她在1980年代初剛搬到紐約市時，常和朋友到附近的酒吧。但是幾年後，她不願意接近「所有那些骯髒的小孩」。

　　拉娜（Lana）回想起，整個1970年代大部分店面都被成群年輕人當成公寓使用。拉娜是一名烏克蘭裔美國女士，一輩子住在東村，在那

條街上開了一家自己的復古服飾店。她店鋪的隔壁，「大約五十個無政府主義者」住在一間公社內。她記得，他們常常為了買毒品而敲破停放著的汽車玻璃窗，偷取汽車音響或任何能拿來賣錢的物品。她懷疑街區另一端的一家店面，是非法藥物製造中心。另一名店主認為，先前那家蠟燭店老闆還兼賣毒品。

但是長期的店東也說，「第一大道以西」這邊情況不同。喬說：「這個街區一直都很好，即使是70年代中期整個鄰里狀況不好，有一些街區很糟，有一些很差的地區，但這個街區即便不一定是最好的，也一直是鄰里中比較好的一個街區。」和其他種族鄰里一樣，東村也有一些老派黑幫分子看著當地居民。喬回憶說：「街道再往下些，有一家小小的黑手黨俱樂部，那些黑幫分子晚上都在那兒閒蕩。」他們「不會打擾」附近鄰居；「他們開開玩笑……像個『聰明傢伙』。他們不是問題，因為我們認識他們，也知道他們在哪裡。」拉娜記得，「每次有人找〔她〕麻煩時」，他們都願意幫她。另一名店東回憶到，他們也許是義大利人，又或者是「烏克蘭兄弟會」（Ukrainian Brotherhood），不管如何，重要的是他們守護著這個街區。

東9街還有另一個不同之處：它「廣受歡迎」，蘇莎娜（Susana）說，她是1962年起就一直住在街區內房租管制公寓的女銷售員。「這條街一直都很受大眾喜愛。人們會從阿斯特廣場地鐵站出來，走到這條街上。」事實上，從地下鐵出來的路徑，直接通往聖馬克廣場，但人們也可能是要到東9街。擁有一家居家用品店的葛蘭娜（Glenna）說：「這個街區一直都很時尚，這可以回溯到1950年代，甚至1940年代。它向來都是一條風格多元的街道，不拘一格。」

喬認為，這種在地的純正性意識源自東9街的商店歷史。他說：「這裡有很悠久的店鋪傳統，藝術家和工藝家的小店。1960和1970年

109

代，這條街上有好多從事手工藝的人。曾經有個人是製作西洋棋組的，每一組都不一樣。另一位開了一間皮革店，還有幾個女人設計和製作衣服。他們的小店鋪在前面，人住在後面⋯⋯這和現在沒有太大差別。」

雖然街區上的氣氛可能和今日類似，過去居民的社交方式則大爲不同。這一部分反映了戰後城中村的衰落。「以前住在這個鄰里的人沒那麼多。」喬回憶。如同其他城中村，當租戶搬到比較好的社區，而房東拒絕維護他們的建築物，甚至遺棄它們時，東村的居民便逐漸流失。自1980年起，居民人數增加了大約12%，但更重要的是，今日的居民中，年齡很大和很小者都變少了。喬說：「它曾經是個勞工階級鄰里，所以早上每個人都起床去上工。整個鄰里很安靜。往來車輛稀少，也沒什麼人⋯⋯然後，到了五、六點，所有人都回家了。活動頻繁起來，尤其是夏天，天氣好的時候。鄰居會各自搬張椅子，坐在屋外，相互聊天。孩子們在街上玩耍。沿著街往下走，有一家汽車修理間，他一定是在街上修著車⋯⋯這更像是街道上的社交場景。」──十分典型的城中村。

今日，這個街區的節奏是由商店而非家庭決定的。大多數店鋪在上午11點以後才開門，一直營業到晚上七點或八點，正當居民下班或放學回家，而來東村吃晚餐的遊客瀏覽著商店櫥窗時。餐廳讓這處街區日夜不斷地充滿活力。

喬認爲，1980年代初期，你可以感受到變化逐漸發生。他說：「社區人口變年輕，而且越來越受歡迎⋯⋯以前一間公寓可能住了一對夫妻，現在可能容納三到四名學生⋯⋯所以，住的人更加集中，年齡也變年輕。然後，慢慢地⋯⋯大事〔發生了〕，白天的鄰里多了好多人。」

　　喬強調，當時東村發生了兩項重大變化：勞工階級居民老去，以及藝術家和雅痞到來。拉娜談到紐約大學開始擴張，從華盛頓廣場延伸到該區。喬提到東村的藝廊。就像那位回想起自己整天流連藝廊的藝術家，他們也記得年輕人、學生和藝術家幾乎占據了該區數目不斷增加的咖啡屋。由於房租仍然低廉，所以儘管顧客只點一杯咖啡，坐上好幾個小時，許多咖啡屋仍然可以存活。

　　面對這些變化，維席爾卡餐館不但找到生路，甚至欣欣向榮。這間餐館的原本店東（喬的岳父），是在第二次世界大戰與家人一起逃離烏克蘭的移民。1950年代，他在第二街「小烏克蘭」中心開了一家糖果店和報攤，十年內，他的事業擴大到隔壁的午餐簡餐店。1970年，當附近著名的搖滾演奏音樂廳東費爾莫（Fillmore East）仍在營運時，他買下東9街靠近轉角的店面，擴大了用餐區。1992年，隨著烏克蘭移民人口縮減，而大學生和新畢業生人數增加，維席爾卡於是變更菜單，除了傳統牛肉或豬肉餡餃外，增加了以芝麻葉和山羊乳酪製成的波蘭餃子，另外在傳統烏克蘭燉肉外，也引進素食餐點。幾年後，這間餐館又設立了路邊咖啡座，那是縉紳化的明顯標記。

　　該街區的轉捩點是1980年代中期，就在東村的藝術場景開始褪色，但商業區仍然吸引許多媒體注意力之際。具有創造力的年輕居民遷入的同時，同樣創意無窮的零售企業家也在這裡開設復古家具店。這波開店潮流，最顛峰時共有多達八間家具店，為本街區創造了特色購物的名聲。接著，服飾店開始群聚於此。一位非裔美國爵士音樂家於1980年開了一家店，接著拉娜的復古服飾託賣店於1986年開張。費雪的店於1984年開幕。開始時，她和另一位商人共用一家店面；然後，隨著銷量增加，她搬到對街自己的店面。其他店主相信，該公司因為念舊而保有原來的店面，但生意真的不錯。就像葛蘭娜說的：「當它們

111

特價時，店門口都大排長龍。」

雖然商品各有不同特色，1980年代中期來到本街區的新店主，都有相同的現代審美觀。他們喜歡大片玻璃窗、內部燈光明亮、白色牆壁。就像蓋普（The Gap）積極提倡的那種店面設計，這些小店看起來十分現代。「以前，〔這些店〕看起來非常嬉皮，」拉娜回想起它們陰暗、臨時性的內部擺設，「但接著，就開了許多很漂亮的店。《紐約時報》開始寫〔這個街區〕，它的知名度大增。」

全國性和地方媒體已經報導過東村藝術家流星般的迅速成名。莫林・多德（Maureen Dowd）於1985年為《紐約時報雜誌》寫了一篇封面故事，談到該鄰里如何在媒體吹捧下，成為新波希米亞。[14]然而，那時流星已然隕落。許多藝術家死於吸毒過量或愛滋病，成功的存活者卻搬走了。藝廊和表演空間多數關門大吉。雖然非法毒品交易的威脅嚴重，許多街區賣淫情形猖獗，記者仍不時寫到從一片髒亂中冒出來的新店鋪和餐館。這些都成為「生活風格購物」新現象的一部分，一種將反文化渴求的純正性賣給下一代消費者的方式。

拉娜還記得「巴黎公寓」（The Paris Apartment）遷入她隔壁店面時的情景。店主將跳蚤市場貨品仔細修復、重新上漆，再當成獨一無二的巴洛克和裝飾藝術寶物出售。在店主寫的一本有關那家店的書中，她形容那是「遊客可以回到過去，沈浸在古董家具美麗與浪漫氣息中」的地方，「它的風格反映了某種設計影響……和個人品味的不尋常結合，是奢華的、俏皮的，而且全然原創的。」「巴黎公寓」一如其名稱的暗示，既在東村之中，又遠離此地，在破敗都市的自覺純正性與時髦消費文化中求取平衡。「與陰暗的鄰里形成強烈對比，」店主在目前的網站中回憶：「〔店裡〕擺滿法國家具和用品。」「巴黎公寓」吸引精於此道的購物者、室內設計師，以及生活風格新聞記者來

到東9街。該店鋪消失後（幾年後又出現在網路上），另一家同樣出售特殊居家用品的店取而代之。拉娜說：「貴婦都喜歡來這裡購物。」後來那家店也上了《紐約時報》，「讓它大出風頭」，而且搬到上城的萊辛頓大道去了。[15]

112

店主們指出，下一個轉捩點是1990年代中期。葛蘭娜說：「轉變發生在1996年，那是女裝業的開端。就在我開店的時候發生的……之前的店鋪非常不同。這家店原本是一家相機店。另一家以前是賣鋼琴的。還有一家是蠟店……巴黎公寓……海克斯……如今……服飾店越來越多。」

第三波店家在廿一世紀的頭幾年遷入。他們和購物者一樣，都是受到這個街區的美學獨特性名氣吸引。此時，東9街已不只是精品和設計師的培養皿，也代表了從廉價鄰里升級的階梯。「〔我搬來這裡〕是很合理的，」艾蓮娜談到自己從下東區工作室搬過來：「我先前甚至從沒考慮過東村。過去它還不夠高檔。」

雖然多年以來，商店類型的改變轉移了該街區的重心，但是產品卻越來越有特色。「這裡都是設計師，各有各的風格。」店主們說：「全是不同的風格。」就像費雪剛創業的時候，許多店主自己設計、甚至製作他們的服飾。「我有我自己的外觀，和其他人不同，」愛麗珊卓拉（Alexandra）說：「我有設計經驗。」一如另一家店的MySpace介紹詞強調的，在地設計、在地生產和在地特色之間，有某種延續不斷的連結：「我們的服飾很新潮。它們不言而喻……我們在NYC設計，製作自己的系列。我們的作品獨一無二，別處絕對找不到。」

和其他店主一樣，愛麗珊卓拉相信，每家店的獨家商品讓整個街區更富吸引力，也可以減少競爭。「每個人都有獨特的產品，所以不會是個問題。沒有人有我的東西，當然，因爲那是我設計的。」在

對街販售手工布料錢包的卡蘿（Carole）談到她的店鋪：「那絕對是一間『不一樣』的店。」復古眼鏡行老闆甘（Ken）說他獲得大量宣傳，「因爲〔他的店〕如此稀奇。沒人有這種東西……我們有1600年代的眼鏡！而且……還有誰會有50年代的皮革牛仔衫呢？」

不過，這還得要媒體來印證這個街區的**趣味**特質，提示某種發現感。甘說：「那是他們來的目的。」「他們認爲自己發現了某些東西，想要寫些報導。」這又進一步吸引了更多購物人潮。「《紐約時報》和旅遊指南都寫到這個街區，把它列爲購物好去處，」喬說：「所以，現在有很多人來自威切斯特郡。這裡成了一個終點站。」

根據設計和銷售晚禮服的瑪麗亞（Maria）說法，這條街吸引兩種不同類型的購物者，兩種人尋求的都是「全然東9街」的服裝。一種類型是「來自公園大道的年輕富家女」，拿著父親的信用卡：「有些來這兒的人很注重品牌，但在這兒品牌並不重要。有些物品我只做一件，他們喜歡這樣。他們愛的是在這兒買的東西很特殊，這跟有品牌的物品不同……而且她們的朋友不會知道那是打哪兒來的。」相較之下，另一種類型購物者，看著一位在前方店面工作的年輕設計師，希望以便宜價格買到訂製的婚紗禮服。瑪麗亞繼續說：「前一陣子有一天，有個女孩走進店裡，告訴我，她想要一件結婚禮服，我說好。她描述她希望的禮服——最好的材質……不過，她說最多只能付我600美元！我說我沒辦法做，她很訝異，我居然不願意接這筆生意。嗯，600美元或許夠買材料，但是訂製禮服牽涉大量作業。我必須關店好幾天〔來製作禮服〕。所以我說：『聽著，小姐，訂製禮服不是每個人都能買的，所以它才叫**訂製**。』」

有了這兩類購物者——年輕富家女和平價買手——這條街延續了該鄰里代表的兩種截然不同階級世界的歷史。然而，今日的東村並未

在「時尚」人士和「花花公子」及「黑幫分子」之間左右爲難，而是夾在想要體驗純正性，以及那些只想找便宜貨的顧客之間。兩種類型經常重疊，因爲東9街的價格比上城來得低。討價還價依然是地方特色的一部分。

房市則是一則全然不同的故事。目前一棟座落於東9街的六層樓無電梯出租建築，內含16間公寓和兩間店面，要價約650萬美元。由於租金管制的緣故，直到最近之前，這類建築物的買氣都不高。但是，如今由於許多長期房客已經過世或搬走，房東也想方設法逼走其他房客，以致許多房租已經「解除管制」或「去除穩定」。類似這樣的出租樓房正是投機客角逐較勁的戰場。

這棟樓的16間公寓中，只有三間仍受到租金管制，另有六間屬於租金穩定單位；其餘七間公寓的房租，業已不再受到規範。其中的差異十分驚人。雖然房租管制單位的月租不到200美元，去除穩定單位的租金則高出了十倍之多。無怪東村的階級世界業已傾斜而偏向縉紳化了。[16]

雖然如此，商店主堅持這個街區仍保有某種「純正的」東村氣氛。「過去就在這裡，」艾蓮娜比較東9街與下東區及蘇活的購物街時說：「我很喜歡它尚未完全升級，不像在蘇活。有些店已經在這裡長達20年了。」但既然艾蓮娜覺得東村已經高檔到讓她在2001年將店鋪遷來此處，該區必然已經在不同階級世界間，找到某種可以像阿斯立方體般略事停歇的平衡點。諷刺的是，正是那些住在房金管制和租金穩定公寓裡的長期租戶，創造了艾蓮娜藉以繁榮的社交性。她說：「另一件好事情是住在這條街上的人。我在裝修店面時，他們會進來自我介紹。從那時起，如果他們經過時，我正好抬頭看到，我們會相互打招呼。我們都很友善。」她特別享受另一位店東，一位在1980年開

114

店的音樂家，晚上在街上彈奏他的鍵盤。

艾蓮娜虧欠的是造反分子、藝術家和移民的波希米亞階級世界，這些人為了逃避迫害而來到此地，現在卻懼怕縉紳化。「我想這可能是因為東村的過去，」她說：「所有這些嬉皮文化、友善氣氛、開放性。我想這是一個非常穩固的鄰里，而我很喜歡這樣。不只是那些店鋪，還有整個鄰里。」

但是，艾蓮娜欣賞的這種舒適自在的社交性，以及滋養這種社交性的鄰里，因為租金上漲而備受威脅。鮑爾利街上的CBGB俱樂部租金，1973年時每月是600美元，到了2004年，已上漲到一萬九千美元；第二年，該場地的業主，一個幫助遊民的非營利組織，收回了該俱樂部，並再次調漲租金到每月六萬五千美元。聖馬克廣場上，1959年一樓店面每月租金是28美元；到了2005年，每月租金達一萬美元。東9街的租金比較低，那裡人潮流量較少，不過最近一次調漲租金幅度高達25%，已經迫使部分商店關門或遷離。[17]

如果租金持續上漲，則該鄰里的純正性將更加寄託於舊出租樓房的歷史外觀，而較少仰賴對立社會世界之間的歷史妥協。下層階級世界早已被迫向東撤退到D街，公共住宅社區所在地。幾乎所有東村裡的新事物——豪華公寓、精品旅館和餐館，當然還有位在區內北緣和南緣的兩家全食超市——都傾向於高檔消費。

索雷克斯（SOLEX），巴維洛集團（Bar Veloce Group）所有人腓特烈‧圖米（Frederick Twomey）及其合夥人查隆米喬（Christophe Chatron-Michaud）成立的法國酒吧，搭配麗思卡爾頓酒店（Ritz Carlton）點心師傅艾瑞克‧休伯特（Eric Hubert）的食物：第一大道103號（第6街）。

——《紐約時報》，2007年11月14日

　　東村成為一個目的地的時機，正與美國崛起——尤其是在紐約這種大城市——成為「美食國度」的時間不謀而合。1980年代以前，鮮少有紐約客知道廚師姓名，即使那些經常在高級餐館用膳的人也一樣；烹調仍然屬於勞工階級職業。但在1970年代期間，新一代年輕大學畢業生遊遍歐洲，學習如何欣賞新鮮食物和好酒，並決定將自己的品味推廣到全國。有些人成了餐館主廚，其他人決定著書立說，另有一部分人以有機種植或成立美食店鋪為志業。這些人從事的文化工作是利用在地食材，重建其他時間和地方的純正食物，並加以調整以符合當代品味；他們既是零售業、也是文化企業家。喬吉歐‧德魯卡（Giorgio DeLuca）是汀恩德魯卡（Dean and DeLuca）美食中心的創始人，該中心於1970年代初在蘇活成立，當時是一家小型進口乳酪店，他表示樂於扮演這樣的角色：「我嘗試介紹新事物。藝術家就是要引導人們認識他們自己無法看到的事物。」[18]

　　新商店和餐館誘使鄰近富裕鄰里和郊區的饕客，踏進下城那些看來對外來客封閉、甚至危險的地區，像是蘇活的工業閣樓和東村的毒品交易街道。他們並不是這些地區改變的唯一前哨站。但加上藝廊、

表演空間和住宅閣樓，新美食店呈現的下曼哈頓，是一個以新中產階級為對象的文化創新搖籃。像汀恩德魯卡這類商店，以及聯合廣場的綠色市集（Greenmarkets）*，吸引大批中產階級訪客和遊客，志在消費「純正的」食物，亦即歐洲乳酪和現摘蔬果，以及「純正的」城市：老式磚造建築、鵝卵石街道，以及歡樂的人群。這種純正食物和地方的美學吸引力，獲得建築師和規劃者共鳴，著手思考如何重新開發內城的荒地。[19]

位於西雅圖水岸地區的派克市場（Pike Place），是以食物做為再發展基石的有力見證。一如許多市中心的公共露天食物市場，派克市場早在1900年代初便已設置，但是在1950和1960年代期間，許多購物者離棄市中心，轉往郊區購物中心，或選擇較現代化且衛生的超市，這座市場因而廢棄不用。這個地區成了棄置的危險地帶，很像1950年代時的聖馬克廣場、1960年代的蘇活，以及1970年代的聯合廣場。不過，派克市場自有一批當地擁護者。他們堅持拯救市場，就等於「拯救一種生活方式，尤其是給在地農戶一個立足之地」，於是他們在1971年說服了西雅圖選民，通過復興派克市場的公民投票案。派克市場成為西雅圖尊重純正性的標記，它除了提供購買當地生產的農產品和新鮮現捕漁貨的機會，也是一種生動有趣的觀光吸引力。當然，這個地點後來也被西雅圖最成功的連鎖企業星巴克看上。[20]

如同西雅圖，1970年代紐約老舊鄰里的衰落與破壞，也激勵眾多男女老少發起運動，致力保存「純正的」城市。歷史保存運動者（其中許多人受到珍·雅各的著作啟發）最近才成功說服市政府成立地標

---

* 譯註：綠色市集成立於 1976 年，宗旨有二：讓小型家庭農場直接銷售他們的農產品給消費者以振興區域農業，以及確保紐約客能取得當地供應的新鮮營養食材。

保存委員會（Landmarks Preservation Commission），新法也嚴格限制破壞那些能代表城市過往歷史的老建築。但是，不同於西雅圖，大眾對於復興紐約的舊公共市場興趣不高。世貿中心位址上的果菜批發市場於1960年代遷至布朗克斯，大蕭條期間由市長費歐雷羅・拉瓜地亞（Fiorello LaGuardia）建於勞工階級鄰里內，從下東區延伸至東哈林區的室內零售市場，多數已形同廢棄。就像市府興建的公共浴室，隨著每戶公寓自設浴缸而逐漸式微，公共市場也因超市和郊區購物中心興起而不斷流失顧客。然後，1970年代，支持當地農業的行動分子遊說紐約市政府，要求協助建立一種新型市場，可以帶給城市消費者「真正食物」的戶外農夫市場。他們相信，這種市場也可以帶給紐約「歐洲式『村落廣場』市場的社會性便利設施」。[21]

　　對這種便利設施而言，聯合廣場公園（Union Square Park）是個好壞兼具的地點。這處公園廣場位於東村北緣，有許多公車和地鐵路線經過，屬於市府財產，發展戶外市場不需要投入太多額外資金。地方企業如聯合愛迪生（Consolidated Edison）和衛戍保險公司（Guardian Insurance Company），以及私立的新學院大學（New School University）則擔心該區名聲日益下降，因此對任何有助於改善現況的方案都表示歡迎，並於不久後成立了商業促進區聯合廣場。但是，即使是在週六上午，農夫或購物者是否願意來這樣一個危險地點，誰都沒把握。第一個綠色市集當時已經在上城營業，生意興隆，農夫羅恩・賓納奇（Ron Binaghi）回憶起：「父親說〔他〕可以保留任何在聯合廣場賺到的錢。」他開懷大笑，因為他知道這樁交易他穩贏不輸。

　　今日，聯合廣場農夫市場是本市廣泛的綠色市集組織的旗艦，全市各處50多個農夫市場中規模最大的。70位農夫、麵包師、乳酪業者、養蜂人和葡萄酒莊主人，每週有四天在聯合廣場兜售自製產品。綠色

市集是在地產銷（locavore）食物文化的熱點；這裡出售的每樣物品，都必須是大紐約區種植、養殖或加工製成的，這個地區由北佛蒙特延伸至南紐澤西，包含紐約州北部和中部。有些農夫得在零晨一點將貨品裝上大貨車，拂曉時抵達聯合廣場，開了長達六小時的車程，將蘋果或家禽運到綠色市集。他們擺好攤子，站上一整天，回答採買者的問題和評論，深夜才能回到家。

我經常在綠色市集購物，情況許可時，一週多達三天。第一次是被一位對蕃茄讚不絕口的朋友拉來的，很快地，我就靠這裡來補充夏天大部分食材，而這也是我的公共生活所在。在那裡購物的人和出售食品的農夫既非鄰居，也不是陌生人。但那個市場提供我一種地方純正性的感受，一種住在自己鄰里和大地上的在地生活感。好多年來，我每週都會看到幾位農夫，大部分是在星期六上午，我們總會互相問好，也會閒聊幾句。不是很嚴肅的談話，卻是我地方社交生活中很重要的一部分，這也賦予東村另外一層地方特色。

然而，如同許多地方，這裡近年來也已經全球化了。綠色市集引以自豪的是能協助維持小型區域性家庭農場，提供他們直接面對顧客的機會。現在已經是廿一世紀，幾世紀前從荷蘭、英格蘭或德國移民至哈德遜河谷（Hudson Valley）或紐澤西中部，一直持續務農至今的農家已所剩無幾。史托克斯農莊（Stokes Farm）是個例外，如同其白色貨車上所漆的「自1873年起」，賓納奇是第五代農民。除了賓納奇家外，當地農家還包括一戶台灣家庭，販售自種的長豇豆和白菜，以及一位紐澤西農人，他栽植一種日本南瓜和一些罕見品種的美洲番茄。伊莉莎白・萊恩（Elizabeth Ryan）成長於愛荷華州農家，是微風丘果園（Breezy Hill Orchards）的主人，她僱用移民至哈德遜河谷的中美洲人在農場工作，也前往市場販售蘋果和果汁。其他農場則僱用西藏人來照顧攤位。[22]

118

　　除了誰在市集中扮演地方農夫角色這種變化外，農場經營實務也
有了改變。小型家庭式農場原本從事大批量生產，仰賴中間商配銷產
品和決定價格，現在則轉做零售交易，有些也轉而爲分眾市場從事小
批量生產，販售異國香草和放養雞給餐廳廚師。他們相互學習，隨著
客戶偏好調整，也藉由媒體上美食與時尚作家介紹的最新趨勢來不斷
改進。通過這一切相互交流，許多今日在綠色市集上看得到的產品，
已經不是傳統本地產品，而是文化混合物。當然，這裡有成噸的蘋
果和黃色洋蔥，也有紅色長形的特羅貝亞（Tropea）洋蔥、野生芝麻菜
（arugula）和托斯卡甘藍（Tuscan kale），都是以來自義大利的種籽在本地
栽種而成。台灣農家在綠色市集販賣自製泡菜，紐澤西酪農場的美國
場主，則在法國學會製作羊奶乳酪。

　　紐約市的綠色市集體系與其他大部分農夫市集不同，它規定裡頭
販售的所有產品必須是在地生產的。雖然這項規定是爲了要保護區域
性的可持續農業，市場的地方「品牌」也讓此處的純正性名聲更爲穩
固。但是，這項規定實行起來有問題，因爲決定什麼是明確的、純正
的「在地」並不容易。想像當柯芝農場（Coach Farms），一家位於哈德遜
河谷生產山羊乳酪的小型家庭式酪農場，出售了它的乳酪製造部門，
但保留上千隻山羊群，而其生產的羊奶是乳酪原料時，一場辯論隨之
爆發。因爲根據綠色市集的嚴格規定，**在地**是指賣主必須從頭至尾自
行製造產品，因此乳酪製造部門的新業主無法獲得市集販售許可。專
家說，柯芝農場的乳酪很**新鮮**，因爲它是由路程只有兩小時的農場
內的山羊奶製成；你知道它從哪裡來，「它就在沿著路往下，河的那
一頭。」但是根據綠色市集的規定，由於製作乳酪的酪農並不擁有山
羊，因此這些乳酪不算**在地**產品，無法在聯合廣場販售。這種定義上

119

的塔木德式（Talmudic）爭辯*不僅是一種浪漫化的描寫，還是對於「在地」生產的盲目崇拜——就像站在我旁邊的男人，等著購買卡茲奇（Catskills）的養殖鱒魚，他打算將魚放在公事包中，搭PATH火車到紐澤西，再開兩個小時的車回家。[23]

綠色市集官方的重點在於保存當地農業，相較之下，購物者珍視的是食物品質和購物經驗。初秋某個星期五的午餐時段，我訪問了18位聯合廣場購物者，問他們最喜歡農夫市集的哪一點。有一半人說「食物品質」或「東西很好」。有四個人提到新鮮蔬果。一位單獨採買的50多歲男士說：「星期三，有一攤魚販賣最新鮮的魚。」一名30多歲的拉丁裔女士說：「我從布朗克斯來。那裡的市場跟這兒沒法比。農夫販售的食物樣式沒有這裡多。」其他購物者談到社會經驗的「純正性」。「我喜歡社區的整體感覺，」一位溜著狗的50多歲婦女說：「還有聯合廣場，看看周圍——大概有上萬名抗議群眾——人們聚在一起。」那位喜歡新鮮漁貨的男士說：「如此景象，你可以放輕鬆，享受城市生活的盛會！」

綠色市集究竟有何**在地**之處？這並不是說，我們會在東村街頭採摘秋葵。許多賣東西給我們的人及部分農夫，是來自世界其他地區的移民。你看到的也不像是珍·雅各所形容的，店員、家庭主婦和過路人之間親切互賴譜出的街頭芭蕾。你在綠色市集感受的是真正的社交性，它因個人互動而起，因產品和出處而獲得認同，再經過習慣的磨礪。它在某種程度上為這個社區創造了某種起源故事。它也讓人想起訪客和遊客在普羅旺斯和托斯卡尼，拜訪每週一次食物市集時，信以

_120_

---

* 譯註：《塔木德經》（*Talmud*）是猶太法典，這裡是指猶太教對於合乎教義的飲食的繁瑣規範。

爲「天然」的那種地方純正性感覺。但是，誠如綠色市集，那種純正性是精心製造的社會建構。

　　法國人類學家米歇爾・德拉・帕迪拉（Michèle de la Pradelle）以多年時間仔細觀察了卡本特拉斯（Carpentras）的週五市集，一個自古以來即十分聞名的普羅旺斯城鎮。她注意到那種節慶的氣息、購物者和攤販之間相互打趣開玩笑、新鮮的物產、以粉筆標示的產品來源地和價格。攤販扮演地方農夫角色，提供購買人純正性經驗。他們穿著藍色農民工作服、口中混雜著標準法文和本地方言，拍胸脯保證攤位上草莓、四季豆或瓜果的品質。但這些都是表演，因爲這些攤販賣的並不是自己種植的農產品。購物者也盡職地配合著攤販的展演。他們急切地詢問，要攤販保證他的桃子是歷年來最好的一批；指名要肉販**自製的**肉醬（pâté）；挑選還帶有泥土痕跡的紅蘿蔔。事實上，德拉・帕迪拉發現，卡本特拉斯販賣的「在地」產物是透過全國性的食物集中運銷系統，經由附近的批發市場運送到這裡的攤位。不過，不管購物者還是攤販，都假裝那些產品是本地生產，並且由種植它們的農民銷售，藉以賦予整個社交盛會，甚至整個城鎮一種純正**感受**。他們共謀建構地方特色的表象和氣氛，以便自己**體驗**純正性。[24]

　　或許，這和我們在綠色市集體驗的純正性並無太大不同。在農夫市集購物，讓我們對鄰里有種歸屬感，這種情感又因我們消費本地產品的美感特質而更加深厚。我們知道綠色市集的「在地」確實是指遠至紐約州北部或紐澤西，而我們與那些農民的互賴關係，僅止於某種經濟交易，以及很簡短的社交談話。若說市集日讓卡本特拉斯成爲普羅旺斯純正經驗的代表，綠色市集則讓紐約市掛上「綠色」城市的標誌，賦予聯合廣場適合居住的形象，也使東村成爲在地消費最佳去處和在地生活的品牌。一種在地特色的純正**體驗**，變成了地方**品牌**。

ℒ

> 不同於1980年代住在東村的許多紐約客,納瑟希安先生(Mr. Nersesian)似乎帶著
> 鍾愛的心情,記得那個粗獷且往往危險時代中的各種細節。即使是描述東12街上
> 從未間斷的娼妓,或是湯普金斯廣場公園內遊民升起的篝火時,他的聲音中總是
> 有一絲明顯的溫柔。
>
> ——《紐約時報》,2008年9月14日

　　一如哈林和威廉斯堡,東村已經由新品味和生活風格重新塑造
過了,這種新品味和風格仰賴人群、產品和資金的不斷交換。但是,
該鄰里的特色看似越「在地」,它就越吸引媒體眼光;媒體越關注,
它變成文化「終點」的風險就越高:地方特色會越來越昂貴,屈服於
標準化,最後消失。東村的抗議和鬥爭史、不符時尚的優勢和粗糙的
知性魅力,已然因過多的網路知名度、太多連鎖企業分店,以及種族
多元的社會弱勢人口升級太快而淹沒。我不會為舊日毒販和犯罪活動
的消失哀悼,但我確實痛恨星巴克代表的一切,包括讓鮑爾利街閃閃
發亮、昂貴無比的高層旅館和餐館,以及使房租飆升的不動產投機炒
作。我哀悼的是地方對抗富貴權勢的鬥爭已然結束,而那正是東村搏
得純正性名聲的根源。

　　當然,我也是許多變化的受益者。就像我們在導論中打過照面的
倫敦小說家昆茲魯說的:「我就喜歡來片美味的瑞克蕾起士。」推動
我們這兩個鄰里升級的市場力量巨輪,正是由我們自身的品味來潤滑
的——對進口乳酪、酷炫精品,以及本地生產蕃茄的喜好。不誇張地
說,不管在東村,還是倫敦東區,我們都是在消費當地。[25]

　　自1970年代起，消費文化的改變已經讓那些和我們類似的鄰里更令人嚮往。人們來到這裡，是因爲他們想體驗歷史「純正性」，而這些鄰里提供了成套地方和產品，方便他們達到目的。訪客和居民光臨東村，在獨具特色的復古服飾店購物，吸取激進、知性與藝術性往事的氣息。這種生活風格通常會吸引那些文化資本多於金融資本，且無法負擔高額租金的男女。但他們的支付能力又高過長期居民。只要能以某種方法和主流經濟的成長部門搭上線——當個自由作家、取得紐約大學的教職，或是成爲投資銀行顧問——他們就願意、也有能力爲東村代表的歷史性消費支付更高金額。長期以來，鄰里因爲出租公寓、店面，以及危險、廢墟般的街道，給人一種城市不均衡發展有如鋸齒邊緣般的鮮明形象。今日，它是另一縉紳化場所。

　　像哈林、威廉斯堡和東村這類鄰里，以其與空間、時間和尺度周旋的方式，挑戰現代主義和再發展的均質化力量。由於它們保存了各種不同街景，加上租金有高有低的新舊建築，它們將如珍・雅各所說的，吸引不同的用途和不同類型的人。但這些奇特空間所能提供的不僅止於此，還有一些雅各未曾寫到的東西。它們提供的是一種同時生活在過去與當下，同時活在貧窮與特權階級世界的契機意象。但是，一如阿斯特立方體，東村一直在起源和新開端之間的那個點上搖晃不定。酷炫精品和農夫市場讓我們確信，在地生活有助於維持平衡，但是隨著土地價格不斷攀升，加上我們強烈的消費欲望，我們正將這個鄰里推向絕境。

　　威廉斯堡、哈林和東村並非典型的鄰里。它們各有獨特的歷史和人口，使其得以在近期的高檔成長下，維持過高的「純正性」名聲。當我們轉向街道、社區農園和公園等共同空間時，發現了不同的狀況：近期的改變加強而非減弱了純正性經驗。若考量其中許多變化是

將城市公共空間「私人化」，將公共資源的控制權交付給私人、非營
利團體和商業活動，這項發現確實令人意外。對我而言，這種看法的
改變頗為可疑，與我對私人化的觀感相互抵觸，尤其當我審視位於東
村北邊第14街上的聯合廣場公園時，更是如此。

共同空間

聯合廣場與公共空間的弔詭

我們不斷嘗試吸引特定人口：從《紐約》雜誌認識紐約……收看《六人行》
（*Friends*）影集的年輕多金消費者。我們可以訓練這些年輕消費者想像在聯合廣場
的都市生活。

——聯合廣場夥伴關係發言人，2006年

　　七月初，工作日下午六點鐘，是聯合廣場最活躍的時刻。聯合
廣場中央橢圓形小公園，若隱若現位於四條寬闊街道中間的三英畝綠
地，伴隨著音樂和談話，人聲鼎沸，加上四面八方車輛持續低沉的嗡
嗡作響而隱隱震動。你看見公園北邊小型遊樂場上，小孩在家長看管
下盪著鞦韆；公園南端是通往公園主要入口的寬淺石階，你從一群兜
著石階圈子轉的幾百名年輕男女當中，仔細挑選你的路徑。觀光客隨
意翻看T恤和藝品攤，其他顧客則在回家途中到綠色市集一趟，人群
裡，每五個就有一個人在通電話或閱讀手機簡訊。人群偏年輕，多半
在25歲以下，他們的臉孔膚色以白色為主，也有黑色和棕色，還帶點
棕褐色，你聽見有個女孩用日語講手機，問道：「你在哪？你在前面
嗎？」地鐵入口處旁，隻身一名政治示威者，使用可攜式大聲公發表
反對美國總統的言論；附近，騎在馬背上的華盛頓雕像底下，兩名同
樣騎在馬背上的紐約市警察，中斷他們的傍晚巡邏，同一名身穿亮紅
色制服的公園清潔員，和一名穿著海軍褲和軍帽的私人保全閒聊。

許多人坐在樹蔭底下的綠色木製長椅上，你很難找到兩個相連的座位。佔用座位的人，多半在觀看路人散步；有人用耳機聽隨身聽，有人看書，少數一兩個人打盹。飼主在一旁說說笑笑，寵物則在裝設圍欄的狗樂園裡雀躍不已。年輕樂手三重奏坐在公園中央長椅上，為非正式的戶外預演架設一只大提琴和兩把小提琴。雖然你看他們奮力擦弓演奏，但你無法在區區20呎外聽見音樂。

這是聯合廣場的尋常傍晚，但你在此稀鬆平常之處，發現城市生活的所有迷人魅力。不同於珍・雅各的人行道芭蕾，參與者不識對方姓名，也沒見過彼此，他們之間只有有限的互動。不過，不同於喬治・齊末爾（Georg Simmel）對現代大都會的經典描述，他們並不那麼匆忙而錯過彼此，也沒那麼專注自身事務而缺乏連結感。你喜歡將聯合廣場設想成充滿可能性的無止盡拱廊，反映且提煉了城市居民塑造他們自己的、自發性社會空間的創造力。它是純正的公共廣場，不是用來沉思自然的地方，而是提供會面、交易，以及獲知社會生活消息的市集。不過，這種高度面對面的社交性隱瞞了一種弔詭，因為聯合廣場的公共空間是由鄰里內最大地主的私人集團掌控。

聯合廣場是典型的市中心公共空間，1980年代以來，即由當地企業及富裕贊助者組成的私人協會掌管，他們從公共空間改造及其文明教養（civility）的回復中，獲取既得利益。在紐約市，某些規模最大、最舉足輕重的這類型協會蓬勃發展，有好幾種不同的協會形式，依其管理的空間類型而定，包括商業促進區、地區開發公司（LDC）和公園管理委員會。聯合廣場夥伴關係（Union Square Partnership），是1980年代早期紐約州設立的第一個商業促進區，既是商業促進區，也是地區開發公司；無論是哪個名稱，都是商業地主的私人組織，執行資助、維護及管理公共空間的公共職能。[1]

夏季傍晚的聯合廣場公園：主要出入口，華盛頓雕像在背景右側。雪倫‧朱津攝。

　　當時市政府預算正在搶資金，而城市居民厭惡且害怕他們步出前門見到的垃圾、異味、乞討和其他滋擾，於是，所有這些組織的目的，都在於保持購物街、商業區和公園既清潔又安全。為了支付這項計畫的開銷，商業促進區成員同意根據他們應繳給市府的地方房地產稅，自行估定一個額外納稅的比例；市政府則徵收這個自行估定的稅額，加上其他地方稅，退還給商業促進區。最重要的一點是，而且這點很少被提起，這些協會致力提高公共空間內部及周邊的地產價值，但要是遊民睡在公園長椅，搶匪威脅顧客，牆壁和燈柱佈滿塗鴉，而市府沒能提供都市公眾，包括租用商業房地產的企業所仰仗的街道清潔、垃圾收集與治安維持等基本服務，那麼這些好處也只是奢望。聯

合廣場的活力確實是個徵兆，象徵市政府被大眾的期望擊敗了。在這場勝利中，公眾既能使用乾淨、安全的空間，卻也喪失了對它的掌控。[2]

　　大多數聯合廣場的使用者，可不這麼看待這個場所。他們喜歡這種公共空間提供的安全感和秩序感，這是聯合廣場夥伴關係聘雇私人保全和清潔人員的結果。為此，夥伴關係成員不僅向他們自己課稅，還將公園空間租給舉辦戶外產品展示、攝影與節慶活動的私人推銷商，以便增加收入。這些企業收入來源，加上仍然擁有該地的市府公園處（Parks Department）分配的預算，支應了春天的花卉種植、草坪補植、當地餐廳廚師準備的食物品嚐會、由地方樂團表演的音樂會，以及公共藝術設置等費用，這一切都令公園的使用經驗更為宜人，也擴大了公園的使用群體。許多人來到聯合廣場，為的是到一週營業四天的綠色市集購物。聯合廣場夥伴關係不是吸引人潮的創始者，儘管如此，商業促進區與農夫市集自1970年代中期起各自獨立運作以來，卻從這股生產性綜效中獲益良多。商業促進區管理的其他菁英公園，例如布萊安特公園（Bryant Park）和麥迪遜廣場（Madison Square），提供多少有點不同的便利設施，但它們全都致力於使其管理的地方成為人們前往的終點（destination）。此外，這些私人組織都有相同的經營規則，即私人管理、公共所有權，以及公眾近用。

　　這些規則倒底是什麼？批評家認為，私人管理的概念本身就違反了公眾信賴；私人組織對公共空間的嚴屬控制，遠甚於政府膽敢實施的程度；而且這些控制策略排除了沒有其他地方可去的社會群體——通常是遊民、推車攤販、街頭藝人和年輕人。被排除在公共空間之外，幾乎意味了驅逐出境，具體而暴力地展現出通常是**私有**財產才會有的財產權。也就是說，私有化的公共空間有可能強化社會不平等。

某些社會群體被排除在公共空間之外，削弱了界定都市生活的經驗與
接觸的多樣性。這使得市中心更像是當代首屈一指的私有公共空間
——郊區購物商場：乾淨、安全、可以預期。[3]

　　這麼看來，私有化的控制似乎會減少公共空間的傳統純正性，
而公共空間的起源不在於現代購物中心，而是古雅典廣場和古羅馬廣
場，這是許多不同男女因政治和商業需要而聚集的地方。那些古代城
市拒絕承認女人和奴隸的公民身分，將他們排除在有意義的政治參與
之外。但它們仍然帶給我們公共空間的理想，相對於古人的澡堂或宴
會廳，這種公共空間向所有人開放，因此頗具民主精神。在現代，政
治民主觀念之所以確實可行，很大程度是因爲公共空間逐漸向每個人
開放。十八世紀法國大革命抹除社會階級差別以前，巴黎市中心的皇
宮（Palais Royal）市場，使得男人和女人、貴族和平民、正派人士與罪犯
得以混雜一處，這是他們不可能在私人空間中辦到的。十九世紀，在
所有群體都獲得投票權之前，倫敦及紐約的公共圖書館、博物館和公
園，已使得城市文化財可以供所有人自由取用。雖然有錢人往往將這
些都市公共空間視爲提升較低階級的心靈與行爲的工具，而不是設計
以滿足每個人的需求，但開放使用的理想確認了這些空間是「如假包
換」屬於公眾的，而且有助於定義何謂現代公眾。公園、博物館和圖
書館打破了傳統壁壘，使得女人、窮人和小孩得以跟每個人一樣，在
同一個公共空間裡佔有一席之地。[4]

　　這個例子裡的「純正性」意指民主，這在政治和實質空間中，往
往可能是大聲喧嘩、恣意妄爲且無法預料的。而且還很危險：容許眾
多陌生人或不同群體成員得以龍蛇雜處，會引起危險的憂慮。雖然近
來犯罪減少，降低了人們在公共空間中遭受身體傷害的恐懼，但許多
人仍對蒙受他們無能爲力的力量侵擾深懷恐懼，像是吐痰、乞討、喝

酒,以及在公共場所睡覺,都讓人感到難受,有如道德敗壞的爆發,是朝向混亂淪落的第一步。如同破窗(broken window)或地鐵逃票者,專家相信,如果任其發展,它們就會導致暴力犯罪,這些「令人不悅的討人厭遭遇」,是社會秩序岌岌可危的徵兆。這可是比珍・雅各在稱讚零售店東和家庭主婦以其「關注街頭之眼」(eyes on the street)強化了人行道安全時,所描繪的都市生活景象還陰鬱多了。[5]

130

公共空間中令人不悅的行為,向來是許多時代和地方都市復興的道德禍害,1970年代以降的紐約,無疑正是如此。時報廣場上的乞討和賣淫,聯合廣場公園裡的毒販,還有鄰里公園裡的惡意破壞公物,真是罄竹難書:這些行為提供了兩個明顯可見的跡象,顯示出一個更加縱容而麻痺的社會,以及普遍脫離了工作倫理和國家權力的雙重規訓。它們也透露了每況愈下的城市或鄰里,那裡的男女無法在主流經濟裡找到好工作,業主不能或不願維修樓房,企業則是捲起舖蓋走人。一開始是廢棄城市的「形象危機」,隨後一方面導致中產階級對都市生活品質深感憤怒,另一方面令生意人對投資環境感到焦慮。這種憤怒和焦慮,正是當今私有化時代的文化根源。[6]

只有將公園和公園周邊街道,與政府資源捉襟見肘時提出的私有

131

化經濟主張聯繫起來,你才能理解聯合廣場的純正性鬥爭。不過,你還得從擔憂城市失控的普遍焦慮角度,來檢視這場鬥爭的文化根源。你必須將聯合廣場放在它與下述各項的關係裡來看待:它自身的政治表達與房地產開發的矛盾歷史、它周遭更迭變動的鄰里、商業促進區管理的其他菁英公園,以及文明教養的商業空間如星巴克。

話雖如此,最重要的是,你必須將聯合廣場理解成一個活生生的對比,相對於曼哈頓下城最耀眼、但截然不同的公共空間:世界貿易中心位址。如果儘管有私有化,聯合廣場還是當今紐約市最「純正

維持聯合廣場公園秩序：主要出入口，面向第 14 街。雪倫‧朱津攝。

的」公共空間，那是因為2001年9月11日的雙子星大樓攻擊。雅各有
關純正公共空間的立論，立足於互動行為的微觀社會規則——街道芭
蕾。但是在更寬廣架構中檢視聯合廣場，卻顯示它的純正性也反映了
其他治理層級，從政治控制與資本投資的社會規範，到公民身分與國
族認同的後設社會規範。一座公園遠非只是綠色空間和木製長椅。公
園的「純正性」經驗，是在地文化和國家權力生產出來的。

ぞ

甜蜜14街：我們在打造城裡最生機勃發的街道！

——第14街–聯合廣場地區開發公司宣傳口號，1970年代末

聯合廣場與政治示威有很深厚的歷史淵源，以致許多人認爲聯合廣場之名，指的是工會或其他有組織的團結形式。*雖然原本強大的製衣工會、美國的社會主義與共產主義政黨、紐約市民主黨機器坦慕尼廳（Tammany Hall），在廿世紀都將總部設址於聯合廣場附近，但事實上這個名稱反映的是十九世紀初期以來，公園設址於兩條主要幹道交會處，即日後的百老匯和第四大道。1831年，紐約州議會將聯合廣場指定爲公共場所，建議在那個提供家屬買不起小塊私人墓地的死者葬身之所，即先前的公共墓地位址，規劃更宏偉的遠景。約莫同時，名喚山謬・鮑克利・羅格斯（Samuel Bulkley Ruggles）的富裕律師暨房地產開發商，購買了該地區的土地租賃權，並說服市政府建造廣場周邊的街道，圍住廣場，再從州政府手中取得做爲公園用地的廣場。羅格斯與市政府的契約是今日公私合夥的先驅，契約要求他出資建造公園旁新街道的路緣及人行道——並允許他從抬高的地產價值中收穫最終利潤。[7]

1830年代末公園開幕時，周邊鄰里是高檔住宅區，有著漂亮的園藝造景、裝飾噴泉和鐵柵欄的公園設計，模仿倫敦優雅的私人廣場。然而，紐約市的商業中心穩定地向北遷移，也促使上層階級遷居；公

132

---

* 譯註：這裡是指聯合廣場的聯合（union）一詞，是西方用以指稱「工會」（trade union）的相同用詞，所以會有這種聯想。

園南端第14街的豪宅，一個世代內就被戲院、餐廳、音樂廳和旅館取代，聯合廣場則成了通俗的娛樂區。如同廿世紀跑馬燈（Motogram）新聞顯示與大型霓虹燈的年代裡，時報廣場充當了市中心公共空間，聯合廣場是更早期新聞小報和電報還是新媒體的年代中，主要的群眾與資訊聚集地。

　　1850年代期間，抗議者在聯合廣場集會，聲援各種理念：歐洲政治基進派、免費發放食物給窮人，以及值得注意的是，保留聯邦（the Union）以對抗南方各州脫離聯邦的威脅。內戰爆發的電報新聞，迅速促使聯合廣場成為全國矚目的焦點。1861年，當紐約人聽聞南軍進攻薩姆特堡（Fort Sumter），十萬多名示威者在廣場聚集聲援聯邦。接下來四年期間，廣場仍是愛國遊行與集會的主要場所，包括一場向林肯總統葬禮隊伍致敬的集會，時值總統在華府遭暗殺後，將遺體運往紐約。公園裡幾尊雕像紀念著國家元首及英雄：首先是華盛頓，然後是內戰後為強化國家認同而奮戰的林肯與拉法葉侯爵（the Marquis de Lafayette），後者專程從法國前來，為美國獨立革命效命。抗議示威遊行持續在廣場上集結，尤其是1873年經濟危機期間。市府新設的公園處聘請規劃中央公園的建築師，翻新聯合廣場的設計；他們移除柵欄、種植樹木、在北端打造一座有講台和觀禮台的小操場，「以符合群眾集會的公眾要求。」1910年市政改革的新時代裡，市府公園處處長宣佈，他會將聯合廣場北端獻給「露天人民論壇」。[8]

　　果不其然，聯合廣場的群眾集會吸引了城裡成千上萬名新工廠工人，當中許多是義大利人、俄國人、猶太人和東歐移民。雖然刻意和社會主義者主導的，移民勞工從歐洲引進的五一慶祝活動（May Day celebrations）抗衡，1882年9月全國第一次勞動節遊行（Labor Day parade）還是在此地舉行。不出幾年，這個慶祝活動的日期，演變成聯合廣場

使用爭執的來源。國際社會主義者籲求發動一場將每日工時減至八小時的遊行，號召工人於1889年五月一日來到公園，此後社會主義和共產主義政黨，連同工會和無政府主義者，都在這裡舉行年度五一勞動節集會。即使後來美國政府堅決將官方的勞動節訂於九月第一個星期一，工人還是繼續在五月一日到聯合廣場遊行。然而，數年後，正值美國投身反共迫害的冷戰期間，某地方商業群體向紐約市警察局成功施壓，拒絕社會主義及共產主義政黨的五一勞動節遊行許可。1954年，警察允許地方商會在五月一日接管公園，將這天當做他們自己的愛國活動日，還將聯合廣場重新命名爲「美國聯合廣場」。[9]

不過，聯合廣場的歷史還有另一面，再度跟房地產開發脫不了關係。儘管勞工抗議者利用廣場聚集群眾，廣場周邊卻博得奢華購物的名聲。百老匯的「女士一條街」（Ladies Mile），有大批裁縫師、女帽商、珠寶商和家具店群聚，雖然這些店家旁邊較小的街道上，信譽堪虞的妓院和供膳宿公寓生意興隆。到了1900年，這些聲色場所，連同現在進駐廣場周邊新閣樓廠房工作的工廠勞工，驅離了奢華交易。1920年代期間，大型女性折扣服飾店「廣場上的」克蓮百貨公司（S. Klein），在公園對街開幕，彷彿是要強調該地區的低社會地位一樣，吸引了大批工廠勞工和移民，不顧禮數地猛從貨架上搶便宜。幽默作家詹姆斯·瑟伯（James Thurber）把克蓮的促銷日形容爲近乎暴動。[10]

聯合廣場從優雅的居民鄰里，後來的平價購物暨娛樂區，轉變成迎合窮忙族（the working poor）的廉價商店中心。這是聯合廣場截至1970年代的存續之道，當時一部城市建築史提到，廣場「備受……緩慢社會衰敗的威脅，它正將廣場轉化爲破舊險惡的城市角落」。[11]

與政府先前推行的其他職責的私有化如出一轍，紐約市公共空間的私有化，即是以這種都市衰退敘事來展開序曲。不過，這也反映出

投資客和顧客轉移陣地的有意決策。自第一次世界大戰期間起，菁英商店和家庭便陸續離開美國城市。到了1940年代，大蕭條及第二次世界大戰結束後，市中心商業區顯得寒酸、老舊且擁擠，跟郊區的新穎購物中心和辦公園區相較，尤其相形失色。1950年之後，購物商場建設加快步伐，加上拜聯邦住宅抵押貸款給退伍軍人之賜，更多市民遷居郊區新家園，老舊市中心購物區因而失去許多中產階級顧客。殘留的百貨公司和小店則投低收入顧客之所好，尤其是那些郊區不歡迎的少數族裔成員。

第14街在1960及1970年代大受這些顧客歡迎，來自城市四面八方的購物者到這兒找便宜貨。對他們而言，這裡是舒適的公共空間，在別人眼裡，卻像一團混亂的「次等貨店舖」或「第三世界市集」，商品溢出街頭，小販對著顧客大聲叫賣，商販和顧客雙方通常都是非裔美國人、拉丁裔或中亞族裔。折扣購物者和街坊居民之間，在族裔及社會上都形成鮮明對比，居民一般來說較為富裕，膚色較白，往往避免靠近第14街。這個地區並不危險，但中產階級不想到那裡買東西，他們不喜歡搭地鐵前來廉價商店的購物人群。聯合廣場附近碩果僅存的大型企業——聯合愛迪生公用事業公司，不但供應紐約人天然氣和電力，而且是該地區最大的雇主和衛戍保險公司，其企業總部自1909年起高聳於廣場上方——以及新學院這所私立大學，都惟恐第14街的聲譽變樣，將失去潛在的員工和學生。[12]

1970年代開始的報紙頭條，確認了他們的悲觀看法，大力宣傳公共主管當局喪失了對公園的掌控：「流浪漢獲勝；城市關閉公園」，「聯合廣場公園向犯罪宣戰」，「數百人驚駭目睹聯合廣場公園殺人事件」。雖然毒販確實把公園當成他們的地盤，隱身在避免從人行道窺見公園內部的茂密灌木叢後進行交易，但當時在街坊工作的人還記

　　得，夏天在公園長椅上吃午餐的情景。城市形象危機不見得比其他東西對該地區的打擊來得嚴重，但就像全市衰退的一般意義一樣，聯合廣場衰敗的意象很容易接受選擇性詮釋。[13]

　　對受市中心粗獷美學吸引的年經藝術家和音樂人而言，該鄰里是投身龐克文化、街頭藝術和音樂俱樂部的跳板。安迪‧沃荷的工廠（Factory），有聚集在這位普普藝術家身旁的古怪演員、模特兒和豔俗怪人，工廠租用聯合廣場一棟大樓空間多年；隔壁街上的音樂俱樂部餐廳，麥克斯的堪薩斯城（Max's Kansas City），是搖滾及龐克音樂人、藝術家和作家群集的窩。令廣場周邊大樓業主苦惱的低租金和隱蔽特質，反而有助於時髦客和搖滾樂手將這裡錨定為市中心文化場景。雖然聯合廣場不是活動的中心，但它距離蘇活和東村夠近，堪稱為「下城」（市中心區）。[14]

　　話雖如此，聯合廣場之所以危機四伏，一如東村與哈林區，是因為1970年代期間，在整座城市蓬勃發展的毒品交易。這種犯罪活動形式令聯合廣場淪為都市危險的具體形象，就像好萊塢電影《毒海鴛鴦》（*Panic in Needle Park*, 1971）描繪的上百老匯安全島。面對1975年以來，長期財政緊縮期間日漸惡化的毒品交易，警察局無能控管，導致日後更強勢的治安措施，以及對私人保全的仰賴。

　　聯合廣場夥伴關係重述這則故事以頌揚警察，卻戲劇化了它自己在逆轉第14街衰退上扮演的角色：「從枯萎到繁盛」，這是1990年代任職夥伴關係常務董事的羅伯特‧沃許（Robert W. Walsh），在最近一篇文章中下的副標題，隨後他被彭博市長任命為監督城市所有商業促進區的紐約市中小企業服務處委員。「聯合廣場雜亂無章，」沃許寫到1970年代夥伴關係的起源：「毒販控制了公園，街道上散佈著空置店面，紐約大學的學生參考他們彩色編碼的校園地圖，以了解他們入夜之後

該避開哪些街道。」沃許沒有胡謅這些故事。綠色市集的農民回憶起 *136*
清晨遭人搶劫，他們認爲那些搶匪是吸毒者。巡邏這些街區的退休警
官宣稱，「如果你攔下任何一名午夜過後流連街頭的人，你會發現當
中有三分之一的人攜帶武器或毒品。」1983年移師聯合廣場的旋轉木馬
劇團（Roundabout Theater Company）團長說，「我清楚記得邊喝咖啡、吃貝
果，還目睹窗外有人公然販毒，後來有個人試圖搶劫咖啡館，人們尖
叫，爭相逃離現場。」[15]

其他鄰里居民沒有相同的可怕經驗。但是對那些被搶的人，以及
商業資產業主和房地產開發商來說，這些故事印證了在降級地區強力
推動新開發的種種問題。1975年克蓮百貨關門大吉，在聯合廣場以東，
專屬低層建築的使用分區地段，留下一片空置、過時的樓房。廣場北
邊提出了幾個大規模新建築設計案，卻找不到資金。廣場西邊和南邊
的廠房閣樓開始轉變爲住宅用途，或是兼爲居住與工作室。至於第14
街，白天人群熙攘，但到了夜晚，店家拉下鋼柵，街頭一片闃黑而令
人生畏。[16]

兩大問題使事態更形惡化。首先，由於財政監督委員會要求市政
府刪減預算並減少債務，因而無法支應更好的公共服務。其次，因爲
聯合廣場的政治地理零碎，沒有單一政府機構有辦法處理這一整塊區
域。三英畝公園及周邊街區的管轄權，劃分爲三個不同社區委員會和
警察管區；要是有東西壞了，沒有人負責修繕。1960年代至1980年代的
聯合愛迪生董事長，也是合夥關係創始者之一的查爾斯・盧斯（Charles
Luce），提到「將社區及私人資源納入城市服務的協調供應」時，他很
清楚地將鄰里中最大的私人機構，投射成爲地方大王的角色，執行民
選官員無法履行的職責。但盧斯並非獨自發想。身爲紐約市企業社群
的主要成員，也是自由派民主黨員，他必定參與了始於1960年代，有

137

關如何拯救城市危顫聲譽的許多討論。這些討論導致公私夥伴關係的創建，夥伴關係支持公共關係及觀光宣傳，包括大蘋果和我愛紐約的宣傳，另外，幾年內，這些討論也造就了商業促進區的公私安排。盧斯是1976年建立第14街—聯合廣場地區開發公司（Fourteenth Street-Union Square Local Development Corporation）的幕後推手，這在1984年催生了第14街商業促進區。不出幾年光景，聯合廣場便成為組成曼哈頓中城規模更大、更富裕的商業促進區典範：中央車站附近的布萊安特公園公司（Bryant Park Corporation）、第34街夥伴關係，以及中央車站夥伴關係（Grand Central Partnership）。[17]

　　商業促進區承繼了十九世紀地區商人協會確立的商業宣傳傳統。然而，到了1980年代，商業促進區代表了大企業，像聯合愛迪生這樣的公司雇主，以及大型商業大樓業主，壓倒小零售店的方式，尤其那些投低收入顧客所好的當地商家。建構商業促進區，需要該地區商業大樓業主的過半票數，這些業主還得有能力且甘願支付額外稅捐給商業促進區以提供額外服務。基於這些理由，商業促進區訴諸規模最大、最有實力的房地產業主利益，他們也有行使集體影響力的最大動機，以便迫使廉價零售店出走，尋找付得起更高租金的零售店及辦公室承租戶。雖然沃許認為，聯合愛迪生與衛成保險公司不過是表現得像個好法人市民，衛成的執行長約翰·安苟（John Angle）甚至住在聯合廣場附近，但很顯然地，這些公司負責人都有基於商業理由，而改善企業總部周遭地區的動機。此外，身為紐約市的企業領袖成員，他們的企業共識之一就是擔負管理鄰里的職責，以更直接的辦法來處理城市最明顯的問題：犯罪和垃圾。他們也可以團體姿態，對市府機構施加直接影響力，尤其在支持成長的科希於1981年再度當選市長後，更是如此。聯合廣場夥伴關係幾乎是立即展現它形塑公共政策的能力，

就在1985年的克蓮舊址，即聯合廣場東側前沿街區的土地使用分區升級過程中，夥伴關係對抗著「多半以抵抗稠密和縉紳化之名，不要高層公寓的在地商人與居民」的反對。[18]

　　1987年，在這個位址開幕的傑肯朵夫大樓（Zeckendorf Towers）高層公寓，將1000位新居民，「以及〔他們的〕眼睛、耳朵與荷包」引進聯合廣場。一樓面對公園的新連鎖店，包括一家在當時令人矚目的超級市場，給該地區的零售購物設立了更高標準。公園處將其捉襟見肘的部分資源，連同夥伴關係動員來的志工和資金，投入於發展聯合廣場公園的新設計，佈設新的美化景觀。1987年股市崩盤後，部門預算再度降到財務危機的地步，「商業促進區和地區開發公司逐漸擔負起公園維修責任」，僱用園丁和添購設備。 *138*

　　就在這個時候，聯合廣場開始發展出吸引美食家的餐飲，媒體在宣傳該地區的新認同上扮演了要角。《紐約時報》的每週美食版、《紐約》雜誌的餐廳專欄，以及其他生活風格媒體的專文，讚揚綠色市集的當季農產品，以及採用該市場食材的餐廳廚房，尤其是聯合廣場咖啡（Union Square Café），1985年在公園旁開幕，旋即贏得評論家的星賞。記者、美食家和主廚的品味，創造出新的消費社群，他們的歸零地（ground zero）*正是聯合廣場。同時，中產階級居民和住宅開發商，則受到該區依舊合理的房價吸引。1980年代期間，隨著好工作的增長、城市金融公司的高額紅利，以及百老匯附近新媒體公司的浮現，整個地區蓬勃發展。1987年股市崩盤，後繼的疲軟房地產市場，都阻擋不了中產階級和年輕族群湧進聯合廣場。

---

* 譯註：ground zero 指飛彈鎖定的轟炸目標，尤指核子武器的爆炸點。**9/11** 恐怖攻擊之後，則往往專指世界貿易中心遺址。

新學院，以及更重要的紐約大學的擴張，也協助穩定了該地區的復甦。私立的紐約大學從1970年代末期財務危機中恢復，於第14街經改劃土地使用分區為高樓層後，施展大規模成長的策略，在整個格林威治村購置地產，在聯合廣場東側蓋了新宿舍。1990年代初期，開發商無法募集建設資金時，宿舍以一天24小時、一星期七天，全天候供應聯合廣場富裕的大學生，填補了缺口。雖然缺乏確鑿數據，但很清楚的是，這兩所大學使該地區的單身青年人口大增，這些人準備把錢花在買衣服和娛樂上，而且多虧有替他們買公寓的富裕父母，進而吸引了資本投資。

聯合廣場夥伴關係戮力拓展投資客和消費者這類新公眾。正如所有商業促進區，他們派遣一群街道清潔員和保全人員，甚至聘雇前紐約市警局的警官擔任安全主管，以確保當地警察分局合作。他們協同公園處一起改變公園造景與設計，讓公園朝向街道敞開，移走樹木和灌木叢以消除視線死角。就像布萊安特公園公司一樣，夥伴關係採納從記者轉為都市人類學家的威廉‧懷特（William H. Whyte）觀點，他主張公共空間控管行為的最佳辦法，就是每個人都可以監視其他人。[19]

商業促進區鼓勵在綠色市集購物，冬季假日期間將公園前面租給手工藝市集，並且替越來越多的商店、外帶店和餐廳做促銷。商業發展的時機正好；隨著鄰里有更多中產階級居民，更多人使用廣場，甚至時髦客從威廉斯堡搭地鐵來第14街購物，連鎖商店也進駐其中。邦諾書店在北邊開了間旗艦店，兒童城（Kiddie City）（現在的Babies 'R' Us）在東邊開了另一家，閒置了幾年，以及跟好幾家不同類型公司協商失敗後，全食超市承租了公園南邊一棟空置五層樓房的三層，隨後有兩家全國折扣連鎖店進駐。2008年，廣場上僅存最後一家與工會結盟的機構聯合銀行（Amalgamated Bank），賣掉它由蒂芬妮公司（Tiffany & Co.）

在女士一條街時代建造的企業總部，遷到轉角處比較小的空間。這棟
建築物搖身變成價值數百萬美元的住宅公寓。

當地居民並不反對該地區的商業復興。雖然年輕人紛紛湧入，或
謂「學生化」（studentification），長年久居此地的居民還是覺得他們從這
種升級過程中獲益。居民也沒有抱怨住宅縉紳化。因為新的公寓住宅
佔據的是工廠及其他商業建築的位址，其中部分已經清空，罕見居民
必須遷移的情況。此外，商業促進區一再喚起都市衰敗中苟延殘喘的
敘事，呈現該地區早先是不安全的化身，儘管這裡跟城裡其他地區相
形之下犯罪率較低。基於這些理由，多數鄰里居民和社區組織並不大
聲疾呼反私有化。反而，他們將聯合廣場的「戲劇性改頭換面」歸功
於商業促進區。[20]

最後引發抗議的議題，是商業促進區長期醞釀的石造涼庭翻新計
畫，涼亭是公園北端舊演講台的一部分，但該計畫打算把涼庭改造成
鋪白桌巾的高檔餐廳。多年來，這個未使用的構造物暴露於自然環境
而致頹圮，需要大幅整修。它給鴿子和遊民男女提供臨時庇護，其他
人卻避之唯恐不及。1990年代期間，夥伴關係將涼亭前的公園用地，
租給夏季白天營業的非正式戶外咖啡館，但它結束營業時，商業促進
區轉而想創造一個室內空間，給較為恆久的全年無休餐廳使用。在這
個時候，正如我們從哈林經驗得知的，紐約的朱利安尼政府和華盛頓
的柯林頓政府，都鼓勵地方政府採取企業化取向處理公共資源。紐約
市公園處接受基於市場的新式安排來增加收入，以彌補持續的預算刪
減，因其削減幅度遠遠超過警政和消防等基本服務。公園處不僅提高
城市各地公園的攤位費用，還將更多空間租給餐廳和咖啡館，把招貼
權利（基本上是廣告看板）賣給公司贊助者，鼓勵出租公園用地以供
特殊活動之用。批評者指摘公園處違反它的法律職責，即沒有取得紐

140

約州議會明確許可下，不得出售或轉讓公共財。但商業促進區與私人公園養護單位卻因為管理這些投機事業，而局部轉移了究責公園處的焦點。[21]

然而，在聯合廣場，公開聲明反對出租空間給高檔餐廳的選民組織起來，引發經年累月的討論。2005年，一名聯合廣場社區聯盟委員會成員提及，幾乎在想法首度成形之後十年，就在該社區聯盟控告公園處涼亭計畫不久之前，「組織」在這個議題上「內爆」。事實上，該計畫比起單純出讓公共用地還要複雜些。雖然引發爭議的重點在於誰能使用新餐廳，但該計畫也包括給露天綠色市集加裝新水管和配線，使農民首度可以使用發電機和廁所，並改善遊樂場和公園處的辦公室。公園處會支付1200萬美金翻修費用，夥伴關係則募集其餘的800萬元，一名匿名捐贈者事先給了其中500萬元。儘管有這場官司，計畫還是在2008年動工。[22]

當地部落客有關公園處及夥伴關係背叛了公共信賴的謠言滿天
141 飛。真正需要砍伐的樹木數量，翻新對遊樂場和綠色市集造成的實際影響，乃至於聯合廣場咖啡屋的業主，為了加強他取得涼庭租賃權的機會，捐獻神秘的500萬美元的可能性——所有這些議題，無論有沒有真憑實據，都跟私有化的批判息息相關。動工幾個月後，州最高法院法官頒布部分禁制令，允許電力與水管工程繼續，但在進一步的法院行動以前，必須停止翻新涼亭。這項判決之後，則有行動主義者「比利牧師」
（Reverend Billy）領軍的公園抗議者，比利牧師經常在城市各地演出街頭戲劇，以喚起對公民自由議題的關注。抗議者穿越公園遊行，在涼亭懸掛一大張橫幅寫著「非賣品」，呼籲終止私有化。幾個月後，另一位州立最高法院法官裁決，將公園空間租給餐廳合乎公共目的。不過，她保留原告在餐廳的具體規劃宣布時，重回法院訴訟的權利。[23]

　　儘管有涼亭翻新的波折歷史，更激烈的全國議題則重振了聯合廣場抗議集會的聲望。2003年美國入侵伊拉克之前、期間及其後，2004年共和黨全國代表大會期間，反戰行動分子都在這裡領導示威活動；2007與2008年，爭取移民權利的集會在此舉行；2008年民主黨初選期間，支持希拉蕊・柯林頓（Hillary Clinton）與巴拉克・歐巴馬（Barack Obama）的遊行也從公園啟程。形成慣例的是地方職位的候選人，每逢11月投票日之前，都會到綠色市集招呼選民；星期六，行動分子為了各式各樣請願蒐集簽名；每天在公園外圍設攤的商販，販售印有政治口號和圖像的T恤。聯合廣場也成了有趣活動的聚集地，例如紐約第一次無聲銳舞（silent rave）[*]和年度伊地歐塔羅德（Idiotarod）賽事，後者是頗具嘲諷意味的紐約改編版，源自著名的阿拉斯加狗拉雪橇大賽伊地塔羅德（Iditarod）[**]，參賽者推著購物車穿越城市街道。單車騎士有時在此碰頭，以便加入單車臨界量（Critical Mass）活動，這是每月一次的夜晚騎單車活動，以表達支持友善環境的運輸工具，這場移動性示威像銳舞一樣，最後一刻才以簡訊宣布集合地點，也不徵求紐約警察局的許可。

　　紐約市警局不支持廣場上旺盛的政治抗議活動。十九世紀晚期，警察就以警棍毆打該地勞工抗議者而聞名，1960年代和1970年代，則嚴厲對待反越戰的抗議者。同樣地，在1990年代及廿一世紀初期，朱利安尼與彭博主政期間，他們簽發更少的政治遊行許可證，把示威者圈圍在鋼製路障範圍內，限制他們的移動自由，還經常基於站不住腳的理由，加強逮捕示威者。警察不讓反戰行動分子辛蒂・希恩（Cindy

142

---

[*] 譯註：每個人都隨著各自攜帶的隨身聽播放音樂起舞的舞會。音樂同步播放，但只有透過特殊耳機才能聽到音樂，外人聽不到。

[**] 譯註：此活動將 Iditarod 改稱為 Idiotarod，而字首的 idiot 是傻瓜的意思。

Sheehan）在聯合廣場的示威活動中發言，並以使用未經許可的發聲裝置
為由，逮捕活動組織者；希恩成為反戰示威領導人物，在她兒子命喪
駐伊美軍行動後，她還跑到布希總統的德州牧場外頭紮營。紐約市警
局也逮捕聯合廣場上的比利牧師，理由是他在抗議強加於單車臨界量
集會的新許可管制的一場活動中，複誦第一修正案（First Amendment）*而
騷擾警察。警察在接近臨界量單車騎士週五夜晚集會的地方，佈署廣
場移動指揮中心。這種針對基於政治異議而使用廣場的壓制措施，連
同夥伴關係保全人員的每日監視，加上頻繁的紐約市警局巡邏，都使
私有化的批判獲得更多支持。24

吃喝。購物。參觀。
聯合廣場。

——聯合廣場夥伴關係宣傳口號，2008年

　　既不如主題公園那樣看起來協調一致，也不像門禁社區（gated
community）那樣難以接近，聯合廣場仍然構成了部分的「飛地群島」
（archipelago of enclaves），那是荷蘭都市學家馬騰・黑爵（Maarten Hajer）與
阿諾德・萊茵朵普（Arnold Reijndorp）所描繪的，1980年代以來城市興建

---

* 譯註：即美國憲法第一修正案，是美國權利法案一部分。修正案譯文：「國會不得制定
　關於下列事項的法律：確立國教或禁止信教自由；剝奪言論自由或出版自由；或剝奪
　人民和平集會，以及向政府請願伸冤的權利。」

的典型新公共空間。這些地方在動盪世界中創造了寧靜島嶼，在「惱人遭遇」風險低的宜人環境中提供特殊活動，重新創造具文明理想的都市生活。即使這些空間不要求支付入場費——城市公園確實不收費——卻運用或明或隱的策略鼓勵公眾順服，而公眾至今已經習慣要替優質的體驗付費。這些地方與過去決裂，不僅被動仰賴市民的禮貌性忽視（civic inattention），對坐在隔壁長椅的陌生人視若無睹，也主動促使市民避開陌生人，也就是他們視爲「異類」的人：遊民、精神失常者、邊緣罪犯，以及不過是大聲喧嘩和惹人厭的人。[25]

　　商業促進區主導了一種新式的公共空間治理，創造「精心修整的空間」*，給那些內化了適當行爲規範，時刻監視他人以確保他們循規蹈矩的成人消費者一處遊樂園。在一樁行使控制權的私下協議裡，商業促進區提供優質服務，向使用者顯示會照料他們的需求：潔淨、安全、細心照料的花圃、賞詩會。政策專家支持這項協議，因其控制了犯罪，並「回歸早先的核心價值」。不過，他們所指的價值是什麼，或者那些價值屬於誰，卻不清楚。「回歸」隱含了1950年代或1960年代初期的懷舊之情，早在爭取公民權、婦女權和同志權的社會運動，使得擺脫公開表現的許多歷史禁忌成爲可能之前，在最高法院要求警方與平民接觸時要有更嚴格標準之前，以及在重大犯罪遽增使得官方對輕罪關注減少之前——換言之，回歸到人們以「文明」方式行爲舉止的時代。當然，禮貌和相互尊重是廣泛共享的文明價值，尤其受到可能遭遇欺侮的群體歡迎。但是，文明禮教對於試圖「教化」他者的菁英群體也很重要。十九世紀，公共博物館是展覽設置國家道德史的地方，較低階級被期待要向其較佳的社會同胞學習適當的行爲規範，所

143

---

* 譯註：discreetly manicured space 原文誤植爲 discretely。

有訪客都在他人注視下以規定的方式參觀和行走。今天，懷特的相互監視觀點和雅各的「關注街頭之眼」所塑造的商業促進區管理的各處公共空間，也有顯著的相似之處。[26]

　　商業促進區強制實施公共空間的良好行為規範，將反抗他們的偶然情況轉變為反對私有化的強烈主張。將控制權從我們自己及公共僱員如警察手中，轉移到地產業主及其員工的私人集團，讓後者握有更大權力。不准人們使用公共空間的權力，加上沒有法律要求商業促進區負責，可能剝奪人們的基本權利──言論與集會自由。批評家將始於1970年代的私有化，連結上新自由主義理念和措施的崛起，日趨壓迫性的國家強制施行市場規範，對付工會化的勞工、失業者和領取福利救助者。事實上，打從一開始，商業促進區就以低於執行相同任務的市府員工的薪資，僱用非工會勞工；它們也提供工作給就業福利方案（welfare-to-work program）參與者，直接取代了參加工會的政府僱員。

　　商業促進區也同等回應其他不受歡迎的趨勢：對生活在日漸多元化社會中的恐懼，這需要穿制服的公權力（uniformed authorities）將不同群體區隔開來；以及消費文化的影響力，促使依照標準購物經驗組織起來的公共空間獲得眾人接納。誠如聯合廣場顯示的，商業促進區將這些廣泛的社會及文化變遷，轉譯成一套市場驅動的策略，減少空屋，增加租金，彌補市府機關不足的財源，並創造在地「品牌認同」。簡言之，商業促進區所中介的私有化，乃是通過地方經濟發展的目標來應付社會、政治和道德危機，州政府則棄守它的職責，轉交給私人團體。洛克菲勒基金會副主席達倫·沃克（Darren Walker）說「這裡頭大有問題」，他在「紐約喪失了靈魂嗎？」專題論壇中提到，「政府無法提供基本服務，民間個人則攬來自己做，開創出支付額外稅捐，並獲得額外服務的社區。」[27]

144

雖然朱利安尼市長支持商業促進區的構想，但當他指控中央車站夥伴關係踰越權限，並加以解散時，他還是勇敢面對了1990年代商業促進區與政府的關係。比起市政府的協議，夥伴關係承攬了更多責任，也顯得更為傲慢。它未經政府批准，就擅自發行債券以資助其廣泛業務。它付薪水給執行長，後者還管理另外兩個中城商業促進區，薪水比市長還多。而且，一如遊民擁護者提出的指控，夥伴關係強迫在該區街頭及大樓門口打地鋪的遊民，接受商業促進區的低薪工作。這些狀況引發涉及商業促進區的政治紛爭，直到市議會通過紐約市中小企業服務處對它們加強管理，爭端才告一段落，引起爭議的三大商業促進區執行長，則被迫辭去其中兩項職位。[28]

然而，長期看來，危機是以偏袒商業促進區的方式解決的。2001年11月，彭博市長當選時，他鼓勵擴增商業促進區數量，允許它們增加通過自我評估取得的款項。這一回由億萬富翁市長領導的公部門，絕不可能試圖控制房地產業或市場規範。因為在9/11之後，紐約市的經濟未來並不明朗，市政府不會輕易找公司和開發商麻煩。加上2008年起的經濟危機，減少了公司和政府收入，市政府巨幅削減了公園處的預算，促使後者更為仰賴商業促進區的財務挹注。[29]

145

多數時候，公眾並不反對商業促進區。至少在大多數紐約人的想像中，私人控制的替選方案是返回不堪的往昔舊日，當時沒權沒勢、最像「異類」的遊民，橫行公共空間。許多紐約人仍驚恐地記得，1988至1991年東村湯普金斯廣場公園有遊民紮營，龐克族、佔居者（squatter），以及一些其他鄰里居民則給遊民政治支持，還有這一切導致的警察暴力。紐約人覺得處於備戰狀態的地方，不只有湯普金斯廣場公園。1994年夏天，當遊民男女在公園紮營，各地的商業促進區偕同紐約市警局拆除棚屋、關閉公園並強化維安，確保遊民不會以任何組

織形式東山再起。當時管理第14街—聯合廣場商業促進會的沃許，甚至提供夜間宵禁用的路障。然而，他是針對將遊民從其他鄰近公園排擠出來，然後聚集在聯合廣場上——這個《紐約時報》所謂的骨牌效應——做出回應。「當我開始看見帳篷和一夜多達上百人，活像戶外棚屋，我才被嚇到。」沃許告訴《紐約時報》：「我們只是要保護自己的地盤。在其他公園都關閉的情況下，你眞的別無選擇。」居民可能會對遊民掬一把同情淚，但他們支持將遊民趕出公共空間，以擴大公眾的使用。[30]

不過，就像先前批評者指控的，商業促進區是「不對等的夥伴關係」。不過，它們不對等的方式各自不同。一方面，它們體現了私人部門日漸既是道德權威、也是實質權威的角色，許多人相信，從各方面來看，這都比政府更有效率。新自由主義派政策專家希勒·麥當諾（Heather McDonald）在東歐共黨解體後寫到商業促進區，提及「它們將生氣勃勃的西柏林，獻給市政府僵化的東柏林」。另一方面，商業促進區實施寡頭政治；它們體現了富人理當統治（the rich should rule）的規範。首先，因爲大型公司和地主比公部門有錢，所以他們被賦予規劃和支付基本服務的職責。其次，由於每個商業促進區內部的投票權，反映出每名成員擁有土地的總課稅價值，因此坐擁最值錢房地產的地主擁有最大權力。如果商業促進區內部有歧見——比方說，房東到底應該將店面租給連鎖店，還是租給當地人經營的商店——大地主會比那些只擁有一棟房屋的人佔優勢，房東勢力則會凌駕小型零售業租戶。[31]

商業促進區之間還有嚴重的資源不均，強化了其他社會及經濟不平等。因爲自我評估的基礎是商業地產價值，位於城市高價地段的商業促進區比起窮困地區的商業促進區，可以獲得更多收入，實現更雄心勃勃的計畫。以最近的年度預算爲例，從皇后區牙買加里第180街商

圈的五萬三千美元，到世貿中心場址附近下曼哈頓金融區的1,125萬美元，其間差異有如淵壤之別。毫不意外，這種資源不平等反映了商業促進區的社會階級和教育差異，最富裕的商業促進區董事會裡，公司律師和主管佔絕大多數，也反映了居民之間的收入差異，最有錢的家庭住在最富裕商業促進區營運的地區。[32]

除了將有錢人的利益最大化，而儘量減少給窮人的好處，商業促進區還強化了社會控制運作上的不平等。遊民只是冰山一角。警察確保遊民無法搭建經久耐用的過夜棚屋，商業促進區保全人員負責不讓他們白天橫躺在公園長椅上，防止他們從垃圾桶翻找可換取回收押金的鋁罐和玻璃瓶。在聯合廣場，警察逮捕並驅逐玩滑板運動的人，他們喜歡在公園前面的寬台階和北側有鋪面的區域練習滑板。老實說，這些都是熙來攘往的地方，在那兒溜冰很有可能撞上行人。除了鎖定遊民和溜滑板者，選擇性的控管行使，就沒那麼容易預測了。麥迪遜廣場公園午後，一名穿著兩件式運動服的妙齡女子在裝飾噴泉旁運動，但公園處管理員和商業促進區員工，卻要求另一名在草地做日光浴的女人收拾毛巾離開。布萊安特公園夜晚，無視於公園處禁止在餐廳及小吃攤外頭喝酒的規定，商業促進區保全人員允許等候每週一次電影放映的男女，可以在草地野餐時喝雞尾酒，一種高檔的閒暇消費意象。與此同時，警察卻不斷騷擾飲用藏在牛皮紙袋裡啤酒的男女。[33]

朱利安尼與彭博市長都忽視這些不平等形式，寧可讚揚商業促進區是商業服務地方社區的模範。彭博時代，全紐約市窮困及富裕鄰里當中，商業促進區的數量增加為64個。政府官員還是覺得商業促進區很迷人，因為它們不僅是公共空間責任私有化的機制，還是鄰里升級的機制；它們就是街頭的星巴克。此外，商業促進區可能提高經濟邊緣鄰里的地產價值，正如它們在中城和下曼哈頓企業辦公區域所為。

但這是否會驅離在地經營的企業，引進連鎖商店，就像它在哈林區幹的好事，就是另外一回事了。[34]

　　跟聯合廣場夥伴關係和第125街商業促進區一樣，所有商業促進區都因爲能夠逃離都市衰退敘事而歡欣。位於曼哈頓中城42街的布萊安特公園公司，或許是最成功範例。根據《紐約時報》，1970年代的布萊安特公園「偏離正道而被不良分子侵佔，終於成了城市墮落的象徵」。今天在夏季時分，有多達5000名遊客，信步走進公園聆聽午間吟詩，或在草地上享用三明治、看夜間電影、免費無線上網，或使用最近斥資20萬美元翻新的廁所。冬季時節，花旗集團（Citigroup）贊助一處受歡迎的免費溜冰場。這麼多人使用公園，就有這麼多人抱怨，爲了長年在公園舉辦的每半年一次時裝週（Fashion Week）而關閉公園，不讓民眾使用──商業促進區堅持要時尚業宣傳活動轉移陣地，並認眞考慮減少其他活動。但他們發現，很難跟功成名就過不去。當每年維護公園的總開銷，從1990年的剛好超過100萬美元，升高到今天的600多萬美元，特許營業權和租用費就貢獻了更大比例的預算。公園附近的鄰里，辦公室租金已經提高，高收入居民搬進了新公寓。布萊安特公園商業促進區的公共空間企業化管理，給財務精省的公部門確立了可遵循的集體消費高標準，並與尚未由私人管理的公立學校、地鐵系統和公園的持續匱乏，形成了鮮明對比。[35]

　　儘管有商業促進區的不平等、它們的監督重擔，以及它們掌控下的公共空間商業化，聯合廣場還是在2001年9月11日之後，應運成爲城市裡最重要的公共空間。幾乎在世貿中心一遭到攻擊後，紐約人就聚集在公園哀悼死難者。紐約人群集於該公園以便置身公眾之間，讓自己被其他人圍繞，當大多數電視及廣播電台的天線隨著雙子星大樓一起毀壞後，他們在那裡聽取最新報導，並做出一種只能說是與全世界

其他人團結一心的表態。他們在公園四周張貼以不同語言書寫的呼籲和平正義的手寫標語，包括一條拖得老長的白布條捲動的問候語，以緬懷美國聯合航空93號班機在劫機者挾持下罹難的機組員。雙子星大樓倒塌後沒幾個小時，華盛頓雕像底下的廣場充斥著即席聖壇的點燃蠟燭、鮮花及鉛筆寫的訊息；燭火燃燒超過兩星期，這段期間有更多鮮花和蠟燭高高堆起。某些訊息甚至逕往雕像基座上亂寫，看起來像極了塗鴉，但這幾個星期裡，沒有人把它們清掉或逮捕書寫者。警察恭敬地站在公園入口前的人行道上，看守警戒、與人閒聊，但不試圖強迫民眾往前走。時間停滯了。人們在公園漫步，閱讀標語，輕聲細語。它是個臨時湊合的社群——自發、暫時、移動——卻在危機時刻創造出「純正的」公眾感。當局並未掌控空間；它是我們的廣場，我們的論壇，我們的公園。

這事為什麼在聯合廣場發生？某種程度來說，它是個地理事件。恐怖主義攻擊之後，警察關閉下曼哈頓運河街（Canal Street）以南，除當地居民外，任何人不得進入。他們只准搜救人員靠近世貿中心場址。做為該地點附近最大的公共空間，儘管它在北邊兩哩遠，也有最便利的大眾運輸，對無法前往歸零地的紐約人而言，聯合廣場是理所當然的聚集地。公園也無愧於它骨子裡的政治抗議傳統。然而，最重要的是，紐約人覺得他們在聯合廣場上建構「純正性」，以及他們被世貿中心場址的決策排除在外，這兩種感受之間的一貫差異。

149

〔下曼哈頓開發公司〕將成為史匹哲（Eliot Spitzer）州長在下曼哈頓表述願景和發聲的工具⋯⋯。重振的下曼哈頓開發公司，擁有新領導階層和新方向，有助於復興這個不單對紐約人而言，而且對所有美國人來說，都很重要的地區。

——下曼哈頓開發公司董事長阿維・希克（Avi Schick），2007年

　　2001年世貿中心恐怖攻擊的特殊境遇——飛機攻擊美國平民的震撼，最具辨識性的美國強權象徵之一被當成攻擊目標，以及發生在全球媒體首都的紐約——使得這個場址成為城市裡獨樹一幟的公共空間。世貿中心跟聯合廣場不同，後者即使在今天都稱得上是鄰里公園，前者在當時立即就跟國族認同扯上關係。媒體評論家與民選官員，包括美國總統、紐約市長，以及全國各城鎮和郡縣首長，以人們談到蓋茨堡戰場和珍珠港如出一轍的措辭談論此事：它既是做為軍事目標的歸零地，也是英雄死守家國的莊嚴聖地。比起同樣遭遇9/11恐怖攻擊的五角大廈，以及93號班機慘烈葬身處的賓州位址，世貿中心場址獲得更崇敬的對待。相較於五角大廈，世貿中心罹難的近3000名男女，只有少數任職於美國政府機關。而且，不同於鄉間的賓州，設址紐約市的世貿中心確保了它將成為重要觀光景點。

　　聯合廣場和世貿中心場址縱然有許多差異，某些相同趨勢仍將它們都塑造成公共空間。首先，即使在世貿中心場址，治理還是分散在公共所有權、私人管理與公眾使用之間。就像在聯合廣場，公眾的使用受到嚴格控制，以便提供一種免於無名危害的普遍安全感。另外，跟聯合廣場一樣，建造和維護空間的費用超出了政府財力，需要仰賴

私部門。在兩個案例中，場址的方案——提供的便利設施、揭露的敘事、服務的公眾——反映出不同私部門利害關係人集團之間，持續不斷的鬥爭。這些都是雷同之處。

差異肯定是有的。最重要的是，聯合廣場做為悠閒的消費地方，這種或多或少的商業用途，跟世貿中心場址的意識形態用途形成了對比。儘管商業促進區對行為施加社會控制，它的私有化還是比州政府強加於世貿中心場址的威權控制來得仁慈。然而，就世貿中心案例而論，重要的也是要理解公共空間如何由場址的歷史、周遭鄰里變遷，以及廣泛的文化張力所決定。

擊倒雙子星大樓的恐怖攻擊，將全世界的注意力聚焦在這16英畝場址的起源。世貿中心歷經多年的建造和幾十年來的增補，它規劃於1950年代，既是紐約全球經濟角色的體現，也是金融區地方經濟再發展的支柱，當時金融區開始流失移往曼哈頓中城的銀行總部和法律事務所。某種程度上，這是做給金融部門房地產經營的巨大福利計畫，尤其是大通曼哈頓銀行（Chase Manhattan Bank），1950年代在下曼哈頓起造了新企業總部，由大衛・洛克斐勒（David Rockefeller）領軍，1973年世貿中心開幕時，他的胞兄尼爾森・洛克斐勒（Nelson Rockefeller）正是紐約州州長。大多數紐約人，要是真想起世貿中心建築的話，並不覺得它有什麼吸引人的地方。即便在摩天樓雲集的曼哈頓，雙子星大樓還是高得令人敬畏，做為從許多視點——越過橋樑、飛進機場，或只是在柏油峽谷步行——一望可見的城市象徵，它們逐漸變得熟悉、令人崇敬，最終受到喜愛。[36]

洛克斐勒州長涉入世貿中心的建設，不單反映出他家族對大通銀行的控制或是他的自我。此事確認了紐約州在該計畫各階段扮演的重要角色，首先是行使州政府的徵用權，從不情願的地主手中，奪取位

150

於營造場址的地產，並由紐約與紐澤西港務局（Port Authority of New York and New Jersey）控有新大樓所有權，港務局是個區域性公共機構，已經擁有並控制港口和機場等重要基礎建設。多年來，紐約州的州立機關也租用位於世貿中心的辦公室，藉以平衡直到1990年代末期，就在此綜合大樓摧毀前夕，華爾街地區辦公空間市場需求的不足。所以說，打從一開始，雖然世貿中心是由公共基金資助，卻是由很小一群人掌控：州長自己，以及港務局這個公共機關，後者由他任命，而且只對他負責。

　　不過，公共所有權和控制，卻跟私人管理結合起來。如今眾所周知，就在9/11之前幾週，港務局將世貿中心辦公大樓租給當地房地產開發商賴瑞・席維史坦（Larry Silverstein）。因為他是承租者，席維史坦在大樓倒塌後收取辦公大樓的保險給付，但基於相同理由，他也承擔重建大樓的唯一責任。雖然重建對市政府和地方社區委員會都有利害關係，但只有席維史坦跟港務局有權做出決策、說明規則，一如建築評論家保羅・戈德伯格（Paul Goldberger）所寫的，在紐約，政治與金錢往往塑造了大型公共工程。於是，世貿中心場址以其特有的方式，在 9/11 之後成為堪稱美國最重要的公共空間，但其治理就同聯合廣場一般零散分裂。[37]

　　人們一旦開始想到世貿中心場址將如何、何時、以什麼形式重建，這種零散分裂就顯得功能不彰。席維史坦與澳洲房地產開發商西田美國公司（Westfield America，握有規模龐大且有利可圖的世貿中心地下購物中心租賃權），共同計劃將這個商業中心重建為9/11以前的模樣。彭博政府、紐約州長帕塔奇及其他民選官員，也偏好迅速重建，相對地，某些公眾成員（一度包括朱利安尼市長）認為對2001年遇害者的最佳紀念，應該是讓該地區成為開放空間。不過，市府官員有兩個目標，恢

復紐約做爲全球金融中心的形象，以及支撐攻擊事件後急遽下滑的下
曼哈頓地產價值。然而，市長不同意席維史坦和州政府將世貿中心重
建爲辦公大樓的看法。彭博的觀點反映了現實，自1980年代起，下曼哈
頓居民人口數成長，辦公空間需求卻不斷減少，跟中城和紐澤西州北
部恰成對比。代表三萬多名住在翠貝卡（Tribeca）的閣樓住宅、華爾街
附近改裝的辦公大樓，以及砲台公園市（Battery Park City）新公寓住宅的
鄰里居民社區委員會，爲建造住宅、文化設施及商店大聲疾呼。但他
們歷經艱辛才使意見能被聽見。令人難以置信的是，一開始，無論市
政府或地方社區委員會，都在規劃會議中缺席。

　　紐約州對世貿中心公共空間的控制權，掌握在共和黨州長帕塔
奇、港務局，以及州長於9/11後迅即指派的下曼哈頓開發公司，這個
新州立機構的成員手中。帕塔奇希望尋求共和黨2008年的總統提名，將
世貿中心的迅速重建視爲明確的政治優勢。爲此，他牢牢握住了控制
權。前任州長確立的慣例支持了帕塔奇的角色。跟1920年代成立的港務
局一樣，下曼哈頓開發公司直接隸屬州長。如同州的其他公共機構，
它可以在沒有選民或州議會批准下，做出供建設之土地使用和發行債
券的決策。下曼哈頓開發公司不僅是紐約州當局在重建議題上應付紐
約市的門面，而且是由州長決策的唯一最高權威當局，用以應付每個
人，從美國政府到受害者家屬。

　　不過，下曼哈頓開發公司沒有代表公眾的合法性。帕塔奇州長第
一次指派的，是個與金融業關係緊密的全男性、純白人團體。後來，
屈服於彭博市長和其他地方民選官員，包括多年來代表下曼哈頓的民
主黨州議會發言人的壓力，帕塔奇州長擴大了下曼哈頓開發公司的規
模，任命一名女性，她是地方社區委員會主席，以及彭博市長提名的
好幾位成員。州長的行動稍稍增加了公司的族裔多樣性，整體而言，

152

使公司更能代表一般公眾，並替地方社區在重建中創造出一個正式角色。但即便如此，還是挑起了爭議，因為下曼哈頓開發公司缺乏來自中國城的代表，中國城位於金融區東北邊，該地區在9/11之後中斷了交通，商業和居民因而持續受苦。通過將中國城納入遠至運河街這麼北邊的下曼哈頓區域，使其獲得再開發的利益，這個議題才解決。

涉入世貿中心場址的公眾，其組合可謂混雜。居民、金融公司、大商業地主，當然還有遊說下曼哈頓開發公司和聯邦政府的開發商，以及民選市府官員和中國城代表。不消說，這些團體幾乎沒有共同利益。此外，另外兩個重要的利害關係團體，也因應9/11的特殊形勢而成立：第一個是恐怖主義攻擊的受害者家屬與生還者，本身就是個分歧的團體，包括共和黨員和民主黨員，支持美國攻擊阿富汗和伊拉克的人，以及反對這場戰爭的人；高薪專業人員和投資分析師；技術性與服務性勞工，當中許多是移民；穿制服的消防隊員與警察，他們的同袍兄弟姐妹遭到殺害；第二個團體是建築師、都市規劃者和設計師，他們要求邀請更多優秀建築師團隊來為該場址提案，並且邀請更多公眾參與來定奪提案。下曼哈頓開發公司想出三個詞的口號，表達他們希望從所有這些團體中浮現的共識，但他們竭盡全力的結果——「反思、恢復、重建」（reflect, restore, rebuild）——只不過將利益衝突轉化為長期紛爭。這個座右銘的每個元素，都囊括一連串赤裸裸的政治與文化鬥爭，引發接二連三的混亂爭議。

「反思」會在恐怖攻擊受害者的紀念活動中有具體形式。但是一開始，衝突還是集中在到底該不該建造紀念物，或者，興建的話，是否應該覆蓋雙子星大樓的長方形足跡，這個大多數罹難者死亡的地方，或是任其留白。因為許多遺體埋在該場址的瓦礫和泥土裡，有些受害者家屬呼籲就讓這塊「聖」地留在那兒。其他人想保留他們心愛

的人消失無蹤的這個可見銘記。經過在媒體公開進行，以及下曼哈頓開發公司閉門進行的許多冗長辯論，還有本身也引發爭議的設計競賽後，終於達致妥協：足跡會變成邊緣種植小樹林的反思水池。當時，另一樁重大戰役是針對如何在紀念碑銘文部分組織三千名罹難者姓名所引爆的。應該隨機排列姓名，或是讓罹難者跟他們的同事放在一起，因為許多人是在工作場所一起身亡，或者根據他們死亡所在的塔別和樓層？警察和消防隊員姓名是否應該依據指揮單位來分類？罹難者姓名是否應該依照位階排序，亡故的消防隊長、警察分局長及行政官員先於較低階雇員？或者，如彭博市長建議的，每個人都應該照字母順序排列，以顯示死亡面前人人平等？

　　另一個問題涉及紀念場址應該包括的建築物類型。廿世紀末，許多世俗紀念物包含了某種博物館，展開一段敘事來塑造歷史記憶。紀念德國納粹猶太受害者的大屠殺紀念館，提供了最具影響力的典型，但是其他國家的政府，例如南非，也建造了博物館，藉由展示日常人工製品──政治小冊子、身分證、武器、奴隸枷鎖──重現過往的壓迫情景，將個人生命聯繫上更大的故事。哪一種博物館能夠傳達9/11 *154* 恐怖主義攻擊的驚恐駭人，並能透顯出受害者之死的高道德宗旨，紐約針對這些議題爆發了辯論。這會是一間純粹的國家博物館，展示迎合美國利益的敘事，或者它多少將奉獻於普世價值？下曼哈頓開發公司不怎麼高明的妥協，意在成立一座「自由博物館」；包括受害者家屬成員在內的批評者卻認為，要掌控這樣一座博物館的信息，不是件容易的事。畢竟，他們認為，他們的親人是因伊斯蘭基本教義派對西方的不寬容而死；不應將「自由」獻給攻擊者。但是，自由博物館怎能限制國家最基本的權利之一：言論自由？參與者無法找出一種解決爭端的方式，最後，他們決定不在紀念場址設置博物館。

　　還有，紀念物由誰來買單？聯邦政府依循1980年代爲艾利斯島（Ellis Island）移民遺址翻修確立的模型。雷根政府的一項關鍵決策，即艾利斯島私有化，將管理國家認同之重要象徵的職責，轉移到新創立的私人基金會手中。藉此方法，政府會獲得該場址的榮耀，並提供公園管理員做爲具體可見的公部門現身，但私人捐助者則會支付大部分帳單。

　　導致博物館終結的國家認同與普世價值之間的衝突，也妨礙了針對世貿中心場址的另一個主要成分——文化中心——的協議。雖然當地居民想要藝術及表演設施以滿足社區需要，下曼哈頓開發公司卻在文化團體之間掀起場址空間的競逐，並在哪一種文化活動最符合場址「神聖」特性上，遭遇了強烈歧見。就跟博物館一樣，下曼哈頓開發公司是否及如何限制言論自由，來捍衛美國政府的利益，並安撫憤怒的納稅人，同時迎合受害者家屬的感受，也引發了令人不安的問題。下曼哈頓開發公司最初選擇「塗畫中心」（The Drawing Center），蘇活區一間頗受矚目的小型博物館，但它在2005年被逐出計畫，因爲當時有些人認爲那裡稍早舉辦的一場展覽中，展出了可以視爲批判美國越戰期間政府政策的藝術品。文化中心就跟紀念館的其他元素一樣，「反思」的目標無法提供架構，來將多樣利益塑造成爲單一的寰宇主義表達，一如攻擊過後頭幾天在聯合廣場自發產生的事。「反思」無法整合有爭議的公眾。

　　下曼哈頓開發公司座右銘的第二部分「恢復」，也無法成功塑造共識。一方面，實質議題使得解決什麼東西要重建得像9/11以前一樣、什麼東西要改變、多久以後要展開重建，以及誰來買單等問題，變得困難重重。另一方面，情緒議題，尤其是受害者家屬最直言不諱代表的願望，阻止下曼哈頓開發公司與私人開發商席維史坦及西田達

成協議。地下購物中心是主要的爭論焦點。儘管受害者家屬不想要平庸的購物商業來污染他們親人辭世的聖地，社區居民卻迫切需要在地購物設施。與此同時，建築師、設計師與都市規劃者，化身爲重建過程的公共批評者而變得積極涉入，他們遊說利用重建來恢復街道活力，儘可能在地面設置商店，恢復被原來世貿中心設計的超大街廓抹殺的街道格網。他們認爲，這些改變將使該地區生機蓬勃且魅力無限，對居民和觀光客都有好處。但是「神聖」場所上地面商店的明顯可見，卻成爲某些受害者家屬惱怒的根源。

其他議題涉及辦公室專用的空間數量。如彭博市長所說的，越來越多居民移往市中心的事實顯示，在萎縮的金融區裡不太需要辦公室。不過，市長無法贏過紐約市最富有的商業促進區之一，下城聯盟（Downtown Alliance）所代表的下城商業地產業主；不動產業想把握州政府允許的所有興建辦公室的機會；該州的兩名美國參議員，尤其是查理斯・修莫（Charles Schumer），都替金融機構的利益辯護。他們反駁市長的立場，指出削弱城市第二大商業區——全國第三大，全世界最知名之一——會危及紐約做爲全球金融中心的競爭形象。兩名承租戶（席維史坦和西田美國公司）援引有關「恢復」的法律論點，宣稱他們的租約使其有權一呎不差地重建他們在9/11之前掌控的辦公室與商店面積。

一個相關問題涉及了是否應該「恢復」雙子星大樓的高度？雖然有些熱心擁護者希望紐約重拾坐擁世界最高摩天樓的聲望，但有種藏不住的普遍感覺是，現在高樓大廈比以前更容易遭受破壞。這個議題被世貿中心場址重建的核心——自由塔（Freedom Tower）的最後設計——給模糊了焦點。雖然它的尖塔會使它成爲世界最高樓之一，但最高樓層不會當辦公室使用。隨後媒體爆料，港務局不會用「自由塔」這個

156

名稱來行銷這棟辦公大樓，而是偏好其法定地址的低調側寫：1 世界貿易中心（1 World Trade Center）。

於是，下曼哈頓開發公司口號的第三部分「重建」，在建設一個由**州政府**的私有化治理的公共空間引起的實質問題及政治與文化困境上，拿不出辦法。重建，首先取決於紐約市房地產開發商，以及意識形態專家、大型石油與工程公司的私人利益，後者支持布希總統在他主掌白宮期間的行政權擴張。帕塔奇州長，隨後是史匹哲州長，將州長的個人利益置於市民福祉之上。聯邦及州政府都無視於地方社區和市政府的利益。受害者家屬也起了極大作用。他們的私人利益往往優先於當地居民和企業，以及言論自由的憲法權利。重建過程中，受害者家屬身為關鍵利害關係人的地位，防礙了其他公眾的不同利益表述。

由於世貿中心的歷史，相較於大多數其他公共空間，它將一直背負著突兀保全措施的沉重負擔。保護所有政府大樓和許多企業辦公室，免受迷途汽車衝撞而設置的保護椿及路障，將會是永久特徵，創造出來的公共空間經驗，將迥異於都市規劃者和設計師在重建過程開始時展望的活潑融混。到了2008年，金融區和市政府周邊，已經有三成公共空間基於安全理由禁止公眾進入。尤有甚者，贏過港務局自己所轄警察部門，取得世貿中心場址維安控制權的紐約市警局，籌謀一個由保全攝影機、警察，以及仿照1990年代倫敦發展出來挫敗愛爾蘭共和軍恐怖主義攻擊的鋼環（Ring of Steel）路障，構成的全能網絡。運用超過百架攝影機和汽車牌照判讀器，監控所有進入下曼哈頓運河街以南的車輛，協調三千台公共和私人保全攝影機，藉此，警方的控制範圍不僅及於世貿中心，更涵蓋周圍街道、公園和人行道的廣泛地帶。

如此極端的維安，所費不貲；系統架設費用預計高達1,900萬美元，每年操作費用800萬美元。雖然美國國土安全部（U.S. Department of

Homeland Security）和市政府將各自支付部分帳單，資金還是得私有化。整個安全系統是要使場址使用者的日子難過。「世貿中心的安全計畫，」《每日新聞》標題預測：「意味著警察大軍、路障和交通煉獄。」好像防禦工事環伺的領土還不夠似的，紐約市警局提議在曼哈頓中城，創造另一個由車牌判讀器、武警和公共及私人監視攝影機組成的鋼環。在現代城市生產出「純正」公共空間經驗的開放出入、自由表達和異議動員，即將一點一滴地抹除掉。[38]

星期三午後，聯合廣場附近醞釀著某件事。目擊者說，將近50名青少年聚集在麥當勞附近，看起來像是在等著某件事情啟動——它確實突然發生了。

——《紐約時報》，2006年12月8日

儘管商業促進區或美國政府盡其所能，公共空間仍然無法逃脫它們對抗的混亂起源。2006年12月某個下午的聯合廣場，來自布魯克林的高中生與附近華盛頓歐文高中（Washington Irving High School）學生不期而遇，雙方人馬「操棍棒、小刀、皮帶和拐杖這類東西」打架。前一週發生在唸華盛頓歐文高中的女孩跟揍她的男孩間的糾紛，引發了這場鬥毆。她的兄弟偕同他的朋友，從布魯克林前來替她討回公道，尋求報復。一名17歲學生被刺中胸部身亡；其他兩名青少年掛彩，這是多年來聯合廣場發生的第一起不幸事故。[39]

158

　　這類意外事件跟該地區近來的祥和形成對比。一邊是維安和監督，另一邊是歡慶與購物，有助於開放廣場供廣大民眾使用。不過，哪些是造就聯合廣場不同於世界貿易中心場址，成為貨真價實公共空間的最重要因素？是全市的犯罪率下降，或是商業促進區的財務資源，抑或公園使用者隨時關注別人的能力？又或許是一種平靜無波的社會秩序願景：好爭議的公眾，將控制權移交給私部門仁慈的當權者手中？針對世界貿易中心場址重建、州政府將公眾排除在決策過程之外的做法，以及該處的堡壘化而引發的衝突，並未提出更好的替代方案。

　　公共空間的弔詭在於，大多數時候，對更廣大的公眾而言，私人控制可以使公共空間變得更具吸引力，而由州政府控制卻可能使它變得更具壓制性，意識形態上更狹隘，而且絲毫不具代表性。我們以暴制暴來反擊恐怖主義和犯罪的這股意願，已經使我們遠遠超越城中村的微社會秩序能力。今天公眾互動的規模，要求一種我們不再能夠把握的、陌生人之間某種程度的信賴。一個有別於私人控制和州政府控制的民主替選方案，可能創造出不同的管理職責系統。這些系統將鼓勵一般市民而非企業，小公司及商家而非商業地主或城市機構，擔負起公共空間的集體責任。這種管理職責的雛型，說不定不是來自曼哈頓有權有勢的利害關係人，而是來自紅鉤公園的移民飲食攤販。

兩則全球元素的故事
紅鉤的玉米烙餅與宜家家居

他告訴我，他獲邀撰寫有關計程車司機吃飯地方的故事。很顯然，理論上，你在 *159*
這裡有個熟悉外來食品的這類男人，他們從一大堆既有選項中自由行使他們的選
擇權，而且跟資產階級餐飲企業八竿子打不著：據信是受了不虛偽的原始渴望驅
使的男人，渴求道地家鄉風味和母親料理的男人，簡言之，引領我們抵達所謂真
實事物的男人。

　　　　　　　　　　　　──約瑟夫‧奧尼爾（Joseph O'Neill），《荷蘭》（*Netherland*, 2008）

　　七月中旬某個週六下午，這座城市因華氏96度高溫和極端潮濕而
陷入昏厥。你以為到戶外水中會比待在地鐵涼快，所以你在下曼哈頓
的華爾街碼頭排隊，搭乘免費水上計程車，橫越東河來到布魯克林水
岸的紅鉤。這趟行程由瑞典大型倉儲式連鎖店（big-box chain）宜家家居
贊助，幾個禮拜前，它在紅鉤的紐約市第一個灘頭堡才開幕。因為該
鄰里是出了名的難以接近大眾運輸，而宜家家居希望引誘那些渴望公
寓裡有瑞典式現代沙發，卻沒有私家轎車的顧客，於是決定贊助從曼
哈頓出發的水上計程車。他們有個防止從布魯克林搭便車的系統。踏
上渡輪之前，你手上得蓋戳印，以便計程車公司的員工，在宜家家居
指導下，回程時可以拒絕搭載任何不是來布魯克林購物的乘客。

　　坐在渡輪頂層甲板上，你陷入一股歡樂企盼的氣氛中。小船滿載，共30多名乘客，有些是幼童和他們的父母，全都由於在陽光燦爛的午後外出，浮於水上的不尋常快感，還有購物之旅的愉悅，而面帶微笑和開懷大笑。小孩用手機相機拍照，每個人都讚嘆港口另一邊的自由女神像，幾名乘客指點那條夏季充當公共藝術計畫而設置在河上，斯堪地納維亞藝術家奧拉福・艾利亞森（Olafur Eliasson）設計的人工瀑布。雖然這趟行程不到十分鐘，卻是紐約客喜愛的娛樂類型：在城裡舉止宛如觀光客的機會。

　　渡輪橫越河流，進入酪乳海峽（Buttermilk Channel）後，你開始看見布魯克林岸邊的舊紐約遺跡。曾經從大船吊起和卸下貨物的生鏽龍門起重機，如巨大哨兵般站立，守衛著盆地入口，此地歷經將近一個世紀的城市港口繁榮，直到河水淺到無法服務貨櫃船，才在1960年代初期關閉港口。建造於1860年代的褐色紅磚倉庫，看起來像是就在你眼前崩毀，與閃閃發光的白色豪華郵輪，一座水上垂直城市，形成對比，它停泊在一座市政府最近建造的現代碼頭，希望吸引一種看似比較跟得上今日的旅遊業和服務經濟，而非昨日運載廢鐵、粗糖和橡膠的港口商業。環繞著彎曲的海岸線而行，渡輪即將抵達伊利盆地（Erie Basin）。在你眼前，沿岸聳立起如海市蜃樓般的東西，是個熟悉旗幟底下巨大、簇新、閃耀、藍黃色的金屬盒：宜家家居。你感覺到其他旅客忍不住發出讚嘆之聲。我們到了。

　　你們排成縱隊下船，行經宜家家居出資、全新造景的水岸公園，穿越可容納超過一千輛汽車的戶外和室內停車場，離開巨型藍黃盒子。所有其他乘客直接走進商店，帶著某種目的感而移動，就像太空人從太空梭移轉到母艦上。不過，你要去的是紅鉤球場。

　　你朝著商店前方看得見的大公園走去。你穿越紅鉤社區農場，街

坊青少年在這裡種植他們在當地農夫市場販售的蔬菜，然後，你在灣
街（Bay Street）向右轉，你發現自己被街道兩側由市府公園處管轄的大型
綠色運動場環繞。

此刻空氣十分炎熱而沉滯，球場上穿著條紋足球運動衫和短褲的
五支球隊，只是互相拍照，在小樹叢底下幾個陰影處稍事休息。家庭
在一旁的野餐桌上攤開午餐，旁觀者在一邊閒聊。人行道附近，20來
歲的男男女女在草地上做日光浴，一名只穿著兩件式圓點花樣泳裝的
妙齡女子，排隊購買攤販車上的食物。

攤販是你真正的目的地。六輛金屬推車和一邊面板開啓的卡車，
圍繞著灣街和柯林頓街（Clinton Street）安靜的路口整齊列隊，墨西哥、
哥倫比亞、薩爾瓦多、厄瓜多爾和瓜地馬拉的國旗在頭頂上飄揚，卡

紅鉤水岸的新與舊：宜家家居、碼頭與起重機。雪倫・朱津攝。

車、旗幟與人們的整體安排，爲足球選手及其家人，以及不識西班牙文的美食家，建構出一個跨國拉丁裔美食廣場。主要是白人，還有少數亞洲人，他們每週六及週日下午到紅鉤品嚐「純正的」拉丁美洲食物──玉米烙餅、焗烤玉米（huaraches）、玉米捲餅（taquitos）、玉米烤餅（elotes），醃漬、填塞、燒烤、油炸的食物──都是1970年代以來，移民在紅鉤球場烹煮販售的食物。

延遲將近三個月後，今天是2008年球季開幕日，這段期間攤販急於遵循紐約市衛生局與公園處2007年底初次強制施行的牌照與核准要求。這些嚴屬的要求及其所需費用，引發許多攤販忠實顧客的激烈反應，最突出的是當地食物部落格的作者群，如貪吃鬼（Chowhound）、豬排快遞（Porkchop Express）、認眞吃網站（Serious Eats.com），還有身爲公園坡居民的紐約資深美國參議員修莫、布魯克林區區長馬柯維茲，以及地方市議會成員薩拉·岡薩雷斯（Sara Gonzalez）。他們都擔心攤販無法遵守市府的新規定。2007年，當攤販折起帳篷收攤以越冬時，沒有人知道他們是否會回來。

開幕日慢悠悠地展開。九點不到，只有一輛攤販大卡車和兩台推車在準備營業。一支球隊在球場上踢足球，這是酷熱的當天會舉行的唯一比賽。持記事本和備妥相機的兩名記者，正在訪問攤販及圍繞周邊的少數幾個人。比賽結束時，好幾名操西班牙語的球員，點了冷羅望子（cold tamarind）和木槿茶飲（hibiscus drink）。更多攤車抵達。攤販協會的執行長西薩·富恩特斯（Cesar Fuentes），他也是其中一名攤販的繼子，豎起告示牌：「紅鉤飲食攤販，歡迎歸來。」

十點半左右，更多人在販售玉米烙餅的大卡車前排隊，這是一種來自薩爾瓦多的填料薄玉米烙餅，現在這些攤販準備提供的就是這種口味。顧客以西班牙文點餐。富恩特斯到處走動招呼老主顧，歡迎新客

人，向每個人擔保整天都會生意興隆。他跟小販雇用的兩個人說話，叫他們撿拾垃圾，維持公園整潔。瓜地馬拉攤車傳來的音樂開始播放。

到了中午，更多顧客抵達，富恩特斯的預言成眞。60個人排隊等著買食物，現在他們說英語，看起來不是西班牙裔。隊伍排得越長，低調的興奮嘈雜聲也越大聲。

到了三點，200個人耐心等候六名攤販的照料。停在街道角落兩邊的兩輛最大的卡車，吸引了最長的隊伍。約莫30名男女在馬汀內茲（Martineze）的卡車前等著買玉米餅（包裹黑豆或烤肉與騷沙醬〔salsa〕的玉米餅，做成長橢圓形，再油炸），同樣多的人在法貴羅斯（Vaqueros）的卡車前等著買果汁冷飲。你穿越其他卡車與推車旁邊排列的隊伍，沿著街區一直走，直到你來到離街角最遠的推車，羅哈斯家族（the Rojas family），她來自厄瓜多爾，他來自智利，販售裝有厄瓜多爾醃海鮮（ceviche）——醃漬的生海鮮和生魚——的塑膠盒，以及填塞肉或乳酪的智利三角餡餅（empanadas）。因爲現在小販在卡車裡面，而不在遮涼棚底下的戶外工作，你看不到成堆的薄玉米餅（tortillas），除非你排第一位，可以透過敞開的窗戶看一下。無論如何，每一個三角餡餅和每一個薄玉米餅都是現點現做的。

「這是我第一次來這裡。」一名看似華裔美國人的年輕人說道。他微笑。「很高興不必經歷時差，就可以品嘗異國料理。」

雖然卡車停靠在過去30年來攤販設立的相同地方，他們卻不再如他們以往所做的，創造出市集（mercado），那是一種露天市集。富恩特斯所憂心以及前幾個星期他在媒體訪談中提到的事——當時緊張升高導致攤販可能錯過整個夏季——已經降臨：從移動的卡車中販售玉米烙餅，而非露天販售，毀了攤販與顧客之間的肢體親近性，這是曾經將布魯克林球場轉化成小拉丁美洲的重要元素。因英美佬的飲食部落

「道地」薩爾瓦多玉米烙餅：紅鉤球場，2008年。雪倫‧朱津攝。

格而竄紅、受到公園處的規章管制，並且坐落在舟車勞頓才能抵達、除了宜家家居外沒有任何有吸引力的地方，紅鉤飲食攤販認為他們有使用球場公共空間的權利，憑的是他們既迎合移民和老饕的口味，也遵循城市官僚體制的規則。

　　儘管攤販商標裡有紅鉤部分，他們還是住在其他布魯克林鄰里：布什維克、福萊特布許、日落公園、公園坡較不縉紳化的區域。就像大部分街頭攤販，他們白天來，晚上消失無蹤。氣候限制他們只有四月到十一月的週末在此地工作。此外，和大多數紅鉤居民不同，他們是移民。這就是他們既因其「純正性」而受到媒體讚揚，又容易遭受州政府嚴格管制傷害的原因。

他們與市政府的社會距離，也反映出紅鉤和布魯克林區其他鄰里之間的實質隔離，紅鉤位於水岸與布魯克林—皇后區高速公路之間，沒有地鐵站提供便捷交通。鄰里的一邊是仍在運作的水岸，話雖如此，比起當時許多鄰里長期居民，即今天的資深市民，裝運和卸載大輪船的貨物，或在紅鉤碼頭倉庫、咖啡烘培廠和造船廠裡工作的時候，目前這處水岸的規模要小得多，也安靜多了。根據1939年《紐約市指南》（*WPA Guide to New York City*），伊利盆地是當時全國最繁忙的貨運港。1920與1930年代，紅鉤被視為危機四伏，操多國語言的地方。這裡是洛夫克拉夫特（H.P. Lovecraft）恐怖故事，以及湯瑪斯・沃爾夫（Thomas Wolfe）的〈只有死者認識布魯克林〉（Only the Dead Know Brooklyn）不法恐懼的合適場所。1950年代，這個碼頭就是奧斯卡獲獎電影《岸上風雲》（*On the Waterfront*, 1954）的場景，年輕的馬龍・白蘭度（Marlon Brando）以不朽的一句「我原本可以挑戰拳王的」（I coulda been a contender），哀悼他未能贏得能使他脫離鄰里的拳擊生涯。雖然那部電影是在紐澤西霍伯肯（Hoboken）拍的，但過去半個世紀以來，就許多方面而言，紅鉤也錯失了商業或住宅再發展以重現光明的良機。[1]

市政府從未認真尋求可能在此地落腳的新興綠色製造商，縉紳化的發展也備受限制。住屋規模太小，離大眾運輸太遠，有一些像垃圾轉運站這類的環境惡劣場所，還有個大型公共住宅社區，住戶主要是黑人與波多黎各裔，直到最近，這裡還因幫派、毒販及謀殺而聲名大噪。這些都是馬提・里奇（Matty Rich）的《衝出布魯克林》（*Straight Out of Brooklyn*, 1991）拍攝所在的「公共住宅」；在大蕭條期間，為碼頭工人、工廠工人及其家屬興建的高檔卻廉價住房，在那部電影裡，已經成為失業者的死胡同，野心勃勃年輕人的殺戮戰場。[2]

宜家家居和拉丁飲食攤販所展現的起源故事，跟早期塑造工業水

165

岸的全球貿易，以及若非年紀較長的白人屋主，就是碼頭從未雇用的
黑人與波多黎各裔公共住宅房客這類長期居民，都沒什麼關聯。拉丁
裔市集與大型倉儲商店代表城市的新開端，也就是將權力從比較衰老
而貧窮的群體那裡，轉移到新興且具移動性的都市中產階級手中。但
是當今全球商業的這兩種形式之間，存在著尺度和權力的鴻溝：一邊
是有可能被國安機構鎖定、逮捕，並驅逐出境，蒙受當地警察騷擾的
一小群移民；一邊是地方官員和開發商所追求的，受到國族國家禮遇
的跨國連鎖商店。過去幾年間，每一邊都發展出屬於紅鉤「純正性」
的宣稱，這是涉及資本投資、國家權力、媒體和消費者品味的權利主
張，卻未納入許多長期居民，無論他們是白人、棕膚色或黑人。[3]

該給宜家家居讚許。儘管因為交通、進口貨物和勞動實作而蒙受眾多批評，它似
乎泰然自若地在紐約市成功開張倉儲式商店，這裡或許是美國對倉儲式商店最具
敵意的環境，一個連沃爾瑪都棄守的地方。

——《紐約時報》，2008年5月16日

六月中旬，攤販開張日之前四週，紐約市第一間宜家家居分店開
幕。開幕事件受到宜家家居以適中價格提供精良設計家具的名聲、一
連串社區抗議與訴訟，以及從《紐約時報》到布魯克林部落格等地方
媒體上高潮迭起的文章所煽動，引發了更多期待。開幕前一個月，宜

家家居宣稱，直到店門於上午九點正式開啓前48小時，它不會允許顧
客在店門外大排長龍。「這看似異乎尋常的警告，」《紐約時報》表
明，「除了有個人在2006年加州西薩克拉門都（West Sacramento）宜家家
居開幕兩個半星期以前，出現在宜家家居店門口，另一個人於2004年亞
利桑那州坦佩市（Tempe）早了兩個星期現身。」──很顯然，全都是企
盼免費贈品。不過，宜家家居開幕也帶來悲劇。2004年沙烏地阿拉伯
的吉達（Jeddah）新店開幕，排在前頭的三名顧客，被蜂擁而上索取價值
150美元商品兌換券的八千名顧客壓死。[4]

　　潛在顧客這廂的熱衷，與紅鉤居民那頭好說是矛盾、歹說是徹底
的敵對態度，形成了對比。批評和接納兩派立場，都關注大型倉儲式
商店的性質，及其對於鄰里未來發展的意味。雖然宜家家居規模比沃
爾瑪小得多，相較於巨無霸折扣連鎖店的7,000個分店，它只有不到300
間分店，但宜家家居在全世界36個國家雇用超過10萬名員工，主要在北
美、歐洲和亞洲的經濟已開發國家。單是2008年，紅鉤商店開幕的這一
年，就有另外19間宜家家居複製品，誕生於巴黎以迄深圳的都會區。
所有宜家家居店都很巨大──紅鉤店有近35萬平方呎──每一間店面
都利用倉庫式設計來削減勞動成本，並提升顧客撿到便宜的感覺。跟
沃爾瑪和其他大型倉儲式商店一樣，宜家家居仰仗大多數顧客提供自
己的交通工具，通常是開車，將他們買的東西載運回家；爲此，宜家
家居如同其他大型倉儲式商店，四周都是停車場。這家連鎖店藉由鼓
勵可持續的林業，以及禁止雇用童工，來彰顯企業社會責任宣示，這
與它們通常遭指控在商店周邊造成交通阻塞及空氣污染的環境罪惡，
形成鮮明對比。無論這些狀況是否當眞損害了居民生活品質，或只是
拿來捍衛房地產價值的屏障，它們已經引起包括紅鉤社區在內的許多

社區，反對宜家家居的開店計畫。

167　廿一世紀的頭幾年，這間連鎖店開始在紐約市周邊郊區建造商店圈。許多擁有轎車的紐約人驅車前往位於紐澤西伊莉莎白鎮最近的宜家家居，朱利安尼市長抱怨道，光憑那裡賣給市民的拆卸式書櫃和瑞典肉丸，市政府就損失了幾百萬美元營業稅收。但多數大型倉儲式連鎖店很難在城市裡找到一席之地。首先，紐約的土地使用分區法禁止量販店在幾乎任何地方設址，除了水岸邊的工業區。第二，要在建築稠密的城市取得足以建造30多萬平方呎的店面和停車場土地，既困難又所費不貲。第三，當商店因應市政府的要求，改善附近街道、公園與地鐵站而增加成本時，它們往往就放棄了。然而，在某些案例裡，最嚴重的問題是社區抗拒。一些紐約人反對坐落於水岸的大型倉儲式商店美學，其他人則不喜歡將原本開放的公共空間移交供商業使用，住在規劃場址附近，甚至住在像紅鉤這類棕地（brownfields）*的居民，說他們無法接受每天幾千名購物者的汽車穿越他們鄰里，造成交通阻塞和空氣污染。紅鉤地主組織指出，鄰里的鵝卵石街道不適合大量的繁忙交通，並強調，在提議的商店位置附近缺乏公共運輸路線和高速公路匝道。

　　事實上，宜家家居在紐約市裡或附近開店的努力，都不盡成功。2000年，鄰近北郊的600名新羅謝爾（New Rochelle）居民，擠進一場聲明不贊成連鎖店在當地興建商店計畫的公聽會。雖然有些居民基於營業稅和貨物稅對城鎮稅收的潛在貢獻而歡迎宜家家居，大多數居民則因為三項有爭議的問題而強烈反對它：預計穿越社區街道的交通流量增

---

* 譯註：brownfield 通常指原為工業使用而可能有污染或危險物質的土地。工廠關閉或遷離後，棕地成為有待清理污染和再發展的用地。

加；房地產價值可能減損；以及計畫拆除26間企業、兩間教堂和160棟住屋，才能興建商場。歷經兩年爭論後，宜家家居放棄在新羅謝爾開分店的計畫。[5]

然而，與此同時，連鎖店與一名房地產開發商協議在布魯克林興建店面。他們選擇的第一個據點，靠近郭瓦納斯運河（Gowanus Canal），已經替當地公用事業公司設置了一個煤炭轉運站，而且位於再開發預定區的中心。可是這裡也一樣，社區團體抗議宜家家居的計畫。興建商店可以不必遷移任何住屋或企業，但住在靠近舊工業場址的地方居民，仍然反對汽車交通可能造成的空氣污染與交通阻塞。這些居民寧願採納能夠生產娛樂設施和新住宅的替代策略，而當地開發商和社區組織也支持這種升級郭瓦納斯的願景。在郭瓦納斯遭遇挫敗，宜家家居將目光轉移到紅鉤水岸一塊未使用的土地，一個有奄奄一息的船塢，幾乎沒有住宅，沒有商業再開發指望的地方。在這個場址開設宜家家居，看起來是勢在必得了。[6]

不過，重新開發紅鉤水岸可不是件容易的事。1995年採行的一項以社區為基礎的197a計畫，要求混合工業、住宅和零售商店，一開始獲得城市規劃委員會支持，但後來遭駁回。個別計畫無法克服地方企業和開發商之間，或者白人屋主與黑人及波多黎各裔公共住宅社區房客之間的利益衝突。一名當地房地產開發商說，他試圖在附近一個閒置的市有倉庫，籌劃開一間美食超市——費威（Fairway）分店，一間流行的曼哈頓連鎖店——社區團體馬上引爆異議。當地政治人物承認，超市可以為失業鄰居，尤其是公共住宅住戶，提供就業機會，並讓居民取得他們極為欠缺的廉價新鮮蔬果。然而，屋主們力陳水岸素地可以找到更具社會價值的用途，並反對預期中的汽車交通量增加。歷經兩年多協商，市議會投票核准將倉庫賣給當地開發商，開發商將與費威

168

合夥建造商店。當時紅鉤的市議會議員，曾經為了將倉庫場址做為負擔得起的住宅之用而施壓，卻因為開發商保證在以市場費率出租的高樓層公寓外，替當地藝術家和非營利團體增加33,000平方呎的免費工作空間，轉而同意支持出售。[7]

169
費威的爭論，反映出白人屋主與黑人公共住宅房客之間缺乏共識，前者想藉由新住宅建設來提升水岸，後者想要工作，以及開發商與企業主之間缺乏共識，前者要蓋商店和住宅，後者想要將舊港口周邊的工業設施升級。這些爭論預示了宜家家居出現於該場景時，針對交通、體面購物及工作的歧見，可能形成衝突。然而，一般說來，當費威最終在2006年開幕，它的存在暗示了布魯克林的縉紳者和美食家的升級品味，已經發展出對於該地區再開發的影響力，如果還稱不上是權力的話。畢竟，費威早在15年前就「發現了」紅鉤，租用當地倉庫空間存放進口橄欖油。

相較於費威的冗長衝突，宜家家居進入紅鉤只花了三年。雖然針對汽車造成空氣污染的宣稱，還是被當成重大議題再度提起，公司試圖一開始就處理這個問題，說它們會安排前往商店的公共渡輪和巴士運輸；宜家家居沿著未使用的伊利盆地，鋪設蓊鬱的造景水岸散步道，算是給個甜頭。連鎖店經理精明地強調，它們在該場址提供五、六百個營建工作，以及同樣數量的店內永久工作，所帶來的經濟影響力。「這些是高薪工作，」公司的房地產主管說：「而且宜家家居的整套福利措施很棒。」不過，社區意見分歧，400名白人屋主和縉紳者多半反對宜家家居，而7000名黑人及拉丁裔公共住宅房客大多支持它。交通和工作的話題主導了衝突，在社區委員會、城市規劃委員會，以及市議會召開的連續幾輪公開聽證會裡激辯，雙方陣營都宣稱彭博市長站在他們那邊。一開始，他說他是這項方案的支持者，他接著說，

「但我想，如果我住在那裡，我就不知道我的立場會如何了，坦白說。」甚至宜家家居說它能提供有意義工作的宣稱，都遭到市府審計長抨擊，審計長反對店方打算在紐約碩果僅存修船設施之一的老舊乾船塢上，為了停車場而施作鋪面的計畫。除了審計長，地方官員都表達他們對宜家家居財力雄厚的欽羨之情。「二戰以來，再沒見過這等規模的投資。」市議會議員岡薩雷斯表明，她的前任在因賄賂指控而喪失席位以前，是支持費威的。儘管這片地產閒置了幾十年，她說，「在宜家家居將它們的提案和銀子放到檯面上來談之前，從來沒有人站出來，對那片場址施以財務援助。」簡言之，如果商店帶動經濟發展，它就能夠在紅鉤發掘「純正的」地方。[8]

2008年6月，商店超前進度開幕當天，來了幾千名顧客。水上渡輪每隔20分鐘駛進碼頭停泊，記者與電視工作人員成群簇擁著身穿黃色宜家家居T恤的員工，中午時分，1,400個停車位全數停滿。看起來多半是黑人與拉丁裔的家庭，帶著小孩一同購物，許多穆斯林母親戴著頭巾（hijab）。雖然這天是工作日，多數大人都去工作，仍有許多顧客光臨，人數多到收銀台排隊結帳就花了30至40分鐘。購物者也湧進自助餐廳，他們等候半小時才吃得到宜家家居著名的瑞典肉丸和炸薯條。

誰料想得到，竟然有這麼多布魯克林人會屈服於商店的「瑞典癖」（Swedephilia）？在布魯克林就跟其他地方一樣，瑞典設計的吸引力會不會是觸碰到了某些情緒，而在某種程度上，這是與宜家家居同樣仰賴亞洲與南半球製造產品的梅西百貨（Macy's）或凱瑪百貨（Kmart）沒能辦到的？答案很清楚，一整個開幕日，購物者成群湧進紅鉤，週末還繼續搭一小時三趟的渡輪前來，如果不是著迷的話，肯定是饒富興味的徵兆。因為宜家家居沒有發行官方聲明，我們很難了解商店雇用了多少當地居民，不過，許多員工及幾乎所有收銀員都是黑人，在商

170

店前面等候的西印度裔貨車司機，以及另一間委外公司提供的保全人員，也是黑人。總體而言，除了規模宏偉外，這間店看起來跟布魯克林的面孔如出一轍。然而，它看上去並不像再過幾條街區的紅鉤球場上的飲食攤場址。[9]

這是由普通鄉親供應的「道地街頭小吃」，他們歷經共有的歧視，在異邦辛苦討生活的同時，回饋他們的家人。

——「J.史列柏」（J. Slab），豬排快遞網，2006年8月22日

不同於宜家家居進入紅鉤，那則涉及房地產開發、零售連鎖店擴張，以及社區抵抗的廣為人知敘事，飲食攤販抵達紅鉤，卻是壟罩在個人記憶和家庭歷史中，並摺疊進入更長遠的當代移民敘事裡。最早的攤販於1970年代中期來到球場，因為跟他們一樣是中南美洲移民的家庭成員，在那裡踢足球。剛開始，有些女人只是帶食物來，讓她們在公園待了一天的家人有得吃。然而，漸漸地，他們開始考慮賣吃食。「他們是來家庭旅遊，來野餐的。」紅鉤最資深攤販的女兒安娜說。她來自哥倫比亞的母親，1974年起就在球場販售自製食物。「而且，她舅舅在這裡有許多朋友。大家會湊近過來，問問她的食物。她帶來牛排和阿瑞巴玉米餅（arepas）〔南美洲玉米麵包〕，你曉得嗎？野餐要吃的。所以很多人開始問她，『你這有在賣嗎？』於是她說有，然後，她開始帶更多食物來賣。」[10]

在那些年裡，從拉丁美洲來到紐約的週末足球隊員，開始組成全國聯盟，例如自1973年起在紅鉤球場比賽的瓜地馬拉足球聯盟（Liga de Futbol Guatemala）。雖然墨西哥聯盟（Liga Mexicana）早兩年成軍，現在是城市裡最大的拉丁裔足球聯盟，但它在過去幾年才開始在球場嶄露頭角。我們不清楚，早期球隊是否由不同國家的球員組成。今天，紅鉤球場藉由墨西哥聯盟所組織的週六活動，以及瓜地馬拉聯盟安排的週日活動，不僅吸引拉丁裔男人，還吸引來自不同國家的男女足球員。[11]

紐約足球運動的普及，以及紅鉤球場上的拉丁裔優勢，反映出1985年美國修法以來，拉丁美洲移民的大量激增。1980到2000年間，攤販所代表的國族中，住在紐約的薩爾瓦多與厄瓜多爾移民數量增加三倍；哥倫比亞人四倍；瓜地馬拉人八倍；墨西哥人36倍。1985年，紐約市有一間賣薄玉米餅的店；2001年，墨西哥移民經營的六間薄玉米餅工廠，位於布什維克與東威廉斯堡之間，稱爲「薄玉米餅三角」（Tortilla Triangle）的一小塊布魯克林地區，一星期生產1,000萬個薄玉米餅。2000至2007年間，墨西哥人數增加超過10萬人，達到28萬9,755人，厄瓜多爾人口數增加超過5萬而達到20萬1,708人。雖然持有文件的合法移民，最多是來自多明尼加共和國（2007年紐約有60萬2,093人），但墨西哥人和厄瓜多爾人，是成長最快速的拉丁裔群體。[12]

1988年起在球場販售焗烤玉米（淋上美乃滋和萊姆汁的烤玉米穗）和熱帶果汁的墨西哥裔攤販裴卓，第一次是跟朋友來紅鉤看足球賽。「我沒看到有人賣墨西哥食物，」裴卓說，「我開始賣一些東西，因爲公園裡空無一物〔沒有小吃攤〕，只有踢足球的人。」

172

來自薩爾瓦多的尤蓮達一家人，1980年代開始在球場販售食物。「我母親跟著我舅舅來，」尤蓮達說道，「然後是我舅媽。你知道，這是家庭活動。」

　　「然後，你知道，他〔舅舅〕不斷告訴我們，『有很多從家鄉來的人。我確定如果你們去那裡賣玉米烙餅，肯定會發財的……。』但我說，『我**這輩子**從沒做過玉米烙餅！』」

　　尤蓮達的母親也不懂如何製作玉米烙餅，但她舅媽有這項技術。「然後，我舅媽教我表姊（她女兒）。所以我就以收錢起家；我是出納。〔表姊〕是製作玉米烙餅的人，我媽媽翻動玉米烙餅，並給顧客端上。這就是我們創業的過程。」

　　「然後，漸漸地，我就說，『我也要學！』我就慢慢開始了。」

　　另一名來自瓜地馬拉的女攤販之子約瑟，1991年開始跟朋友來球場看球賽。有個朋友已經在那裡賣吃的，「你知道，過一陣子，他們才告訴我，『你怎麼不帶你媽來？』於是我帶來我媽，然後他們跟你說，你知道，『幹些活！』然後〔1996年〕，她就開業了。她剛開始賣炸玉米餅（fried tacos）。」今天，球場上的十名攤販中，只有一名——來自厄瓜多的瑪蒂爾德，2003年開始賣醃海鮮——在她家鄉開了一間餐廳。然而，少數幾名攤販運用她們的球場經驗，進入了紐約的餐飲業。安娜的母親瑪塔，在返回紅鉤的前幾年，離開紅鉤到布魯克林其他地方開了一間小餐館；另外兩名先前的攤販（墨西哥人跟宏都拉斯人）在布魯克林其他鄰里開餐廳。

　　打從一開始，在球場販賣食物就是家務事。一如其他移民自營的室內生意，家庭成員提供勞動力、磨練新技能，並聯合湊足往往是他們最欠缺的資金。他們仰賴他們記得的家庭食譜，利用手邊可得的原料準備傳統食物，重新創造出帶有創新融合的家鄉味。在買方跟賣方共享相同族裔背景和語言的市場中販售傳統產品，確立了令移民賓至如歸的共同文化空間。同時，非拉丁裔則感到彷彿偶然發現了外國飛地，布魯克林裡一個出乎意料的小拉丁美洲。不過，這可不是典型

的飛地經濟。不像附近的日落公園，這處鄰里沒有大量的新拉丁裔移民。沒有哪個在球場擺攤的攤販曾經住過那裡。相反，紅鉤攤販的起源故事跟足球密不可分，雖然這些生意連繫上了足球或其他運動，例如紐約小說《荷蘭》裡的板球，可能代表了美國夢的新形式，但這些生意僅僅因為鄰里先前的衰退，才設址於紅鉤。

1970年代，第一批飲食攤販抵達時，鄰里仍蒙受前十年港口關閉之苦。儘管一些廢金屬交易商、食品經銷商和廢物堆積場還在，但大多數倉庫與碼頭呈現半閒置或廢棄狀態；未來的宜家家居場址托德船廠（Todd Shipyards）逐漸衰退凋零。市政府談起興建貨櫃港口，可能為紅鉤的失業屋主和公共住宅房客創造就業機會，但是當1975年爆發城市財務危機，這些計畫就無疾而終了。那時候和往後幾年，城市沒有錢去居間折衝碼頭的經濟發展，或去維持它在紅鉤擁有的大量公園空間。「幾年前，」修復費威紅鉤倉儲店的當地房地產開發商格雷格·奧康（Greg O'Connell）說，「這是個破爛地方。在這裡，你會看見野狗成群。見不到半點人影。」13

裴卓提及1980年代晚期，「那個時候，它真是醜，」他女兒卡洛萊娜補充說，「你知道，他們會在這裡發現死人。」裴卓說，「很多毒品。」「賣淫。」卡洛萊娜接著說，「沒有白人。」「沒有家庭，因為這地方……就是……沒有人煙。是個糟糕透頂的地方。」

「噢，老天，這裡很可怕，」安娜回憶道，「我以前常被嚇到。晚上八點不到，我就，怎麼講〔她裝出一副驚嚇害怕的表情〕。這裡很危險。爆發很多打鬥。而且沒有警察。」

移民的出現開始逐漸改善公園。「我們的朋友來了，」裴卓說，「我們相互關照。我們，譬如總共有十個朋友，我們互相幫忙。我們不怕；我們相互扶持。時間一久，我們就讓這個地方變得更好。」

城市命運的好轉和新居民的稍稍湧現，也有助於改善地方。1980
年代晚期，公園處接受房地產開發商索爾・古德曼（Sol Goldman）捐
款，翻修距離攤販場址一街之隔、有歷史價值的游泳池。紀念性的設
計風格，建造得像是大蕭條期間的公共工程計畫，游泳池是羅伯特・
174 摩西諸多城市地景貢獻之一，但就像威廉斯堡的麥卡倫公園游泳池，
由於不幸的城市預算侵蝕，以及鄰里內部的社會與種族緊張，導致游
泳池停用。1991年公園處重新開放修復後的游泳池，家庭才再度前往
公園。那段時間，藝術家和縉紳者開始在紅鉤租用廠房閣樓和購置房
產，導致持續不斷的振興傳聞。接下來十年期間，城市稅收表面上看
來日趨穩固，加上商業促進區和保存委員會接手部分財務負擔，公園
處因而得以清理球場，做為改善全市公園計畫之一。紅鉤並未經歷全
面更新，部分原因在於，水岸地區究竟會有商業或住宅開發這個懸而
未決的衝突，儘管如此，鄰里開始吸引媒體更多正面積極的評論。

　　一則有關紅鉤飲食攤販的早期但罕見的報導，出現在1994年《紐
約時報》的餐廳評論，艾里克・阿西莫夫（Eric Asimov）的「25美元以
下」（$25 and Under）專欄。阿西莫夫被委派找出位於城市文化評論
家的雷達偵測範圍內，鄰里街坊裡頭便宜又好吃食物的職責，他藉由
談論球場上的足球賽來展開這項任務。他寫道，「世界盃足球明星，
就是在像郭瓦納斯灣附近街區這塊彈丸之地長大成人的。」試圖在布
魯克林區衰退水岸的粗獷特性，與西班牙裔聚居區孩童的滿懷希望之
間，採取平衡觀點。[14]

　　阿西莫夫繼續說，觀看足球賽最好跟食物一起享用，「球場周邊
是簡單架設桌子和烤架的家庭，販售一些紐約最好、最新鮮的街頭小
吃。」他欽羨他們非正式性的程度，不亞於對他們食物的欣賞，因為當
「帶著紙箱的小販四處兜售啤酒、蘇打水和芝蘭口香糖」，這幅球場景

象看似且聽似薩爾瓦多或墨西哥的街頭市集。他「在人行道烤肉鐵架上燒烤大塊牛排，以及放在垃圾桶頂上的大鍋子裡煎豬肉和三角餡餅的家庭」中間閒逛，描述「年輕女孩挨坐桌邊揉麵糰，將成品交給姐姐和母親去填塞內餡，然後燒烤」的過程。阿西莫夫停下來讚賞玉米烙餅，他也推薦「甜墨西哥粽」、「玉米脆餅」（crisp tacos）和「炸豬皮」（chicharrones），他說，這「不過是炸豬皮，卻比任何小吃來得美味」。阿西莫夫的專欄十分偏袒攤販，卻是第一世界評論家遭逢第三世界食物時，備受異國情調吸引而粉飾貧窮的標準修辭。他們在女人準備的粗陋食物中發現「純正性」，雖然阿西莫夫沒有用這個字眼。[15]

　　這不過就是攤販實際工作的方式。當時和現在一樣，家裡的女人準備食物，男人則與顧客閒聊並收錢。今天，這些攤販裡只有一個男人煮食，多明尼加人路易斯與來自薩爾瓦多的西西莉亞結縭，她賣薩爾瓦多食物。跟其他攤販一樣，路易斯最初也是因緣際會來到球場。不過，他可不是來看足球的；他是應他未來妻子的邀約，「來嚐嚐玉米烙餅，並會見她的家人」，他們已經在那裡賣吃的了。雖然路易斯從14歲開始，就幹過各式各樣的活，但他真心喜歡做菜。當西西莉亞的一名家庭成員決定不在球場當攤販，家人就邀請路易斯加入：「同一天，我記得，他們正在湊錢幫忙買補給品，然後我記得我說，『先生，拜託，我錢不夠。』但那不成問題，他們說沒問題……會面後，我們去喝杯咖啡，我當時還沒意識到，我的生活剛剛起了多大的改變。」

　　路易斯很快適應了薩爾瓦多食物，還搖身一變成為料理專家。「這是一門藝術，」他說道，「製作玉米烙餅是一門藝術。」他甚至教跟他一起顧攤子的年輕女孩們（一個是表妹，一個是從另一州到紐約州來過夏天的家庭友人），填塞再對摺包好食物。「但我不動手做，」他說，「因為在中美洲，你絕對看不到製作玉米烙餅的男人。

那是女人家幹的活。在薩爾瓦多，文化是很沙文主義的。有點不一樣，因為在聖多明哥（Santo Domingo）──是的，〔那裡〕你可以看見做菜的男人。」

攤販從替家庭野餐帶來食物，轉變到販賣食物，藉此，他們保留了中美洲廣場的非正式氣氛。他們繼續在露天煮食，並且在他們早晨架好、夜晚拆除的桌邊販售特餐，這是一項終究會引來紐約市衛生局關切的設置。今天，來自第一代和第二代移民的家庭成員在攤位上工作，他們的小孩在親戚注意下於附近公園玩耍。四、五年前，安娜的父母獨自在攤位工作。「現在，」她說，「〔我們的母親〕需要我們幫忙，所以我們就過來幫她。」其中一個墨西哥攤位，瑪利亞跟她姑媽羅莎及其姑丈璜（主要的業者），連同其他叔叔阿姨一起工作。

176 如同大多數攤販業者，羅莎和璜一星期工作七天，羅莎負責準備食物：星期天晚上洗髒盤子，為下週末的菜色張羅材料，星期一備妥肉，從星期二到星期五，都在為星期六早晨做萬全準備。其他家庭成員只有週末才在攤位工作。這是攤販家庭內部男女及父母孩童之間的典型分工。對第一代而言，擺攤是個全職工作，儘管他們可能另外還有某個替其他人效力的全職工作，還承辦婚禮和宴會酒席等臨時工作。對第二代而言，週末在攤位工作，既是在經濟上幫助父母的方式，也是道德義務。當家庭企業培育到最終如此成功，以致他們還得雇用其他家庭成員，甚至是薪資勞工，到了這種時候，這份工作也不失為對他們自身收入不無小補的生財之道。

雖然很多第一代攤販說不好英語，但他們的成年小孩，包括小時候來美國的1.5代和這裡出生的第二代，都說得一口流利英語。他們至少受過高中教育，有些是大學生或研究生，包括銀行家、護士，以及正在攻讀碩士學位的社工人員。某些第二代成員經營不同類型的小型

企業，搬到城市外圍或史坦頓島（Staten Island）郊區，週末回來布魯克林顧攤。飲食攤販的小孩不像韓國或俄國移民的小孩那樣有高學歷，他們比較有可能在追尋自己的職業生涯的同時，留在家庭事業，至少兼差幫忙。相較於在工廠或餐廳裡工作，沒機會發展創業技能的拉丁裔移民子女，家人在球場賣小吃所賺的錢，以及小孩發展出來的積極進取觀念，可能帶給第二代更多社會及經濟資本上的激勵和奧援。

小孩對於攤販的成就功不可沒。除了在攤位工作，第二代還充當父母與不斷增長的非拉丁裔顧客群之間，父母與媒體之間，以及最重要的，父母與掌管紐約街頭攤販的國家機構（城市公園處與衛生局）之間的協調者。這些勢力對於創造攤販的「純正」地方，即他們在紅鉤做生意的權利，至關重大。

來到球場購買玉米餅和鮮水（agua fresca），詢問麵糰（masa）和玉米烙餅（baleadas）的非拉丁裔人數，夏季有很明顯的增加。此外，形形色色的各方人馬——包括法律系學生，甚至有德國製片——到此吃喝兼〔做〕研究，於是，這片生動活潑的場景現身你眼前。

——「J.史列柏」，豬排快遞網，2006年8月22日

1970年代以降，紅鉤的顧客群在兩個重要方面有所改變。首先，隨著更多移民從拉丁美洲各國抵達紐約，到球場踢足球，他們遇到他

們不認得的食物，這些食物是由跟他們一樣操西班牙語，但並未共享文化中其他元素的攤販準備及販售的。同時，不斷增長的非拉丁裔顧客群，將攤販的產品當做「純正」食物來詮釋並推廣。結果，每一個攤販代表一種國家文化，但整個市集則拉丁美洲化了。

「墨西哥人不知道玉米烙餅爲何物，他們的反應是，『那是什麼？』」尤蓮達說。「然後我們說，『這是玉米烙餅。』然後他們說，『裡面包什麼？』於是我們告訴他們，『肉跟乳酪；我們有不同的內餡。』然後他們可能就，『好吧，給我來一個嚐嚐。』」對尤蓮達這個薩爾瓦多人而言，她學著去喜歡瑪蒂爾德賣的厄瓜多醃海鮮。出於相同的理由，當約瑟的母親陳列她的瓜地馬拉炸玉米餅，墨西哥人就把它們當成炸玉米粉卷（flautas）。

儘管如此，假以時日，**不同**拉丁美洲特產的出現，在不同桌上以西班牙文**並排銷售**，還是創造出一股不尋常的泛拉丁美洲氛圍。大多數顧客向他們的同鄉攤販購買食物。但不像在家裡，他們也向其他國家的攤販買吃的，一些攤販除了自己的食物，也開始準備賣起其他國家的食物。紅鉤攤販在紐約市開創了某種獨特的東西：一個純正的拉丁美洲文化空間，專供品嚐不是以純正的墨西哥或厄瓜多爾或薩爾瓦多的方式販售的道地拉丁美洲食物。來自相同區域不同國家的移民，以這種方式重塑純正性，並非前所未見；紐約、倫敦和多倫多的西印度裔移民創造出泛加勒比海嘉年華會，哈林區的移民攤販開創了非洲市場，在紐約開餐廳的韓國老闆販售點心和壽司。但紅鉤攤販既利用其共有文化，也善用其文化差異，打造出豐富的泛拉丁美洲空間。[16]

其次，更重要的顧客群改變是，「美國人」或攤販口中的白人顧客，變得越來越多了，他們既非拉丁裔，也不是移民，而且不說西班牙語。攤販不確定他們的大宗顧客群什麼時候開始從拉丁裔轉變爲白

人，但這個時間點不會早於廿一世紀初。到了2008年，攤販評估他們的顧客有五到六成不是西班牙裔，週間則多達八成。在攤販通過衛生局檢查，重返他們在球場的攤位之前，他們有些人在布魯克林的跳蚤市場擺攤，那是在格林堡一處校園舉辦的戶外以物易物集會。[17]

一些攤販認為白人顧客增加，反映了不斷擴張的，包括紅鉤在內的布魯克林鄰里縉紳化。但這也反映了攤販與日俱增的媒體曝光，尤其2003年左右開始浮現的食物部落格和維基。這兩個趨勢彼此相關，因為縉紳化的人口變遷，往往表現在部落客的文化消費語言中，在本例則是再現了新穎、流動的都會中產階級品味，尋覓「道地」食物的經驗。

英語系美國人或許宣稱熱愛玉米烙餅，但事實上，他們多少有所不同的飲食偏好，已促使攤販微調菜單。墨西哥裔攤販羅莎，遵循她母親的普布羅族（Pueblo）食譜，但最近做了些改變：「既然我們跟不同的人合作，包括更多白人，我們就添加不同東西。我們增加更多蔬菜。在這裡，人們比我們喜歡吃更多蔬菜。因此，我們就改變像那樣的小事情。」尤蓮達的家人經歷了同樣的經驗：「我們改變〔2006年的菜單〕，因為〔我們的顧客〕群體改變了。我們以前常搭配肉、乳酪和純乳酪吃〔玉米烙餅〕，因為那就是我們喜歡的東西。但是當人群開始改變，那就是我們引進豆子和乳酪的時候。」

烹煮玉米烙餅的多明尼加人路易斯聲稱，絲毫未改他薩爾瓦多老婆的家庭食譜。但是，當另一處玉米烙餅攤位旁的顧客，可能是新近的移民或來自他們國家另一區域的人，告訴尤蓮達的家人，「在薩爾瓦多老家，他們做蝦子玉米烙餅。」尤蓮達回憶，「〔我們〕說，『喔，真的？不曉得味道如何。』所以我們回到家〔我家廚房〕，我們嘗試做出來，幾經試驗，然後賣給大家，問說『你覺得怎麼樣？』

結果他們的反應很好。」

179 　尤蓮達之所以願意試驗不同成分，部分出於要與路易斯的攤位競爭，因爲兩名攤販都專賣玉米烙餅。飲食攤販協會試圖透過限制提供相同菜餚的新攤位數量來管制競爭，但吩咐長期在那裡的攤販煮什麼，卻不是件容易的事。尤蓮達的家人，比路易斯和西西莉亞早八或十年在球場上賣食物，他們豎起「原創玉米烙餅」招牌，如他們所說的，「以示區隔」他們跟路易斯的攤位。他們自認爲是球場上的**純正**薩爾瓦多攤販，這同時意味了他們是當地第一家，以及他們創造出原創產品。「在老家，〔搭配玉米烙餅的〕甘藍菜是白色的，」尤蓮達聲明，「但打從一開始，我們就決定做成桃紅色。現在如果你買〔路易斯的〕玉米烙餅，甘藍菜也是桃紅色的。去年起，他才改成這一種。」隨著路易斯入選2008年攤販獎（Vendy Ward），即頒給菜餚被評定爲紐約市最佳的街頭小吃攤販的年度榮譽的最終入圍者，這種競爭感勢必日趨尖銳。

　如果攤販有點費力去區分他們攤位之間的認同，那麼，他們也得對付足球運動員、顧客和代表不同國族的攤販夥伴之間口味的起伏變化。1974年起在球場販賣食物的哥倫比亞裔攤販瑪塔，回憶起她剛到這裡，當時「比較多波多黎各人。在其他場地踢〔足球〕的人馬，比較混雜」。同時，她記得當時有比較多賣食物的哥倫比亞人：「〔今天〕我們是碩果僅存的。」1996年開始在球場擺攤的瓜地馬拉攤販約瑟說明，「沒有多少西班牙裔來這個公園。也沒有多少運動員、球隊。他們老說，我們需要他們〔足球聯盟〕……但情況不再是如此。**他們需要我們**。」

　另一方面，路易斯卻認爲，「〔我們攤販必須向〕許許多多的人，那些即便沒有足球賽，還是衝著我們產品而來的人，甚至是美國

人〔自我推銷〕。」但是他們也得努力維繫拉丁裔顧客：「我們要幫助瓜地馬拉聯盟，好讓他們獲得他們所需的宣傳，我們就會有更多場足球比賽。西班牙裔公眾可以去其他地方，到法拉盛〔皇后區〕或其他地方……。我們必須確定紅鉤賽事的獎賞豐厚。否則，最佳球員和球隊就會轉移陣地，移師到像法拉遜或任何有更大獎品的地方。」

相較於拉丁裔與白種人之間的文化差異，來自不同家鄉拉丁裔顧客的多元混雜，給攤販造成的問題較少。不過，配合英語系美國人的食物品味，卻比適應他們的用餐時機和節奏來得容易。對拉丁裔而言，吃東西只是一日球場無縫體驗的一部分。他們踢球或看他們的朋友踢足球，他們替自己最喜歡的球隊加油歡呼，他們和家人話家常，跟上母國的消息，而且吃吃喝喝。相對地，「白種人〔來〕兩小時，」羅莎說，「他們吃吃喝喝……走馬看花……然後離去！但是拉丁裔，不這麼做。因為拉丁裔，你知道〔她和她姪女瑪利亞相視而笑〕，他們來，吃早餐，再多吃一些，而且他們也在那裡吃晚餐。」

英語系美國人在他們盤子裡混搭各種食物，品嚐各種味道、口感和食材；他們發展出一種囫圇吞棗的習慣，同時嚥下各種不同食物。然而，拉丁裔培養出一種文化感，讓他們懂得在一天不同時段吃適合的食物。「早上，」羅莎說，「他們吃早餐食物。中午的時候，他們吃水果。到了傍晚，他們吃玉米。拉丁裔改變他們吃的東西，但吃個不停。」

這些差異模式挑戰了攤販的生產步調。雖然英語系美國人會排隊買一兩個玉米餅，「但是西班牙裔，」瑪利亞說，「有時候他們一次買十個玉米餅。有一個人，他買十個。跟他們一起的其他人就坐下來。」不過，英語系美國人不熟悉拉丁美洲食物，對生意有好處；現在不僅更多英語系美國人向攤販買東西，有些人還買了各式各樣不同

180

產品，只是爲了嚐嚐看。「他們讓我們的銷售成長兩倍。」另一名墨西哥裔攤販裴卓說道。「西班牙裔，」卡洛萊娜解釋，「他們在家裡做〔這種〕食物。對白人而言，他們在家不做〔這種〕東西。他們就來〔吃〕。」

> 我和我太太昨天到那裡，在球場旁邊整排帳篷／攤位當中好幾家吃東西。一如往常，我指指點點就買了，但〔我〕不太清楚每一樣究竟是什麼。
>
> ——史帝夫（Steve R.），貪吃鬼網站，2003年5月5日

將白種女孩（blanquitos）帶到紅鉤——廿一世紀初期將她們成群結隊引進來——的是網際網路，尤其是當時出現的飲食部落格和位於布魯克林的維基。「就是網路，」富恩特斯指明，「就是來自新主顧的草根努力……。那是部落客革命。」

有關攤販的最早貼文，出現在美食家的維基，2000年10月1日貪吃鬼網站的外區（Outer Boroughs）版。雖然這則貼文提供十分正面的觀點，但作者並未表現出他對這些餐點的熟悉。非得將玉米烙餅描繪成「跟墨西哥捲餅差不多大小，約六吋。他們用麵糰做成一個口袋，裡頭填塞絞肉和乳酪，然後將口袋折起來，壓平再煎」。貼文最後寫道，這裡「值得一遊」，因爲「這些版面的讀者偏好的似乎就是這種道地食物」，拉丁裔攤販「替那些懂得門道的人烹調美味」。用小說《荷蘭》的文字來說，這種食物是「眞實事物」，因爲它傳遞出「家鄉和

母親廚藝的道地口味」；食物很好，因為它符合了「純正性」的公認標準。

這則貼文的回應寥寥可數，直到三年後，2003年5月5日，才有另一篇有關攤販的貼文，這次由史帝夫撰寫，提到食物「很棒」，但作者同樣不認得任何菜名。「一道是『鬆餅』，裡頭顯然有乳酪和肉，在我們面前現煎。另一道是像玉米粉卷的東西，跟雞肉之類的東西一起油炸，最後在上頭淋上紅色醬汁。第三道是在墨西哥捲餅攤，但用很大一片薄玉米餅包住餡料（布里多捲餅〔burittos〕？）。任何建議？謝謝。」

當天稍晚，另一篇貼文指出「鬆餅」是薩爾瓦多玉米烙餅。不過，六個星期後，才首度有篇冗長的貼文，興高采烈討論到有關菜色的具體細節。「這是美食天堂，」恰克（Chuck）宣稱，

> 布魯克林迷的絕對必遊景點。我品嚐過的每一樣東西都棒透了，尤其玉米烙餅堪稱無與倫比的享受。給小吃留個紀錄，有兩家玉米烙餅帳篷是我在的那天搭建起來的〔尤蓮達和路易斯的攤子〕。其中一家大排長龍，三、四個電影明星臉的女人在排隊，（我品嚐各種食物的）另外一家隊伍排得更長，也有較為樸實無華的美女在列。另外，一個樣子如家長般的男人很遺憾地告訴我，牛奶玉米糊（atole）剛剛售罄──下次我會提早到！現場與食物之間，可能是我待在城市六年來，遇過唯一最叫人心醉神馳的景點。

短短幾行字，恰克不僅勾勒出「純正」美食體驗的所有特徵，包括「美麗」、「樸實無華」的女人，「如家長般」的男人，還將這種體驗聯繫上縉紳者和時髦客的情感喜悅（「心醉神馳」）。比阿西莫夫將近十年前的專欄更進一步，這名作者將異國情調和原始主義結

182

合起來，這與其說是有關紅鉤，不如說是關於都市香格里拉（Shangri-La），一個充斥前所未聞喜悅的神祕地方。至於恰克，這位尋找城市裡「純正」地方的人，顯然不是拉丁裔。

接下來幾年間，其他地方維基和部落格都強調，紅鉤攤販的食物嚐起來有多**美味**，以及它們有多**便宜**。這時候，明顯的魚鉤就是**純正性**。艾莉森・波亞斯基（Allison Bojarski）在高譚市民網（Gothamist.com）每日部落格上撰寫「純正的墨西哥、宏都拉斯、哥倫比亞、瓜地馬拉、多明尼加，以及薩爾瓦多食物」，她稱讚攤販願意「從上午十點鐘開始，用手拍打玉米烙餅餡餅，直到當日定額份量用完爲止」。除了食物外，鄰里的純正性也吸引她，那是有「貧瘠的國宅社區」和藝術家的「布魯克林偏僻角落」。波亞斯基強調，她已經「多次」到紅鉤「探險」，藉此建立她的街頭信譽，以及她身爲文化消費者的憑據。正如新都市中產階級的許多其他人，她透過努力贏得的地方知識，建立起她**自己**的純正性，她的城市權。[18]

位於布魯克林的飲食部落格「豬排快遞」創始人暱稱「J.史列柏」，對此抱持有點不同的看法。史列柏喜愛攤販食物，而且是專訪富恩特斯的第一位媒體人，但是他翻轉了將攤販視爲複製遙遠異地食物而別具純正性的常見框架。相反，他認爲攤販之所以純正，是因爲他們對於快速縉紳化的城市提出異議。關鍵在於**尊重**，J. 史列柏表明。「在一個縉紳化的鐘聲開始震天價響，費威來臨，而宜家家居就在不遠處的地方，這樣的場景拒絕改變，就是要做自己，我們得尊重這個事實。」他以紐約的角度重新詮釋純正性，也就是抗拒縉紳化的生活方式，但那卻是縉紳化的部落客，如哈林區白人居民，得以消費的生活方式。[19]

攤販發言人富恩特斯同意這個觀點。他強調，「從拉丁裔到非拉丁裔〔以及〕乃至更迭變動的鄰里所發生的典範轉移。」對富恩特斯而言，在迎合該人口變遷趨勢，擴張飲食攤販顧客群的過程中，媒體，尤其豬排快遞扮演了關鍵角色。不過，富恩特斯對於攤販的純正性有他自己的見解。他不認為口味具有異國情調，女人很質樸，或者市集場景是塵土飛揚的中美洲小鎮的感性召喚。他認為攤販是技藝精湛的工匠，「他們那一行的巧匠」。跟「賣給你熱狗或冰淇淋」的一般街頭攤販不一樣，紅鉤飲食攤販「用靈魂及愛心烹調，猶如他們在家做菜。這就是你在這裡獲得你的東西的方式：**新鮮**的純正性」。

183

> 拉丁裔家庭在紅鉤球場搭起臨時餐廳，提供他們真誠道地的家鄉菜，這是紐約市僅見真實食物的最後堡壘之一。倘若一系列髒水〔熱〕狗車、香腸與胡椒攤，或某個最高投標者將他們取而代之，肯定是東施效顰。
>
> ——艾德‧列文（Ed Levine），認真吃網站，2007年6月5日

儘管（或說因為）他們與日俱增的名氣，紅鉤飲食攤販成為掌管街頭小吃和公園的兩個市府機關嚴格管制的對象。2007年6月，在攤販的夏季活動展開後，紐約市公園處突然決定要「管制」多年來他們准許攤販的臨時使用授權。不再繼續核發四星期的許可證，也不再一整季都能更新證件，公園處將強制實施如同其他公園採用的公開招標過程，以利攤販購買長期執照。儘管拍賣會原來可能成為令人痛苦的年

度程序，公園處最終決定核發六年效期的使用許可證。但同時，紐約市衛生局宣稱紅鉤攤販工作了30年的環境，違反城市衛生法規，威脅他們如果不符合獲得許可證的資格，就要他們關門大吉。

　　沒有人確切知道為何市府突然展開攻擊。公園處說是因為攤販想要延長使用球場的季節，他們想超越臨時使用的限度。雖然衛生局宣稱他們不知道食物是在紅鉤球場上準備及販售的，但大多數攤販隱約記得，衛生檢查員在八到十年前探訪過他們。同時，富恩特斯宣稱他「有收據」證明，攤販曾經在紐約市消費者事務局「登記有案」。富恩特斯還指出市政府強行取締的財務理由。他說，紐約的首席財政首長市府審計長發現，公園處沒向攤販收取拍賣使用許可證所能榨取的那麼多錢：「〔審計長辦公室〕〔現在〕在這類事情上強逼我們就範。」不過，真正促使市府展開攻擊的原因是，紅鉤的逐漸縉紳化，以及迫在眉睫的宜家家居開幕。「縉紳化有趣的一點，」富恩特斯說，「在於……一旦這個改變發生，有些人就會遭到驅逐。遲早。這事在哈林、威廉斯堡發生過，這裡正在發生。」

　　事實上，1990年代以來，市府機關就沒給攤販好日子過。1970和1980年代，當時公園處職員不足，也沒想要強行控管城市困頓地區的公園，他們將使用許可證售予瓜地馬拉聯盟，讓聯盟去處理攤販。富恩特斯說，「那就是一種非常模糊，非正規的吸引力。」但是到了1990年代，有更多拉丁裔移民來到球場，公園處才正式要求聯盟申請許可證。雖然飲食攤販跟聯盟之間仍有非正式安排，但他們卻漸行漸遠。關係破裂的原因並不明朗，不過，1990年代，伴隨更多販售食物和飲料的攤販，因為垃圾持續堆積如山，啤酒非法消費等問題也隨之而來。由於這兩個議題，到了2000年，攤販就落入地方警察轄區、地方社區委員會、衛生局，以及布魯克林區公園處長朱利斯‧史匹格爾（Julius

Spiegel）手中，此外，攤販也跟聯盟關係搞砸了。就在這個時間點，當一名會說英語和西班牙語的大學生富恩特斯，週末在他家的攤位油煎芭蕉的時候，攤販請他代表他們去跟當局協商。「史匹格爾給我個機會。給我兩個星期。這兩個星期之內，改變開始發生。」

富恩特斯為捍衛攤販利益而發展出三方策略。首先，他堅持，像商業促進區一樣，攤販應該負起衛生和安全的責任，請人來清除遺留在他們公園區域內的垃圾，不管那是攤販自己的，還是其他人的垃圾，同時禁止賣酒。「2000到2004年，我們真的清乾淨了我們的活動。」富恩特斯說。「我是指字面意義。」他還常跟當地警察分局首長會面：「只是要讓〔街上巡邏的〕警察知道，我認識他。」然而，最大改變是他將飲食攤販組織成自治協會，如此一來，他們可以集中資源、協調行動，以富恩特斯的單一代言來發聲。或許因為他大學唸的是社會學，富恩特斯看得到集體行動之美。

不僅因為公園處和警察，也因為跟地方政治人物、主流媒體與部落客的關係，攤販的名聲漸隆。2006年的媒體報導高峰，富恩特斯說服攤販，將他們的團體整併成一個非營利協會，根據美國聯邦稅法條款，代碼是501c6。他解釋他們成立商貿協會，「主要願景是保存和維繫34年的傳統，即紅鉤飲食攤販。」富恩特斯「可能已經有預感」，如他所言，日益興盛的宣傳名氣，可能促使市府機關更仔細地檢驗攤販。無論如何，來年當公園處要求他們為使用許可證出價投標時，他們新的非營利身分幫了他們。

這項要求激起嚴重焦慮。攤販不知道為了一張在球場販售食物的許可證，他們將面對多少競爭者，或者一次成功投標的費用有多少。他們聽說在城市最賺錢的地點之一，即大都會藝術博物館前面佔有一席之地的熱狗攤販，單單為了取得許可證，一年就要付10萬美元。

（據公園處指稱，當時中央公園熱狗攤的單季許可證費用，從600美元到30萬美元不等，視地點而定。）[20]在紅鉤，飲食攤販為取得一系列可以更新、為期四週的許可證，單季共支付10,500美元，還有額外一筆3萬美元清潔費。倘若其他團體或個別企業家為了這張新的使用許可證提出更高價碼，攤販就可能失去他們發展了34年的地方，也會喪失他們生計所繫的主要部分。公園處發佈申請表所需的時間，以及填寫表格的規定──從六月，公園處告知攤販他們得進入拍賣會競標許可證開始，到隔年一月，攤販終於拿到申請表為止──都令他們感到困擾。此外，公園處規定申請表的繳交期限只有四個星期，而身為飲食攤販協會執行長的富恩特斯負責填寫表格，但他還有一個社工人員的白天工作，「許多不眠不休的夜晚」。

186　　就在這個時刻，攤販協會內部的緊張關係爆發了。好幾名成員指控富恩特斯沒有完整結算他從他們那裡收取的錢，一個月幾百塊美元，並指摘他給自己支付太多薪水。富恩特斯辭去他的執行長職位來回應，並威脅不再代表攤販跟市府機關協商。三個星期後，經全體攤販簽署的請願書請他回來，並向他保證，他們的「完全支持」，富恩特斯才重返崗位。[21]

富恩特斯長期培養的人脈關係，以及他自認應該整合攤販團體成為非營利組織的預感，都在這次許可證危機中發揮作用。一名地方發展公司職員協助富恩特斯完成40頁的許可證申請書，這是他代表非營利組織而不是替個別攤販所做的。「當一個非營利組織提出申請，」富恩特斯說，「那就是市府真的有必要認真考慮了。因為它並不貪婪，它是為了某件事。」在等待公園處核發申請書、並再次等待他們決定的幾個月裡，攤販也從地方民選官員和媒體的支持中獲益，這是富恩特斯積極徵求來的支持。「我決定直截了當，」他說，「我決定

攤牌。首先，我決定知會我們的密友、我們的支持者、新聞撰稿人……。然後，我們進軍政治人物，他們因為部落格上的消息散播得很快而十分主動。」

　　結果，紅鉤飲食攤販的使用許可證投標，根本沒有競爭對手，公園處以攤販原先季繳10,500美元的相同價格批准了許可證。新許可證有六年效期；涵蓋一整年而不僅是夏季月份，而且第一年後，每年只增加5%的通貨膨脹率。富恩特斯將攤販的勝利歸功於支持他們的媒體，但他更加視之為民主獲勝：「即便有十分強大的勢力運作，」他說，「沒有比團結起來的人民力量更巨大的東西了。它不僅牽涉攤販——12個人及其代表。它牽涉的是為了某事奮鬥的整座城市。它成為象徵。」

對我來說，要寫這次更新真令人哀傷。這個理當歸我們掌管的政府機關，卻再一次對我們的樂趣，特別是對這塊紐約市瑰寶，造成了莫大損失，將這個曾經是紐約市最特殊且值回票價的經驗，化約為只不過是又一項類型化、淡而無味的經驗，跟他們設想我們所可能擁有的、那種官僚管制版本的樂趣，沒什麼兩樣。讓我們歡迎一個30年來沒有製造問題或意外，成功繁榮並取悅紐約市民的時代結束了。

　　　　　　　　——史帝夫M.（Steve M.），吠聲網（Yelp.com），2008年8月17日

187

　　雖然攤販團結一致，在贏得公園處核發團體許可證時大為奏效，但每個家庭卻是憑藉一己之力，才使其攤位符合城市衛生法規。這是個所費不貲、曠日費時的過程。為符合衛生規定的食物準備，每名攤販都得找到一輛衛生局要求的那種封閉式流動卡車或推車，湊足錢去

買輛車，還得翻修或改裝才派得上用場。買一輛二手卡車很貴──可能要花15,000到30,000美元──加裝設備以通過衛生法規檢查，要額外付20,000到30,000美元。攤販家庭湊齊他們的積蓄來應付這筆開銷，某些成年小孩拿他們的房子抵押貸款，其他家人則向他們家鄉的親戚尋求借款──不尋常的反向匯款。家庭成員開車駛往東岸，以便在可能合適的二手卡車方面拔得頭籌，但有些攤販，即使花費了數千美元安裝新設備，第一次還是沒通過衛生法規檢查。此外，因為公園處直到2008年3月底才核發完整許可證，好幾名攤販等到那時候才購買裝備。這就是為什麼7月中旬的開幕日，協會最早從衛生局領取證照的12名攤販裡，只有6名攤販準備好在球場做生意。[22]

　　裝備只是問題的一部分。衛生局要求在攤販工作的每一個人，從業主到每一位助手，都要取得飲食攤販證照。這要求每一名攤販和員工去上衛生食品準備課程；通過四小時課程，他們能獲得兩年期的流動飲食攤販許可證，通過15小時課程，則可以獲得終身許可證。另一個問題涉及將每個攤位的所有員工編入名冊列管。領有執照的街頭攤販必須繳稅；這一點要求他們將業務整併，或以獨資企業提交報稅單，這將使他們的帳目公諸聯邦、州及市府稅務官僚，乃至於所有州政府機關，包括美國移民暨歸化局和國土安全部。最後，為了這張使他們的卡車得以接受檢查的衛生局許可證，每個飲食攤販要付200美元，他們還得在一處物資供應所租用空間，於週間停放卡車。

　　經過幾個月的許可證危機大戲，包括市府機關弄丟書面資料時，最後關頭的控訴和反訴，紅鉤飲食攤販終於準備重返球場。三月，他們贏得公園處許可證的消息一出來，每週《布魯克林報》（*Brooklyn Paper*）的標題確立了歡樂的基調：「紅鉤攤販回來了！」接下來三個月，飲食部落客、廣播電台，以及紐約市的主要報紙，焦慮不安的報導和滿

188

懷希望的臆測，就一直絡繹不絕。到了六月初，富恩特斯四處接受訪問，寄發電子郵件公告，說明攤販可能返回的時間。支持者，包括專業記者和主廚，將前一季的錄影剪輯張貼上網。這座城市看似集體急切盼望且屏息期待攤販的開幕日，但仍有些人拿宜家家居的即將來臨開玩笑，預料墨西哥玉米捲餅和瑞典肉丸之間的文化衝突。

富恩特斯告誡攤販的許多粉絲，符合衛生局的要求可能會讓攤販的吸引力大為改觀，這給人留下陰鬱的印象。「我們的勝利是苦樂參半，」他告訴豬排快遞網，「儘管我們有吸引力，實質的、獨特的美學——飽經風霜的頂篷防水布，舊世界的食物市集，以及獨特的『市集』感——還是無法保存下來。」這個早期「特質」，他在後來的廣播專訪中說道，「很粗糙，很**純正**。」[23]

儘管大多數的攤販粉絲的忠誠依舊，但每個人都注意到了改變。少數部落客甚至發表負面評論。新顧客抱怨購買食物久候、遭攤販粗魯對待，以及卡車排放的廢氣。對老主顧而言，有更嚴重的問題：親密感消失無蹤。當然，這一點不令人意外，因為深感置身邊緣的攤販或許給顧客那樣的印象，也就是他們處境的不確定延誤了準時開幕的季節，縮短了他們能夠努力回收投資的營業天數。在卡車裡工作或許比較衛生，但是在球場準備及銷售食物的整個過程，不再像從前那樣非正式了。此外，應付許多非拉丁裔顧客，無法讓即便是最富慷慨精神的攤販，假裝他們是在替鄰居或朋友做菜。相反地，誠如史帝夫M.和其他人在吠聲網上提及，球場的販售行為儼然成為官方控制的場域。相較於1990年代到2000年代初期，現在要將攤販視為布魯克林快速再開發的制衡，可謂困難重重，而且肯定和1970年代來到紅鉤的第一批攤販當時大異其趣。展望未來，移民飲食攤販似乎不太可能與距離幾個街區外，宜家家居實施的另一種全球商業形式共存。[24]

∽

「真實世界：布魯克林」（晚上10點的音樂電視台）⋯⋯觀看八名20來歲年輕人在附有人造海濱和迷你曠奇健身房（Crunch gym）的屋子裡放鬆地表演，然後因為他們不是以純正布魯克林生活方式過活而取笑他們的人，實在沒抓到重點。即使這間房屋位於紅鉤。

——《紐約時報》，2009年1月4日

　　宜家家居開幕前夕，布魯克林的居民文化評論家之間有個共識，咸認宜家家居不符合布魯克林區的「純正」生活風格。它對勞工階級的傳統主義者來說太空泛，對時髦客來說過於順服：他們說，宜家家居的美學大概吸引不了任何人，而且會辜負紀念性的水岸遺址。反對宜家家居的紅鉤居民則抱持不同觀點。他們認為商店會引來龐大交通，使該地區「淪為瘋人院」，這是一位居民的說法。然而，該店開幕幾個星期內，媒體報導了一則新共識：真正的影響沒那麼糟。《紐約時報》指稱，宜家家居的免費渡輪與接駁巴士「將沒有地鐵站而難以抵達的鄰里拉近距離」，出乎預期的大量遊客中，有許多人在鄰里周邊漫步，確認了一件事：紅鉤現在似乎挺有意思的。「是變革（It's transformative）。」建築評論家菲利浦・諾貝爾（Philip Nobel）在《大都會》（Metropolis）雜誌裡寫道，無意識地喚起恰克先前在貪吃鬼網上有關飲食攤販的貼文，「是動力（It's transportive）。」無論如何，透過玉米烙餅或瑞典肉丸，消費文化即將改變鄰里，從都市廢棄地帶轉變為終點站：「現在紅鉤，頭一遭，位於通往其他地方的道路上。」25

當然，要是認為宜家家居購物者和紅鉤飲食攤販粉絲是獨立的部 *190*
落，各自擁有自己的口味和習俗，那可不切實際。儘管有宜家家居迎
合大眾消費的批評——參見電影《鬥陣俱樂部》（*Fight Club*, 1999）中艾德
華‧諾頓（Edward Norton）飾演的角色說到「我已經成了宜家家居築巢本
能驅使的人……。哪種用餐擺設將我定義為人？」一景——但大致上
算有創意的20來歲人，以及想成為不墨守成規者的人，還是由衷喜歡
宜家家居的產品。這不全跟現代設計有關。丹尼爾‧梅爾（Daniel Meyer）
在紐約時報網站的馬克‧彼特曼飲食部落格上的貼文裡坦承，他時
而去紅鉤球場旁吃墨西哥烤餅（quesadillas），時而到宜家家居吃瑞典肉
丸。這篇文章激起了其他讀者貼文，他們承認自己也喜愛瑞典肉丸。
這是否意味了口味已經從攤販轉向宜家家居，或者有機會和平共存？[26]

富恩特斯針對飲食攤販易受縉紳化傷害的擔心，似乎是有根據
的。不過，攤販已經願意招攬非拉丁裔人士做為新顧客，不僅調整他
們在球場的菜單，還在其他地方尋找新客人。根據一篇最近的貪吃鬼
網站貼文，紅鉤飲食攤販十個裡面有兩個，深夜將卡車停在郭瓦納斯
運河附近的音樂俱樂部前面，向看完表演走出來的老主顧兜售餐點。
弔詭的是，攤販為了留在球場而添購的卡車，使他們更具移動性。不
過，這或許是不由自主的移動，經由幾項因素而強加在攤販身上：新
連鎖商店激起了對於紅鉤不斷轉變的期望；美食家的族裔飲食口味變
化多端，再加上經濟危機中的可支配收入減少；以及，全市有越來越
多墨西哥餐廳和飲食卡車加入競爭，當中有些不是拉丁裔業主。

路易斯爭取2008年攤販獎時，輸給了范德利兄弟（Vendley brothers）
停放在曼哈頓街頭的兩輛餐車「迷你連鎖」（chainlet），他們是三名來
自南加州，在卡萊克西柯（Calexico）販售炸玉米捲（tacos）和炸玉米餅
（carne asada）的白人；他們2009年在紅鉤附近水岸開了一間室內餐廳。

這不表示路易斯的玉米烙餅不好，但這確實顯現出，攤販在寰宇主義是一種生活方式的用餐者城市裡，面臨了激烈競爭，以及純正性總是會有新詮釋。[27]

路易斯敗給范德利兄弟也顯示了，經過所有攤販為達到城市機構要求所做的種種努力，歷經他們贏得的所有政治支持，而且經過所有媒體的報導後，他們仍未能獲得永久的城市權。許多街頭攤販被警察和執法機構追捕，被植栽和其他街道設施，以及地方「反攤販」規則逐出中心地帶及鄰里購物街。和路易斯一樣，紐約的街頭攤販約有九成是移民。多半不會說流利英語。他們發現很難抵禦國家安全組織實施的不可預知的強制行動。2008年，市議會針對旨在減輕攤販負擔，以及專職飲食販售許可證數量從3,100增加到25,000張的法案，舉行了聽證會，同時，彭博政府卻提議，針對試圖無照且於非法地點販售炸玉米捲謀生的移民採取嚴厲措施，按壓因非法販售而遭逮捕者的指紋。[28]

隨著市政府試圖揣摩如何應付不同全球化形式的要求，紅鉤的未來勢必得承受更多曲折。有些人認為，未來成長的最佳策略是振興紅鉤的產業根基。就在宜家家居開幕之前，紐約暨紐澤西港務局簽訂了租約，允許貨運港口在接下來十年繼續在四個碼頭營運。而且，一項新研究批評市長允許宜家家居將老舊乾船塢改建成停車場，因為這使得航運業難以在紐約市獲得整修。[29]

但這不是正在進行的唯一計畫，而富恩特斯對於攤販無法在紅鉤縉紳化過程中存活的擔憂是對的。2007年的許可證與執照危機──在宜家家居抵達的前夕發生，或許不是巧合──幾乎將在球場位址逾30年的攤販驅逐出去。如果他們以其特有方式創造的這個空間算是城中村，那麼城中村就蒙受沿水岸逐漸成形的連鎖店企業城市威脅。

然而，攤販的支持者試圖想像另一種模型。攤販的2008年旺季

結束之際，在非洲、南亞和卡崔娜颶風過後的紐奧良，設計並建造社會服務計畫的非營利團體，人道建築紐約分會（the New York chapter of Architecture for Humanity），籌劃一場在球場設計永久市場的創意競賽。這個市場將再度生產出衛生局實施新管制措施以前，攤販創造的非正式市集。保持環境衛生並符合法規的同時，它能恢復攤販在露天帆布頂篷下替顧客烹調的即時性。有31件參賽作品提交給兩個評審委員會，其一由五名紅鉤攤販組成；另一個委員會比較專業，包括富恩特斯、豬排快遞網的「J.史列柏」、四名備受矚目的建築師和設計師，以及一名公園處高階職員。獲勝參賽作品的設計師獲邀與人道建築、攤販協會和公園處共同合作，替飲食攤販打造一座永久家園。這將是一個由不同的公私合夥型態贊助的新公共空間，一個「作為公共領域」的城中村。[30]

不同於傳統城中村，這個市場是個將族裔群體和社會階級聚攏在一起的消費空間──跟聯合廣場的農夫市集沒有多大差別，但肯定與購物中心的企業美食廣場大異其趣。市集對布魯克林美食家而言是勝利，但對直到最近才在法律陰影下經營的移民攤販而言，也是場勝仗。不同於對城市裡某塊地方只有非正式權利的大多數群體，紅鉤飲食攤販將會贏得對他們落地生根權利的承認。

在聯合廣場和紅鉤球場發生的城市權鬥爭，凸顯出在「純正」都市經驗的界定上，飲食消費與日俱增的重要性。食物生產開始以不同方式定義另一種公共空間（社區農園），其土地為公眾所有，但並不歸類為公園土地。在這裡，出乎意料地，另一個沒錢沒勢的利害關係群體，也贏得了落地生根的權利。

招牌與農園
爭奪根源的鬥爭

〔1970年代期間〕，我居住的紐約……正在迅速退化。它是個正在形成的廢墟，
我和友人在陶片和古墓環伺下露宿……如果你夏夜裡從鮑爾利街沿著哈德遜街以
東散步，閒置街區的雜亂蔓生，預示了即將到來的荒野，屆時，攀藤植物會纏繞
摩天大樓，磨菇會覆蓋時報廣場。

　　　　　　——呂克・桑特（Luc Santé），〈我的失落城市〉（My Lost City），

　　　　　　《紐約書評》（New York Review of Books），2003年11月6日

　　這天氣對十月中旬的週六早晨而言，顯得異常溫暖，清晰的天空
地平線綿延成一片蔚藍，廣佈於這片遙遠的布魯克林土地上方。東南
方，一架噴射客機凌越於高架地鐵軌道上頭，在它旅程的第一部分爬
升，遠離皇后區的甘迺迪機場（Kennedy Airport），它真正的出發點，
也遠離了東紐約的兩層樓紅磚房屋和空地，該地區是紐約市久負盛名
的最窮困鄰里之一。當你出了凡辛克蘭大道（Van Siclen Avenue）的地鐵
列車，從高架軌道往下走，在陰影裡，除了靜謐街頭的一間轉角酒店
外，了無商店蹤跡，你感到有些失落。但一名跟你一起走出列車、
六十來歲嬌小而面帶微笑的婦女，見你看來不是黑人或西班牙裔，察
覺到你不住在這個鄰里；她邀你跟她一塊走。

難以置信地，在下一個街區，幾乎位於軌道正下方，三座經人
悉心照料、築起籬笆，鬱鬱蔥蔥的綠色農園映入眼簾。農園內栽植整
齊，綠豆和薄荷等著採收。小洋蔥在地上冒出頭，準備在第一場寒霜
來臨前給挖掘出來。幾條辣椒透過已經過了年度最後一次收成的蕃茄
和瓜類植物葉片，閃耀著鮮紅色澤。這片綠洲淨土代表著住在鄰里的
一小群社區園丁的時間和努力。自1990年代起，園丁創造並維持這塊土
地的辛勤工作和認真規劃，既接受了市政府及州政府補助，也蒙受其
害；一如紅鉤飲食攤販，他們是不斷努力在城市裡扎根的有形象徵，
特別是你手頭不寬裕的話。你方才遇見的這位樂於助人的女性，邀你
參觀其中一座農園，佔地約三分之一英畝的一小塊地。籬笆上深綠色

東紐約社區農園：高架地鐵軌道底下的都市農業。雪倫‧朱津攝。

及白色的告示牌指稱，「新願景農園」（New Visions Garden）；另一個告示牌表明，「歡迎每個人」。

籬笆裡面有三尊塞滿稻草、穿著舊格子花呢襯衫和牛仔褲的稻草人，坐在風化了的木椅上。稻草人不是東紐約常見的景象，但它們有助於創造鄉村祥和富足的形象。一台獨輪手推車停放在附近，葡萄棚架挨著一面牆整齊排列，穿過農園後方樹木，可以瞥見農場景象的亮彩壁畫。你眼見的第一個人是瑪莉安・強生（Marian Johnson），她是退休的學校教師及新願景創始人之一，她以指揮若定的聲調向約莫12名青少年男女解說。她頭戴草帽；雖然她身穿工作褲和毛衣，但看上去很優雅，而且她顯然是主導者。你會對於她談話的青少年男女多半是亞裔，並且團體中一名女孩穿著罩袍（burkha）*而感到訝異。他們很愉快地從事強生女士指派他們的任務——除草、翻土、把東西搬來搬去。他們告訴你，他們是史岱文森高中（Stuyvesant High School）社區服務社成員，這是城裡一所最嚴格篩選的公立高中之一，那裡的學生來自全市各地。過去三年來，該社團派遣自願者每週六到農園裡工作。[1]

強生女士住在街區上，附有小前院和私家車停車空間的現代紅磚房屋，一棟整理得很乾淨的單戶住宅裡。除了彼此相連的事實之外，這些房屋看起來就像郊區住宅，而不像街坊鄰里的老舊出租住宅和小格局房屋。一些庭院周圍有黑色鐵門，柵欄飾以小巧白色石膏獅子，這是許多布魯克林鄰里房屋自豪（house pride）的標誌，廿世紀中葉起，這裡就有接連不斷的移民，最早從義大利，後來從南半球、加勒比海和非洲來此定居。這些農園附近的房屋於1980年代興建，當時名為

---

* 譯註：阿拉伯與伊斯蘭國家女性傳統服飾，從頭到腳包裹身體的罩袍，只能透過眼前一小塊網紗看到外面的世界。

東布魯克林聖會（East Brooklyn Congregations）的社區組織贏得稀罕的公共基金，並大加利用教友的財力，為中低收入居民興建需求孔急的新家園。1992年，強生女士和她12名鄰居在市政府擁有的空地上成立新願景農園；隨著他們年歲漸長或搬走，原始園丁只剩三位還在那裡工作。

　　然而，強生女士向她任教多年的公立學校同僚大肆宣揚這個農園，促使這位邀請你進來的女性莎拉‧哈利斯（Sarah Harris），搭地鐵到這裡來眼見為憑。現在，她也從教職退休了，她每週六早晨從她布魯克林市區的家裡，來到這一小塊地上工作。這是個社交的好地方，中午在秋陽下吃著墨西哥捲餅（burrito），在替來年鋪蓋護根層之前，好好欣賞你整個夏天完成的工作。強生女士帶你參觀玫瑰花叢，告訴你，她明年夏天將改變植栽，同時，哈利斯女士聽說你窗台花盆裡種了一顆櫻桃小番茄，敦促你拿些豆莢和洋蔥球莖回家「為來年」播種。不難看出這座農園，或位於街角規模較小的草本植物園，或是對街較大的菜園和農夫市集，都為舊城中村提供了新開端。

　　強生及其鄰居不是唯一緊握社區農園這條生命線的紐約人。不過，這個鄰里很重要，因為東紐約囊括了布魯克林316個社區農園裡的88個，而全市目前共有700多座農園，布魯克林區就擁有將近半數。雖然紐約社區農園裡最早且政治上最活躍的農園設址於曼哈頓東村，但東紐約是目前農園欣欣向榮的鄰里中較典型的。這些鄰里居民主要是黑人和拉丁裔，大多數是從南半球來的移民或老移民，他們許多人有農村淵源。但不同於強生女士，他們往往租賃公寓而非自有住宅，他們的房租與收入都很低。毫不令人意外，社區農園最稠密集中的鄰里擁有最少的公園。這些地方就在布魯克林北部及中部；曼哈頓的下東區（包括東村）、哈林區與華盛頓高地；以及南布朗克斯。7

　　這些地區裡社區農園的成長，顛覆了商業與政治領袖的期待。

1970危機年代期間，市府官員平靜地接受了「計劃性縮減」（planned shrinkage）的觀念—— 或說得更淺白一點，即「都市分流」（urban triage），這將容許這類低收入鄰里被遺棄而雜草叢生、最後變成叢林或農地。這個觀念經住宅委員羅傑・史塔爾（Roger Starr）在紐約鼓吹，因地方官員無所作為而在日漸貧困的城市，如底特律、巴爾的摩、紐渥克與印地安納州蓋瑞市（Gary）實行，計畫性縮減在面對資本撤離和嚴峻的實質及社會衰退時，放棄了鄰里。沒能對抗整體生活標準及居民士氣雙雙衰退的災難性後果，市府官員反而允許貧窮鄰里流失商業和居民，撤回公共服務，眼睜睜看著鄰里墮入縱火、販毒及犯罪而分崩離析。1970年代，政治人物及商業領袖可以預見的，廢棄房屋和空地唯一有生產性的用途，就是將這些空間轉化為農地或公園。[3]

197

　　紐約並未發生那些領袖規劃的狀況。1970到1990年代，社區居民及其外圍支持者克服萬難，把近千筆空地轉化為鄰里存續的避風港。社區農園賦予他們落地生根的意義和機會。無論是剛來時只懂一點英語和受過極少教育的拉丁美洲裔和亞裔新移民，或是仍因工作和家庭而離不開城市的中低收入非裔美國人和波多黎各裔，對他們來說，根源都很重要。不過，沒什麼人預料這種根源形式能夠存活。一如紅鉤飲食攤販，社區園丁過去是、現在依舊是社會弱勢群體。他們面對市政府的龐大勢力和房地產開發商同樣強大的驅動力。他們過去沒有、現在還是沒有所有權的合法權利。如同飲食攤販，他們唯有動員社區以外的支持者，才贏得他們宣稱供農園使用的土地，尤其是在媒體曝光，並利用這項媒介，才能觸及更廣泛的公眾。

　　社區農園因其「純正性」而贏得支持。然而，由於農園功能不斷變遷，從挑戰國家的草根社會運動，到族裔認同的體現，然後是一種跟縉紳者價值合拍的世俗文化認同表達，最後變成與中產階級選用

農夫市集，東紐約；社區農民販賣當地產品。雪倫·朱津攝。

當地食材的品味，以及可持續性發展策略協調一致的都市食物生產形式，純正性採取的特殊形式也隨之與時俱變。不同於大多數其他都市空間，社區農園眞是塊沃土。園丁與土壤、陽光和水一起工作，種植出各式花卉和食物，從自然和文化的敵對力量中小心翼翼經營出新生命。話雖如此，在城市裡，他們也得應付同樣殘酷的政治勢力，以及資本投資的乾旱洪澇。

要不是1970年代期間，地主、銀行與市政府棄勞工階級與較低中產階級鄰里於不顧，紐約市今天就不會有社區農園。1990年代期間，縉紳化的前景令投資者對這些鄰里街區益發感興趣之際，朱利安尼政府即敦促以新住宅開發來取代農園。開發者帶來新的資金來源——雖然

如我們現在所知，這多半植基於不穩固的信用和高風險投機——市府
官員則急於甩掉紐約的衰退形象。移動（mobility）是當今主流：資金移 *198*
動反映了投資「流」（flows），人員移動則反映了縉紳者移入和舊居民
的遷出。如果居民想留在當地的渴望，是通過社區農園來表現，那麼
移動性的壓力就是以新企業空間如咖啡館與精品店，以及新企業符號
如巨型乙烯基廣告招牌為代表。做為大眾說服形式及視覺娛樂，這些
浩大廣告淹沒了商業街，在私人住宅大樓上更顯巨大，將城市各處轉
變為自由市場經濟的促銷活動。

這是自由市場經濟；歡迎來到後共產主義時代。

——朱利安尼市長，1999年

就跟許多它們所在的鄰里一樣，社區農園有段曲折歷史。社區農
園於1970年代形成之初，反映了當時的社會運動，想伸張社會正義的年 *199*
輕人，成了反戰行動分子和貧窮鄰里的社區組織者。在紐約和其他大
城市裡，這些行動分子參與低收入租戶的房租罷繳，反抗不肯提供暖
氣和熱水或從事必要修繕的房東，並抗議僱人縱火（arson-for-hire）的恐
怖景象，縱火使房東得以卸除責任，卻不太會引起怠忽職守的市政府
有所回應，市政府握有充分權力，卻否決了這些鄰里需要的新公立學
校、衛生設備和社會服務。誠如當前歷史所述，曾經有個時候，南布

朗克斯和窮人、有色人種居住的許多其他鄰里,當真燒了起來。回顧那些年,住在哈林區或下東區貧民窟附近的白人作家,猶記得反烏托邦廢墟(dystopic ruins),血流成荒地的嚴酷街頭。「到了1980年代,作家呂克‧桑特述及,『〔東村〕C街是個閒置街區和空洞公寓外殼構成的月球景觀。在那裡,商業——比如說,食品或服飾——往往是在汽車的後車廂進行,不過,最蓬勃發展的產業是毒品(junk),只有它利用了建築物存量中還堪用的樣品。燒焦的樓梯間,龜裂的地板,缺乏照明,一樓牆面破洞構成的門廊——全都提供海洛因交易所需的心理強制性。』」[4]

從1970年代開始,這些鄰里居民接管了空地,空地上有地主棄置的出租住宅瓦礫堆,還有躺在腐爛垃圾堆、用過的海洛因針頭,以及來路不明廢置家具上的吸毒者,從中拾撿堪用物品。在一項市民不服從(civil disobedience)與希望的大膽行動中,他們無視於法律所有權問題,清除了這處都市殘屑,並栽植農園。就像哈林區的房屋,也是在這個時候遭到遺棄,市政府在訴訟中主張對這些空地的所有權,以代替業主未繳納的稅金。宣稱這處空間是供社區使用的鄰里居民,得到較高學歷的行動分子響應和領導,這些行動分子將源自純潔無瑕森林的環境運動價值和策略,導入比較骯髒污穢的城市荒野。一個自稱綠色游擊隊(Green Guerillas)的團體,朝他們無法進入的空地,越過鐵網圍籬(cyclone fences)投擲「種子炸彈」(seed-bombs)和「綠色援助」(green-aids)。他們和波多黎各行動派團體年輕地主(the Young Lords)有共同目標,後者徵募社區居民在東哈林區清掃街道,以戲劇化彰顯市府衛生局沒能收取垃圾,也呼應了美國參議員蓋洛德‧納爾遜(Gaylord Nelson)、理查‧尼克森(Richard Nixon)總統,以及1970年在華盛頓特區舉行的首度全國地球日(Earth Day)遊行,所促成的新生環境運動。[5]

　　紐約的第一座社區農園，於1973年在鮑爾利街和哈德遜街交會
處，瓦礫遍地、市府擁有的空地上設立，那些年裡，這個地方是介
於東村與下東區之間的非軍事區（DMZ）。「『你不可能選擇一個更
不像樣的地方來開拓農園了。』早期綠色游擊隊員比爾‧布倫森（Bill
Brunson）回憶道。『當時，還有所有這些沿著鮑爾利街一字排開喝酒行
乞的男人。在那裡——或許堪稱城市裡最令人嫌惡的地方——闢建農
園，可說是聞所未聞。』」1980年代命名，以表彰其奠基者之一的利
茲‧克里斯蒂社區農園（Liz Christy Community Garden），收回該領地以供公
共使用，主要是藉由綠色游擊隊員的努力，使其創建的模型遍行全紐
約市。[6]

　　市府機關不想幫他們。儘管園丁申請並獲得官方許可，得以清掃
哈德遜街空地，但市政府卻指控他們擅自闖入私有財產，威脅將他們
趕出去。克里斯蒂邀請電視工作人員來紀錄她及其同事，如何清理這
塊空地，加裝圍籬，並且替農園鋪設捐贈的表土，隨後住宅保護與發
展局（Department of Housing Preservation and Development, HPD）讓他們支付每個
月一美元的象徵性租金，以獲得該空間租賃權。然而，這塊地看起來
不像是農園的好地點。清除了破瓦殘礫之後拍攝的黑白照，顯示乾裂
砂質的土壤。背景裡舊磚工廠敞開的窗戶，暗示它也遭到遺棄。如同
1970與1980年代整座城市的其他建築物，該工廠或許成了佔居者的居
所，而佔居者和園丁一樣，冒著因侵占而遭逮捕的風險。[7]

　　儘管沒權力，但綠色游擊隊還是有一些有影響力的朋友。1970年
代早期非法住在蘇活區廠房閣樓裡的藝術家，遊說市政府裡的盟友支
持他們住在工業區的權利；幾年後，紅鉤飲食攤販要求支持者遊說公
園處，授予他們使用球場的許可證。至於綠色游擊隊員，則是認識在
大學和美國國會的人。他們給社區居民上培訓講習，並分送免費植栽

201

和樹木的同時，布魯克林區眾議員弗瑞德‧李區蒙德（Fred Richmond）贊助了建立支持都市農園之聯邦方案的立法。在康乃爾大學合作推廣服務（Cooperative Extension Service）協助下，布魯克林設置了一項示範計畫，該計畫的成功促成了迅速擴及15座其他城市的300萬美元方案。1977年，新當選的吉米‧卡特（Jimmy Carter）總統歷史性地造訪南布朗克斯夏洛特街（Charlotte Street）的荒蕪地塊後，他的行政團隊提出1000萬美元補助金以協助該區更新，他們指定其中50萬美元供新公園及遊憩設施之用。聯邦及州政府將總數加倍到超過100萬美金，但他們要求公立和私人地方機構都貢獻相稱的財源。當市政府計算他們份內貢獻的植樹和人行道改善，志工園丁則計算著他們投入清理空地、鋪設表土和植栽的汗水資產股份（sweat equity）*，以及他們回收再利用的破瓦殘礫和他們製作堆肥的經濟價值。汗水資產股份是1970年代社會行動分子間的新概念，意指社區根源和勞動的「純正性」可以彌補合法的土地所有權。[8]

為了不讓只對他們種植的土地擁有道德所有權的行動分子專美於前，也擔心在市府財務危機時期進一步削弱政府威信，柯希市長試圖以公園處辦理的園藝行家行動（Operation Green Thumb）新計畫，將園丁努力的成果集中管理。雖然柯希曾在國會代表格林威治村這個自由派地區，但他在1977年因城市商業領袖支持而獲選為市長，他們希望他恢復法律和秩序，並協助房地產業。園藝行家接管了部分綠色游擊隊的領袖角色，提供表土、堆肥及其他資源。更重要的是，園藝行家計畫掌握了使用市有空地的合法管道。設立正式的營運結構，而且每週至少開放農園十小時，園藝行家發給園丁一年僅一美元的租約以資酬

---

* 譯註：sweat equity 是指憑藉自己的心力和勞力做出的資產價值貢獻，從而可以宣稱享有該資產之部分所有權。例如，整修舊房屋使其具有更高價值，或如這裡所指的建立和改善社區農園。

謝。但園藝行家行動未授予永久土地權；園丁必須同意，萬一市政府或私人企業決定開發這塊地，他們得在30天內騰出空間。一旦未來投資環境改變，這項規定肯定會導致爭奪農園的衝突。沒幾年，公園處就同意授予一些五年期與十年期租約，但排除了佔地價值超過二萬美元的農園。然而，柯希政府明確說明，社區農園只有「暫時」土地使用權。

儘管如此，1980年代期間，市有土地上還是成立了幾百座社區農園。多半位於低收入、少數族裔人口、遠離下曼哈頓和曼哈頓中城、吸引私人開發的可能性微乎其微的地區。但在東村，絡繹不絕的大學生、畢業生、華爾街和藝術圈的年輕單身勞工，刺激房東提高租金，進而引發縉紳化的威脅。社區農園附近市場租金住宅的新建設，開始看起來切實可行，至少就東村而言。同樣地，在哈林區和布什維克，黑人與拉丁裔鄰里的住宅空置且崩塌，市政府開始跟社區組織合作，為中低收入戶住宅的興建、整修和擁有來籌措資金。東布魯克林聖會蓋了一千多棟尼希米式住宅（Nehemiah Houses），起初在布朗斯維爾，這一次則在東紐約。1986年，柯希政府開始將社區農園的部分管理權，從公園處轉移到住宅保護與發展局手中。此舉顯然是邁向收回住宅用地的第一步，這些住宅若非由公私合夥為協助低收入戶而建，就是由偏好市價公寓的私人開發商所建。

1970年代期間，人稱亞當‧波柏爾（Adam Purple）的特立獨行環境主義者暨在地社會評論家，在下東區五塊空地以同心圓方式建造的伊甸農園（Garden of Eden），柯希政府摧毀這座廣受推崇農園的決定，引發各界（尤其是年輕藝術家和行動分子）對農園未來的關注。這是1988年湯普金斯廣場公園抗議的各種理由——包括政府使用鎮壓式警察行動對付遊民、住宅佔居者，以及聚集在東村龍蛇雜處的無政府主義者和

202

龐克族──之一。[9]

　　大衛・丁勤時（David Dinkins）市長的四年任期間，市政府採納以社區為基礎的規畫和環境正義目標，鼓舞了社區園丁。但朱利安尼市長於1994年接任，時值布魯克林種族暴動過後，全市街頭犯罪增加，對選民安全無虞的「生活品質」造成的威脅感日深，和柯希一樣，他覺得他贏得選民授權的任務，既要恢復市政府威信，也要鼓勵私部門的住宅開發。市有「閒置」地塊，無論是否已經有生產性的利用（如農園），都成了市長為達成這兩項目標的工具。1977年柯希當選市長，全市擁有約25,000個這種地塊；20年後，朱利安尼執政時期，數字降到11,000個，還是有大量土地有待管理。朱利安尼市長上台後不久，他指示綜合服務處（Department of General Services, DGS）清查這些地塊。所有創設新農園的請求都遭到否決。猶如柯希於1980年代中期試圖做的，朱利安尼開始將社區農園的管理權，從公園處轉移到其他市府機關手中，尤其是住宅保護與發展局。一如柯希也曾試圖處理哈林區的市有住宅，朱利安尼將社區農園佔有的數百筆地塊拍賣給出價最高者，卻沒有知會投標者有關農園的存在，或通知園丁即將舉行的拍賣。市長也沒有諮詢地方社區委員會，這個動作是城市統一土地使用審查程序（Uniform Land Use Review Procedure）的法律要求。1996年朱利安尼給綜合服務處五年時間，賣掉庫存所有空地，並以住宅供應的潛在受益來合理化社區農園的損失。[10]

　　當時，一些社區園丁很機敏而懂得去抗議。他們的市議員代表或布魯克林區長通常是民主黨，往往支持他們來反對共和黨市長。這足以使農園暫時從拍賣名單中刪除。這個時候，環境主義運動已經孕育出行動派都市組織，例如鄰里開放空間聯盟（Neighborhood Open Space Coalition），以及針對農園出售迅速採取抗議行動的私人基金會。此外，

與市政府有關的官方機構,包括園藝行家計畫和布魯克林植物園,不
但鼓舞了數千名社區園丁,而且予以合法化。由於立場明顯支持園丁
的《紐約時報》記者群的批判性報導,這些拍賣會成了攻擊朱利安尼
的目標,他已經因為對待公民自由的粗糙手法、與自由派對手的衝
突,以及支持縉紳化而遭人厭惡。[11]

　　受過大學教育的社會及環境行動分子運用街頭劇場的創意策略,
戲劇化他們捍衛農園的行動。1997年,200名抗議者在市政公園(City
Hall Park)舉行集會。「伴隨著高聳於坐在推車裡,緊握芹菜莖的幼兒
的12呎木偶,」據《紐約時報》報導,「他們將蔬菜與花卉禮物,以
及來自他們支持者的數百封信件,遞交給當時負責經濟發展與規劃的
副市長弗蘭・雷特(Fran Reiter),以及其他市府官員。」但朱利安尼
政府拒絕停止出售市有土地,於是這些策略也逐漸升級。抗議者悄然
滲透進入1998年在警察總局舉行的拍賣會,在會場放出一萬隻蟋蟀。
《紐約時報》寫道,「結果是一場混亂。」次年,在一場由紐約市社
區農園聯盟、紐約市環境正義聯盟,以及塞拉俱樂部(Sierra Club)紐約
分部贊助的,為期兩天的會議「站穩陣腳」(Standing Our Ground)的高
潮,500名抗議者,當中許多人來自城外,聚集在中城的布萊安特公
園,齊聲有節奏地呼喊「停止拍賣!」[12]

　　朱利安尼並未迴避抗議者的挑戰。當抗議者擴大他們對於市長政
策的「交鋒空間」,市長就拉高他的修辭,稱那些要求停止拍賣的人
是社會主義者,指控他們卡「在共產主義時代裡」。因為1990年代是共
產主義垮台,東歐及前蘇聯市場經濟浮上檯面後的第一個十年,朱利
安尼希望他的謾罵會有些吸引力。「這是個自由市場,」市長的言論
被廣為報導,「歡迎來到後共產主義時代。」[13]

　　「自由市場經濟」一辭也應用於朱利安尼政府致力取消大蕭條以

來，市府所發展的社會福利計畫。雖然這項公共政策的重新定位，始於1970年代晚期柯希主政期間，並在雷根總統任內成爲全國性策略，但朱利安尼在這件事上留下了個人特色。從1984年柯希擔任市長，到2000年朱利安尼兩個任期尾聲，這段期間有90座社區農園遭到摧毀。絕大多數農園都在朱利安尼年代遭推土機鏟平，並移交給開發商。不過，1999年新當選的紐約州檢察總長史匹哲有意阻止市長時，這項政策於焉告終。

　　儘管他素有支持環保事業的記錄，但無論是否屬實，史匹哲說他是因爲綠色游擊隊的遊說而確信要支持農園，尤其是在另一場街頭劇場中，他受到一名裝扮成向日葵的綠色游擊隊員所說服。同樣清楚的是，此時，這位民主黨檢察總長想要跟共和黨州長帕塔奇劃清界線，後者宣揚自己身爲環境主義者的聲望。史匹哲代表州，以違反紐約州環境法律爲由，對朱利安尼政府提起訴訟，尤其是後者違反了因出售公共財產造成土地使用變更所必要的環境評估法律規定。史匹哲還主張，由於長年充當社區農園之用的地段，構成了事實上的公共用地，因此出售每塊地都需要州議會批准。雖然環境組織已針對市政府提出四件不同訴訟，試圖阻止出售社區農園，但州的法律主張及其壓力的力量更強大。[14]

　　就在幾個月前，朱利安尼政府拒絕公共土地信託（Trust for Public Land）向城市收購70座農園的200萬美金出價。史匹哲提起訴訟後，政府就顯得比較願意商談了。該信託與紐約重建計畫（New York Restoration Project）、私人基金會，以及個別贊助者合作，提出了62座農園300萬元的新提案。但朱利安尼政府要求的出售條件，即所有私人及非營利組織停止他們對市府有關農園的訴訟，卻遭到原告拒絕。拍賣即將舉行的前一天，紐約州最高法院裁定檢察總長的訴訟，判決市政府必須證

明出售公共用地不會造成環境傷害，才可以繼續拍賣。這項支持史匹哲的司法判決，破壞了市長的決定，儘管來得太遲而無法阻止東村的埃斯佩蘭薩農園（Esperanza Garden）遭推土機鏟平，抗議者在那裡徒勞將自己拴在籬笆旁，以阻止農園遭毀。這座波多黎各主題農園遭推土機推平，抗議者遭逮捕，經媒體大肆報導，成為市政府蔑視環境與社會正義的象徵。[15]

朱利安尼離職後不久，彭博政府開始與州檢察總長辦公室協商解決訴訟。不同於朱利安尼，彭博市長接受了變更土地使用前須執行環境評估的要求，他還願意同意保留大多數農園。彭博達成的妥協方案裡，500座社區農園將繼續留在公園處和其他市府機構的資產組合中，另外100座將鏟平以興建住宅，包括住宅保護與發展局贊助的可負擔公寓。留存的百餘座農園，若非已為私人基金會如公共土地信託和紐約重建計畫擁有，就是聽任少數其他市府機構控制。[16]

市府承認農園的空間權利主張，也推動了可負擔住宅，最終的解決之道因為公平而大獲好評，但卻留下幾個重要議題懸而未決。例如，新興趨時髦的企業家在貝德福大道周邊造就了繁華商業區後，社區農園附近地區的經濟價值都增加了，即使是最窮困的鄰里，威廉斯堡水岸於是成為吸引開發商的地方。這使得開發商對於在那裡建造市價住宅，而非可負擔住宅的興趣盎然，彭博政府不可能在這方面推動反對他們的政策。開發意味著低收入的園丁，尤其是租戶，有可能被逐出家園；無權決定哪一座農園被選為開發用地，更增添他們的痛苦。第三項議題涉及私人基金會和非營利組織的角色，他們購買了數百座農園，往後幾年裡，將捐贈更多金錢來維護農園。這些組織的財務貢獻，使它們對農園使用和設計——儘管一些社區園丁有潛在的反對意見——極具影響力。然而，最重要的議題是，針對園丁的土地權

206

利，沒能提出永久的法律解答。雖然此事並未公開強調，但彭博政府
與州檢察總長辦公室之間的協議，將於2010年屆期。授予社區農園使用
城市公共用地的永久權利，還需要紐約州議會有所行動。[17]

　　與此同時，彭博政府擴大了對園丁的支持。被多數人認爲公園理
所當然之管理歸宿的公園處，將其資產組合內的農園納入市府保險；
支付責任保險所需的昂貴保險費，對社區園丁造成莫大財務負擔。園
藝行家除了提供專家意見、執行某些任務的勞工，以及多數園丁買不
起的割草機和其他設備外，還繼續供應某些來自布朗克斯動物園的表
土及堆肥。社區農園繼續遭到夷平，尤其是在哈林區的地塊，開發成
爲住宅，聯邦、州及市政府都將這些地段指定爲大規模新建設之用；
然而，其他農園替都市園丁設立培訓計畫，並在州農業局與非營利組
織如正義食物（Just Foods）協助下開辦農民市集。曼哈頓區長辦公室發
行的報告書《符合公益的食物》（Food in the Public Interest），倡導創造區域性
的「食物匯流區」（foodshed），並發展新的土地使用分區規則，以及擴
大社區農園的其他誘因。遠離1970年代的「都市分流」概念，到了廿一
世紀，在低收入鄰里栽植食物，是一項對抗缺乏健康食物替代品的策
略，這是可以消除「食物貧窮」和過胖，並增進居民生活品質的公共
政策。連結上可持續性發展，「食物正義」與「綠色」工作提供社區
農園一條通往未來的生命線。[18]

我們現在所做的事，就是要使農園得以存續許多世代，直到未來。農園是永恆常在的，所以我們得確保永遠有人照料它們。

——艾迪・史東（Edie Stone），園藝行家行動，引自高譚公報網（GothamGazette.com），2006年7月17日

　　生產出特種紅酒和食物，如波爾多紅酒（Bordeaux wines）或卡門貝爾乳酪（Camembert cheese）的傳統鄉間沃土，無需證明自己的存在理由。它們和土地的關連是有機的；這關係源遠流長。歷經多年、數十年，甚至幾世紀，農夫發展出應付他們區域的土壤品質、降雨和本地動物，以及遠距市場與國家控制的方式。雖然他們在這些工作上有成有敗，尤其當他們試圖保護他們的產品銷售免於外來競爭時，但區域生產者發展出對土地的認同，而這種認同本身幾乎稱得上是一種自然力量。然而，在美國，在工業化農業主導食物生產的所有區域，沃土的發展需要龐大工作量。尋找當地產品的餐廳主廚和家庭廚師，鼓舞小農種植這些食材，飲食作家讚揚他們的品味，學校和政府逐漸開始教育更廣泛的大眾，有關使用在地食材的餐飲在環境與營養上的益處。這一切所導致的生產者與消費者網絡，很顯然是刻意為之的社會建構。如同社區農園，這些新沃土仰賴形形色色的外在支持者，包括媒體和國家，也得仰仗社區的社會紐帶和信賴。[19]

　　社區農園顯示出動員這些力量的長處與負荷。首先，許多農園面臨嚴重勞力不足問題。與東紐約的新願景農園一樣，許多農園由高齡市民經營，許多農園締造者已年邁、搬遷或辭世。中年社區居民忙於工作

208

及照料家人，無暇照顧農園，而當地青少年和大學生不是打工掙錢去，就是對於幹園藝活不感興趣。650座農園中至少有五分之一成員不到10人，數量相當的農園有10到20名成員；只有佔2%的15座農園，擁有超過100位成員。農園對積極園丁的需求，有助於農園與城市裡的學校及大學建立非正式夥伴關係，例如每週六派學生到新願景農園的高中。

農園還得應付資金短缺問題。約三分之一農園收取一個家庭10到30美元不等的會員費；然而，超過三分之二農園完全不收費。經濟拮据的狀況使它們仰賴州政府、私人基金會，以及間接依賴企業贊助。為了保持活躍，園丁必須知道並會申請外部資金。1980年代以來，紐約州農業局與致力都市農作的非營利組織，替當地青少年支付實習費用；相較於社區園丁先前只是單純栽種觀賞花卉，或是為了個人食用而種菜，如今他們要籌劃如何取得資金，協調肥料供應商、實習生與農產品銷售員的生產網絡，得更強化組織能力。在社區農園從事農作，需要努力和技能，以及往往是專業行動分子與全職經理的建立網絡能力。當農園建立企圖心更強的職業訓練計畫，將青少年連繫上未來的綠色工作（green jobs），像是紅鉤社區農場的增值（Added Value）計畫，以及連繫上數位經濟的工作時，組織技能就變得益發重要。[20]

清理地塊以打造早期農園的行動分子，沒料到有一天他們得撰寫補助金企畫書或管理一批當地勞動力。大多數農園不是奠基於家庭與族裔紐帶所建立的團結，就是以基進政治行動主義創造的團結為基礎。在東村，波希米亞風的藝術家與各色族裔構成的新舊移民比鄰而居，形成了橫跨社會階級和文化界線的聯盟——但並非所有農園都如此，也不是沒有衝突。1980年代以前，波多黎各裔一直在他們稱為下東區的洛依薩伊達（Loisaida）*人數眾多，他們往往獨自打造農園，對於無

---

* 譯註：Loisaida 乃 Lower East Side 的拉丁美洲發音。

論是與新進者或局外人結盟，都心存疑慮。清理地塊並栽種一些植物後，他們懸掛波多黎各國旗，並建造小棚屋或小木屋（casitas），這是男人以音樂和骨牌或紙牌遊戲為媒介從事社交的地方。許多人是為了休閒和表達族裔認同而使用農園，沒有花同樣多時間來積極從事園藝，那是有形的家庭記憶，而族裔認同在其他公共空間幾乎沒有表達的出口。雖然女性主導了某些農園，而且農園裡有植物，也有再現拉丁美洲主題的壁畫和雕像——例如，象徵2000年遭朱利安尼政府拆毀的埃斯佩蘭薩農園的青蛙（coqui）或波多黎各蛙的大型雕塑——但它們無法時時向非拉丁裔鄰居傳達出家的感覺。[21]

不過，在危機年代，波多黎各裔與勞工階級園丁往往尋求外援。農園被列入拍賣名單時，當務之急是靈活應變，善用受過大學教育的非拉丁裔行動分子與官員及私人基金會的關係。網際網路管道是另一項資源，突顯出久居當地的居民與來自族裔社區外的環境行動分子之間的差異。2000年以前，拉丁裔和勞工階級紐約客，幾乎沒什麼人連上全球資訊網。相較之下，外頭的行動分子和非拉丁裔居民運用電子論壇和網站，來宣傳抗議活動，並動員各界支持。此外，他們更自由使用文化游擊隊戰術：吸引媒體關注的街頭劇場、在中城及市府辦公室前大聲示威和舉辦慶祝活動。這些戰術裡有一些令傾向文化保守派的波多黎各裔及移民感到困窘，尤其當藝術家赤裸身軀到東村參與「地球精神」（earth spirits）春之祭（Rites of Spring）年度慶典時，招致非洲拉丁裔精神領袖不表贊同的目光。換言之，社區儀式既區隔了不同園丁群體，也使他們聚攏在一起。[22]

這些差異挑戰了純正性的共同理想。如果波多黎各裔捍衛他們將社區農園視為行使其族裔認同之地的權利，他們的新鄰居就訴求一種不同的、以藝術表達和環境價值為基礎的純正性。小木屋代表緬懷農

業與族裔烏托邦的鄉愁；太陽能板與大地之母蓋亞（Gaia）的象徵，則代表一種未連繫上特定家園的不同烏托邦鄉愁。然而，隨著時間推移以及縉紳化擴張，波多黎各裔園丁人數也減少了。縉紳者的社會與美學價值，逐漸於農園的使用及設計上展現；小木屋讓位給比較正式的造景工程，娛樂消遣也從骨牌遊戲和傳統波多黎各音樂，轉變爲電影、音樂會與詩歌表演節目。不必覺得奇怪，這些變化泰半是隨著公園處和私人基金會的喜好而調整的。[23]

波多黎各裔與非拉丁裔園丁之間的其他糾紛，發生在農作實務上。當中的主要爭執在於如何養雞，雖然乍看之下這不是「都市」議題。紐約市衛生法規規定，飼養動物、鳥類和昆蟲，必須將家畜關進圍欄，並實施節育。在某些社區農園，波多黎各成員讓雞隻自由奔跑，一如他們家鄉的養雞法，或是像自由放養雞狂熱者可能會喜歡的那樣，不過非拉丁裔園丁卻多所抱怨——怨言有時導致拳腳相向。另一方面，非拉丁裔新來者，想要移除波多黎各園丁在蔬菜作物周邊設置，用來防止老鼠啃噬農作物的籠子。每個群體都堅信，其他人的某些農作實務有礙觀瞻或根本就錯了。社區農園發現，要發展純正沃土的統一地方知識，還眞是不簡單。[24]

族群差異並非唯一的問題根源。如果農園宣稱對空間擁有道德上的權利，它們就得「純正地」替周圍社區發聲。但因爲族裔農園往往仰賴小家庭團體，或是住在同一棟樓房附近的幾名鄰居，他們無法宣稱代表整個社區。人口結構變化也造成問題，不只是縉紳化，還有從世界其他區域，帶著不同傳統而來的新移民。在東紐約，非裔美國人和加勒比人的社區園丁，現在得跟巴基斯坦人合作，這引發了許多問題，包括跟他們接觸，然後決定種植什麼作物，還要確保每個人都參與了決策過程。迥異的修辭風格和工作實務，加上年齡與性別差異，

使得社區農園很難維持統一的起源故事。

　　所有社區農園都得處理協調不同個人及其自身利益與動機的問題，非常類似任何法人團體的人際問題。[25]然而，農作型庭園多添了複雜層次。由於地塊普遍缺乏，而且當地食物生產頗獲好評，因此許多社區農園都有入會的候選名單。知道有其他人等著取代他們的位置，給園丁施加了追隨大眾想要東西的壓力，雖然幾乎所有人都在個別地塊上耕耘。儘管有75%的社區農園種植水果和蔬菜，最受歡迎且完善的組織，仍是大型的多目標農園，結合個別地塊來生產高價值的審美特色：冥想用的魚池、遮蔭的葡萄棚架、可持續的太陽能板與雨水收集桶、舒適的長椅和野餐桌。這些農園需要大量協調工作。然而，它們的最大優勢不在於規模或美學多樣性；而是它們的中產階級、較高學歷的成員，或是專業經理人，從外部組織獲得補助金的能力。正是這種社會資本，而不是農園在住宅社區或族裔群體中的起源，使它們得以成長茁壯。[26]

　　雖然不是朱利安尼市長揶揄的社會主義實驗，但社區農園確實將土地抽離出市場經濟，並予以「去商品化」。社會與環境的管理職責，賦予園丁實際上的自治所有權，有別於商業促進區支持的公共空間之私人企業用途，也不同於市府機構如公園處的公共企業控制。社區園丁尋根的努力，代表一種公共空間模型，與吻合市民移動性的市場模型大異其趣。市場模型在晚近的新自由主義經濟年代頗為盛行，在當前的經濟危機底下更是如此。

211

∽

計程車與公車都被廣告包裹了起來。嗯，何不把垃圾車和清道夫也用廣告包起來？
——市議會議長克利絲汀・昆恩（Christine Quinn），
引自《紐約每日新聞》，2008年10月15日

　　始於社區農園浮現的1970年代，城市對資金的長期需求促使紐約民選官員擁抱企業化取向。柯希和朱利安尼市長不僅歡迎縉紳化，作為邁向私部門重新投資先前「荒蕪」鄰里的重要一步，他們還奉上街道和公園的公共空間來充當賺錢資產。有眾多土地要維護的公園處，尤其被逼不得不找出資源使用的「創意」方式。他們不僅將管理職責轉移到私人管理委員會和商業促進區手中，向熱狗攤販拍賣許可證，還要求新設立的公園納入像是餐廳和旅館這類特色商店。有創意的資金籌措，產生一些發揮社交功能的人群聚集地，如聯合廣場的綠色市集，以及紅鉤球場的飲食攤車，它同時也鼓勵民選官員租用公共空間的每一塊表面來刊登廣告，將整座城市變成大型廣告看板。[27]

212
　　這不是什麼新鮮事。至少自18世紀以來，人群熙攘、變動不居的倫敦、巴黎、紐約和其他大城市，就是靠商店招牌、櫥窗、書報攤和商業文化的廣告海報而蓬勃發展。這些視覺展示提供絕大部分的都市公共藝術，促進特定類型的消費者識讀能力，也刺激了各種感官。商業行銷使城市街道成為廿世紀早期都市生活社會理論家齊末爾與班雅明（Walter Benjamin）貼切描繪的漫無目的刺激的首要景觀，現在，這幅喧亂嘈雜的街景，更是擴張到了孟買、東京和上海。景象和聲音的大規模衝擊，戲劇化了城市的都市性質、迥異於小鎮的城市美學，以及城

市對個人表達的容忍、甚至鼓勵。究其根本，城市中心的媒體訊息，創造出了自由空間。但如果不對商業促銷有所管制，它將會過度發展，變得過於擾人。[28]

前工業時代工匠經濟中的多數男女，尤其女性，都在家裡製造許多物品，商店仰賴訂製型交易，而非臨時的顧客。在這個時代，商業招牌都合乎人類尺度，觀瞻合度而賞心悅目。但當大量生產開始要求同樣大量的促銷，以說服顧客購買時，商店與製造商就捲入了更積極的冒進侵擾，利用每一種可得的科技，經由每一種可能管道來做廣告。小說家詹姆斯於1904年一段旅程後返回紐約，時值都市成長的高峰，他為在街頭景觀中目睹的貨幣經濟之粗俗愚鈍深感震驚。天空被高樓大廈遮蔽，「全都新穎、粗鄙，既商業化，又裝了太多窗戶」；百貨公司厚顏無恥地複製白色大理石「帕拉第奧柱」（Palladian pile）的雄偉莊嚴；以及，對他而言是另一項對於公共空間靜謐之美難以接受的進犯，是那些移入國內的血汗工廠勞工，黑壓壓地成群蜂擁，擠滿了人行道。[29]

這些議題裡，有一些也困擾著紐約市藝術協會（Municipal Art Society）熱心公益的上層階級成員。從1902年到第一次世界大戰，這個群體領導了反廣告招牌運動，這些招牌建造得比以往來得高、張貼得更密集，甚至出現在紐約市新地鐵系統的地底下。這項運動看起來好像會失敗，因為遭到無遠弗屆的親商聯盟反對，這個聯盟首先是當時仍為私有的地鐵公司（廣告是它們的獲利來源），還有設置廣告的廣告代理商，以及《紐約時報》，並且包括當時的民主黨機器坦慕尼廳，以及市議會（Board of Aldermen）。不過，1918年，紐約市藝術協會找到辦法，運用紐約市的新土地使用分區法規，禁止在住宅區設立招牌。兩年後，歷經許多遊說和抗議，市政府同意移除紐約市最神聖的公共空間之一——中央公園——的招牌。[30]

巨型乙烯基廣告招牌，拉法葉街與豪斯頓街。理查‧羅森影。

　　縱然有紐約市藝術協會的諸多努力，公共空間還是繼續大量生產更多廣告招牌，而且招牌的規模更甚以往。大部分招牌宣傳新電影、食物、酒精飲料和香菸，確認了消費者文化在都市經濟與流行影像中扮演的核心角色。購物，始於櫥窗遊逛，成為城市裡主要的娛樂活動，零售商店提供越來越多工作機會以及稅收。時報廣場第一個偉大時代，商業戲院、高級餐館、報館和商店，群聚在層層疊疊、華麗繽紛的霓虹燈招牌底下，代表了城市對於媒體、購物和娛樂的依賴。1920年代到1950年代，即使是大蕭條期間，燈火通明的戲院華蓋，也要使用大型看板，仿照朝空氣吹出煙圈的駱駝牌香菸，還有一只當真「倒酒」的超大威士忌酒瓶，來爭取注意力。這裡是經常入鏡的景觀，成為全世界的美國文化象徵，以及，電視或網際網路年代以前，公眾透

214

過時報大樓（Times Tower）外頭電動跑馬燈（Motogram）捲動的頭條新聞，獲悉第二次世界大戰結束的地方。[31]

戰後經濟擴張時期，廣告商積極致力掌握日益流動不居的公眾注意力。不僅在時報廣場，而且在全美國，廣告招牌變得更輕率無禮、更無孔不入，而且更為壯觀。在紐約和洛杉磯這兩個最大城市，以及新的州際公路沿線，戶外廣告如雨後春筍般湧現。同時，控制戶外廣告空間的公司，向城市、州及聯邦議員遊說，以便獲得裝設更大型、更顯眼廣告招牌的權利。[32]

如同廿世紀初期，1960年代的招牌達到飽和，並遭遇兩個顯然致命的打擊。第一，出於審美理由而抨擊廣告的批評家主張，廣告毀了公共空間的純淨之美，尤其公路兩旁視覺走廊的森林及原野自然之美。這些論點遇上了總統之妻柏德・詹森夫人（Lady Bird Johnson）這位能言善道的擁護者，美國國會於是在1965年通過法律，移除州際公路系統及其他接受聯邦經費公路上的招牌。反對廣告的第二個打擊，來自公眾逐漸從大眾娛樂的公共場所出走，這次是在城市裡。二次大戰後的榮景，使美國人得以購買汽車、電視和冷暖空調機，這些東西卻使人們花更多時間待在室內。但是，許多美國人也從那些他們必須和不同族群與社會階級分享的公共空間中撤退：遊樂園、公共游泳池，以及購物兼娛樂區，如時報廣場。當迪士尼樂園和郊區購物中心這類受控制的公共空間施展誘人魅力時，這些開放的都會區及其大型看板，就會看起來俗不可耐。[33]

1980年代期間，情勢轉而有利於廣告招牌，地點當然是在紐約。一份計畫在時報廣場建設高聳企業辦公大樓的呆板無趣設計提案，在建築師、都市規劃者和市民團體之間引起強烈反對。諷刺的是，現在要求當地每座新大樓展示大型電子招牌，以保存時報廣場的審美活

215

力，即都市「純正性」的獨特經驗，領導這項活動的正是紐約市藝術協會。這回改變心意，導致在時報廣場創造出招牌裝飾的特殊地區，與企業轉向更積極塑造品牌的策略，同步發生。爲了打造眾所周知的品牌，公司必須做更多廣告，開放自家的店面，並且在有許多步行交通的都市中心——像時報廣場那樣的中心——租用招牌。由於廣告招牌將紐約市置於消費文化醒目的最前端，城市開始**看起來**恢復了生機活力；廣告看板成爲城市「品牌」象徵。另一個頗具諷刺意味的曲折是，官方支持的招牌逐漸興盛的同時，正值市政府向如霓虹色瘟疫般，出現在公園長椅、地鐵車廂和幾乎每一棟公共建築牆壁上，非官方且獨具個人風格的塗鴉宣戰之際。相較於市府機構與社區園丁之間的鬥爭，紐約市當局與簽名塗鴉客（graffiti tagger）爭奪公共空間控制權的「風格戰」，要激烈多了，雖然塗鴉客往往來自相同的、園丁稱爲家的破敗鄰里。[34]

　　約莫1990年代初期的這個時間點，一名以色列藝術家發明了超越過往幾世紀手繪招牌所可能達到的更大型招牌製造方法。烏迪·阿羅尼（Udi Aloni）運用新數位科技，在大型輕量塑料網板上製造版畫；他將這種工法製程帶往紐約，這項製版技術在紐約被用來創造巨型乙烯基廣告招牌。這些巨型廣告招牌旋即設置於新興時髦街區，吸引年輕富裕的遊客，他們始終是市場銷售人員渴求的目標族群。1990年代期間，威廉斯堡時髦客、時興的卻爾西藝廊中心及蘇活區，就在這時候成爲受歡迎的連鎖商店購物區，全都發展成大型乙烯基招牌的主要集中區。事實上，這些沒有隨承租契約而逝，而是被當成廢物丟棄的招牌遺骸，給了阿伏薩和方克創辦布魯克林產業的原料。相較於勞力密集的手工繪圖或黏貼招牌，數位科技的可及性與廉價特性，使公司希望設立更多乙烯基招牌，並更頻繁地更換招牌，這有助於大樓所有者

出售每一塊可行表面上的戶外廣告空間，包括——令住宅房客沮喪的
——公寓大樓外牆上，招牌覆蓋住承租人的窗戶。消費者的移動性，
即他們從白天到夜晚在鄰里之間來回移動，與居民對於落地生根的渴
望，背道而馳。

　　正當社區園丁努力將他們的地塊去商品化，紐約市則遭受更多且
更巨大的招牌（商品文化的可見符號）所侵擾。許多招牌的所有人甚
至是市府機構，對資金的需求促使它們比以往更加企業化。1992年起，
大都會運輸署（Metropolitan Transit Authority, MTA）允許各式各樣廣告將紐約
市公車包裹起來。2005年MTA提出了興建以廣告覆蓋的公車候車亭的
交易；然後，掌控人行道的交通局（Department of Transportation）將同樣模
式應用於建造戶外公共廁所。此外，MTA將紐約市龐大運輸系統的每
個表面都變成招牌，包括聯合廣場地鐵站各樓層、時報廣場接駁線的
地鐵車廂窗戶，甚至是中央車站地面的廣大通道。1997年到2008年間，
MTA出售公共空間廣告的總收入，從3,800萬美元大幅提升到1億2,500萬
美元。同時，私人擁有但必須取得營建局（Buildings Department）許可的紐
約市街頭建築工地周圍的小屋，也成了無孔不入的招牌地點。[35]

　　同樣面臨預算短缺的公園處，也仿效MTA的做法。他們討論命名
權的出售，這是體育館場和商業戲院已經採用的對策，並考慮恢復公
園的戶外廣告，這是1920年他們移除中央公園招牌時中止的措施。當這
些想法引起公眾鄙視，時常透過商業促進區和私人管理委員會來運作
的公園處，反而擴大出租公共空間供私人使用。最引人注目的案例，
發生於2008年經濟危機爆發前夕，當時公園處出租中央公園一塊地給香
奈兒（Chanel），作為以該奢華品牌產品為號召的活動藝術展示之用。[36]

　　公共空間加速使用招牌的情況，令紐約人既難過又憤怒。一名下
曼哈頓州議員表明，「它已經將由鄰里組成的城市，變成只不過是得

216

來速的廣告狂想曲。」他的意思是，對於移動性的追尋，尤其是公共機構主導的那種追逐，將使市民落地生根的渴望化為泡影。[37]

ℒ

> 如果你問一百個人沃土的意義，他們會給你一百種定義，那可能是猶如品嚐石灰石般的字面意思，或是有如感覺般的隱喻。
>
> ——哈洛德‧麥可基（Harold McGee）與丹尼爾‧派特森（Daniel Patterson），
>
> 〈跟我談泥土〉（Talk Dirt to Me），《紐約時報》，2007年5月6日

對根源的企盼，超越了任何單一團體的利益，但社區園丁表達出在城市扎根的字面及隱喻過程。1970年代起，社區農園隨著不斷適應嚴酷政治環境中的不同管理形式而演變。不管他們的政治、族裔或社會階級為何，園丁面臨的最嚴峻因素是，他們對於他們照料的地產缺乏法律權利。儘管他們用「純正性」來宣稱擁有土地權利，但社區園丁所代表的純正性也與時俱進。

早期，綠色游擊隊致力於為社區農園佔領空地，以這種方式來行使某種純正性。他們是環境守護者——1990年代朱利安尼政府試圖撤銷他們的租約時，這個論點獲得更細緻的闡述——和社區組織者，從事政府本來該做的事，要是政府真的嚴肅對待穩定社區和翻轉都市衰退的話；這也是珍‧雅各主張的，應該讓社區決定自己命運時所隱含的意思。綠色游擊隊及其聯盟，使低收入社區居民變得有力量，這種

有抱負的政治論述自1970年代起日漸壯大且廣為傳播，當時州政府比較
願意同以社區為基礎的組織交涉，並仰賴它們。當利害關係人，包括
那些缺乏法律所有權也少有社會資源者，維護他們的利益和欲望時，
他們就創造出一種與盧梭和馬克思的純正自我有關的純正性，即「放
鬆」和民主的浪漫主義根源。這種意義下的社區農園，替具有社會意
識的公民行動者創造出根源，他們可以掌控他們社區的福祉，並為自
己的生命負責。[38]

　　由於許多波多黎各裔、非裔美國人和加勒比海裔美國人在社區農
園擔任領袖，族裔認同因而浮現成為另一種重要的純正性。園丁的共
同出身的強烈紐帶，賦予他們的農園生命，並開啟了運用公共空間來
表達族裔認同的方式。不過，隨著移民和縉紳化不斷改變地方人口結
構，這種純正性形式也益發無以為繼。社區農園有必要替所有新來者
創造根源，並發展出可以超越任何單一團體而存續下來的組織結構。

　　如果社區農園可以從州政府和基金會獲得資金，並建構出能與
可持續性發展之公共政策連結的組織，它們就有存活的勝算。然而，
要辦到這一點，它們卻得發展出超越族裔認同、環境守護與汗水資產
股份的另一種純正性，以便創造出永久的法律根源：一種介於公私所
有權之間，新的集體權利形式。園丁可以效法以社區為基礎的組織，
如哈林區阿比西尼亞開發公司和東布魯克林聖會，它們與州政府機構
和私人開發商合作，開發中低收入鄰里的住宅；效法聯合廣場夥伴關
係這類商業促進區，它們管理購物街和公園；以及，仿效像紅鉤飲食
攤販協會這種非營利商貿協會的小企業主團體，與市府機構共組各種
夥伴關係。這些模式全都運用非營利組織的法律形式，來落實公共空
間的公共責任；沒有哪個組織在法律上擁有它所管理的空間，但每個

218

組織都代表社區的公共利益。無論如何，如園藝行家史東所言，要使農園「得以存續許多世代直到未來」，政府必須支持城中村的尋根渴望，更甚於企業城市要求移動的壓力。

當前的政治氣氛下，民選官員試圖在城中村的「可持續性」與企業城市代表的可見成長符號之間求取平衡。一方面，在社區農園栽種健康食物並銷往當地農夫市集，滋養了住在城中村的人。另一方面，電子告示牌、連鎖店、人行道咖啡館和巨型廣告招牌，戲劇化了企業城市的魅力。但這個平衡是否奏效，情況未明。持續敦促塑造「終點文化」的強烈要求，破壞了市民落地生根的能力──而且未能恢復城市的靈魂。

終點文化與純正性的危機

能夠逆轉這股潮流的獻身渴求者，是否天真看待1980年代焦化了的南布朗克斯？他們會堅守最貧困且遭遺棄的布魯克林廣袤地區，或湯普金斯廣場公園周邊毒品佔居的空屋，或是哈林區釘木板封閉窗戶的街區嗎？那個紐約既不純正、也不古雅別緻；它悲慘不幸且危機四伏。

——賈斯汀·戴維森（Justin Davidson），《紐約》雜誌，2008年9月7日

　　1960年代，珍·雅各寫《美國大城市的生與死》時，死亡在她周邊俯拾皆是。紐約市的港口關閉；廿世紀初期以來，工廠和鄰里外觀一成不變；中產階級家庭逃離衰敗的公共服務和持續擴張的黑暗族裔聚居區，遷往郊區。很顯然，紐約市處於政府與開發商兩大惡勢力的掌握中，但雅各還是將憤怒矛頭指向建築師和官僚，她說，他們的規劃活生生摧毀了鄰里，使社會生活黯淡無光。在雅各看來，龐然巨石般的辦公大樓、大型公共住宅計畫、侵入性的公路，以及標誌戰後城市的紀念性文化中心，引發「單調乏味的大患」，使居民淪為被動人質。依此邏輯推演到極端，這些建設並非成長的計畫；它們是邁向災難的設計。另一方面，城市生活需要保存舊街道、建築物，以及看起來老舊的街區，因為它們維繫了將人群交織起來的社會用途與文化意義的細緻紋理。城市的未來就仰仗這種純正性了。[1]

　　「純正性」不是雅各使用的語彙。相對地，她談論的是密度和多

樣性，「個性與活力」，以及如何「避免麻木不仁且軟弱無助鄰里的
危害」。多數時候，她倡議抵抗過大尺度的發展，容許優良的都市空
間設計以激勵社區參與。遵循她的建議，是否就能使城市免於公共機
構投資匱缺，避免令下一代許多鄰里抑鬱難歡的種族與社會不平等，
我們並不清楚。但現在，我們面對那些鄰里，擁有足夠的批判距離，
能視其爲「純正」，我們可以運用我們受到雅各影響的眼光，將它們
的純正性轉化爲人人平等。我們已經利用街道和建築物，營造出我們
共同根源的物質性虛構；現在，我們有必要深入挖掘激發我們情感的
新開端美學。純正性除了涉及地方激發的社會連結性，也與地方的**外
觀**和**感覺**有關。不過，所謂的鄰里忠於其起源，並容許眞實的社區得
以形成的意思，反映的比較多是我們和我們的感性，而不是任何城市
街區。

　　對純正性的渴望，反映出我們的空間經驗與自我感的分離，而
這是現代心態的一環。雖然我們認爲純正性指涉鄰里的固有特質，但
它其實表達了我們自己對於地方如何改變的焦慮。純正性的觀念很重
要，因爲它將我們扎根於單一時空的個人渴望，連結上我們對於更廣
大社會力量的宏觀理解，這些力量通過眾多微小且往往隱而不彰的行
動重塑了我們的世界。提到純正性，意味了我們意識到一種不斷變化
的權力科技，它侵蝕了某個由意義和感覺構築的地景，並以另一個地
景取而代之。

　　文化理論家班雅明在1930年代寫「機械複製年代的藝術作品」
_221_ 時，他指出了他一生中發生的權力視覺科技的戲劇性變革。班雅明問
道，當我們在通俗雜誌照片、明信片和電影裡都看得到創作時，我們
如何能理解它們的獨特和原創特質。好萊塢的新科技是否毀了《羽翼
維納斯》（_Winged Venus_）和《蒙娜麗莎》（_Mona Lisa_）的靈光？當我們在造

就原創作品的文化以外的地方看見它，原創作品能有什麼意義？一個
世紀後，在複製品、翻版、十足贗品充斥的世界裡，他提出的有關純
正藝術作品的問題，更顯重要。這問題不僅適用於藝術，也適用於所
有其他文化形式，包括城市。[2]

如果我們感覺到雅各的時代以降，城市隨著更新和振興而改變，並
在這些過程中喪失了城市的純正性，我們所要反應的不僅是建成環境中
可以衡量的變化：那些超乎尋常數量的建築物遭拆除、取代，以及翻修
得面目全非。量變導致質變，因為我們的城市視覺經驗和情感經驗已雙
雙改變了。這不單是從工業到後工業社會的結構性改變，或是投資與建
設之週期性景氣的結果。我們目睹了從生產城市到消費城市，從認命接
受衰退到訝異於成長幻滅的典範轉移。我們看見摩天大樓，儘管有透明
玻璃立面，裡頭的工作卻變得隱而不顯；蘇活或威廉斯堡北部這一類地
區，乃紐約市的媒體、旅遊和娛樂業活躍的地方；連鎖商店和精品店則
是佔居工廠和廢棄房屋一度立足之地。我們也看見一些地區，例如變得
更窮、遭廢棄、任憑棄置多年的東村與哈林區向上提升，從某個角度看
來，這反映出資本投資重返黑色族裔聚居區，而從另一個角度，則是反
過來迫使窮人或族裔的後繼者遷離。

稱這些改變為「縉紳化」，其實低估且過度簡化了吉凶未卜的
集體投資。許多組織化的努力投入塑造我們見到的變革。房地產開發
商、介於公私部門之間的聯合夥伴關係，以及社區組織，已將粗獷街
道、老舊廠房建築物，以及先前的碼頭轉化為黃金。然而，這座燁燁
閃耀之城如此富饒，叫我們心神不安。身兼作家及導演的伍迪‧艾倫
（Woody Allen）提到1970年代至今的紐約的說法是，「我跟不上改變的速
度，」呼應了他經常在電影裡描繪城市的常見觀點，「而且改變其實
總是豪富（opulence）的進展。」但是，說城市不再純正，在更深的層次

222 上，反映了我們無能理解變化無常的時空意義。如果這不是歷史的終結，至少是我們誤認爲會永遠持續下去的、以地方爲界限的文化和地方認同的終結。[3]

改變的訊息和求變的壓力，歷經多年而增長壯大。雖然大多數美國城市溯源至十九世紀晚期和廿世紀的工業經濟和大量歐洲移民，但我們今天見到的新開端是在1920年代悄悄浮現眼簾，受到大蕭條與第二次世界大戰抑制，於1950年代勢力重現，當時正是城中村的最後歲月，也是企業城市和新都市中產階級登場的初期。1950與1960年代的這段門檻時期，特色是撕裂廿世紀早期「原初」城市實質內涵的大量都市更新計畫，以及新舊市民對於不顧一切強行進步的激烈抵抗。這些改變到了1980年代終於抵達引爆點，當時的時髦客、縉紳者、有創意的零售企業家、社區園丁和新移民建立了專屬地盤，並在許多方面重塑了都市經驗，將整個紐約市塑造成更乾淨、更安全、更有趣且更現代。他們的行動侷限於小規模的個別鄰里街區，但經由記者和政治人物加以充實，賦予他們的努力聲音和影像，一開始遍及全市，後來在全世界傳播開來。不同類型的社會與文化資本，潤滑了更大的政治力與經濟力之輪，也塑造了地方的構造：生活風格媒體與部落格的崛起；土地使用分區的變革、警務策略及政府補助；官員、開發商與投資客支持新建設的利益。

最終，我們熟知的城市不復存在。它變成跨國總部、大型倉儲商店和商業促進區的企業城市——「商務階級」（business-class）城市，如建築評論家赫伯特‧穆向普（Herbert Muschamp）所述，城市不再「認得出創造與消費之間的差異」。不知何故，在修整不均發展的鋸齒邊緣的假象中，城市也喪失了道德權威。[4]

這個過程中，一個群體的利益和慾望，往往跟另一個群體相牴

觸。畢竟，土地是有限資源，也是開發商的眞言──**地段至上**（location, location, location）──表達了支配土地的永恆競爭。然而，反對群體找到重新發明城市的共同立場，將城市衰敗的普遍形象，轉化爲在情感上和審美上令人滿意，有時甚至是酷炫而迷人的生活風格。挑起群體之間不和的因素在於，使這個新形象得以可能的物質手段和象徵語言、哄抬租金的資本投資浪潮，以及消費文化的快速增長。這些因素的每一個都以其特有方式，體現了1980年代以降，市場經濟的新自由主義動力，以及跨國投資客、開發商和市場商人的全球協調。資本投資和消費者文化一起鼓勵市政府與市民，讓他們覺得自己可以擁有一切：既有企業城市，也有新的城中村，一場不必付出人類代價的後工業革命。

　　我們所經歷的企業城市與城中村之間的衝突，是一場純正性危機。爲了理解攸關重大的城市損失，仔細查明經濟和人口變遷的歷史起源，以及文化再現的新開端，尤其是媒體形象與民選官員的成長修辭，就格外重要。同樣重要的是，檢視上層階級的品味及生活風格，因爲它們主導了今日城市的文化再現。

　　1950年代的門檻時期伊始，老舊城中村的經濟基礎正逐漸消逝。受到稅法和聯邦政府對全國公路的支持所吸引，也受到從東部遷往中西部的消費者新興市場引誘，多數大宗貨物製造商遷至西岸。規模較小的製造商搬到郊區或鄉村地帶，相較於城市，那裡的土地售價比較合理，支付給同等級技術勞工的薪資也比較低，而且員工傾向於服從

權威。工廠業主和投資客也厭煩了應付市政府的官僚與政治機器、老化的街道與建築物，以及交通堵塞。此外，城市以外的選民往往補助建立工廠的成本開銷，並改變土地使用分區法令來配合工廠。新產業不考慮設址於城市，因為它們需要大量開放的樓地板面積；它們塑造自己的新群聚，有時在機場或公路交匯處的交通樞紐附近，或是在大學周邊地帶。隨著工作機會喪失或枯竭，白人、拉丁裔與非裔美國勞工構成的城中村，也失去了生計。

他們的文化繼續存活在人們持續生活和購物的街道上，也還活在通俗戲劇、電視節目和電影裡。即使在今天，對於看過老影集《新婚夢想家》裡的葛林森和卡尼，或者看過史派克·李的電影《為所應為》和《布魯克林的夏天》的人來說，都不會對城中村感到陌生。這是個充滿活力的文化。當社會生活的戲院就是家庭和街區時，擁有人行道上每一吋裂縫的人，渾身熱情洋溢。住宅簡陋——多半是小型出租公寓，以及樸素的單戶住房——但每個人都不虞溫飽，成家的兒女傾向在他們父母家附近定居。人際之間的強紐帶，既是壓抑的形式，也是驕傲的來源，半是《四海好傢伙》（*Goodfellas*），半是《人人都愛雷蒙德》（*Everybody Loves Raymond*）。不過，沒有新工作，沒有新住宅投資建設，這些勞工階級鄰里變得破敗且被污名化為「枯萎」。城市裡有權有勢的人將這裡視為偏差空間，看不起他們粗陋的街道，猶如看不起貧民窟。居民之間強韌的互惠網絡被視為牢籠，即便那些土生土長、而今渴望體面顯達的人，也這麼認為。外人往往將這種鄰里壞名聲歸咎於居民缺乏組織，但研究1930年代末，波士頓北區義大利勞工階級的社會學家威廉·富特·懷特（William Foote Whyte）表示，鄰里的「問題」不是缺乏組織，而是鄰里特有的那種組織——強烈家庭導向，對外人置疑，不相信功績成就——無法「與周遭社會結構相互協調」。[5]

224

　　1950年代重新開發這些老舊鄰里，只不過是城市現代化這個近乎世界性運動的一小部分，這包括將工廠、港口和食物批發市場驅趕出去，擴展金融區和行政區。雖然擁有最大金融玩家和最強全國菁英基礎的城市——紐約、倫敦和巴黎——創造出最大尺度的再開發計畫，但規模較小的城市，也急切地拆除並改造其中心區。懂得如何應付聯邦官僚和地方商業領袖要求的「有遠見」都市規劃者，移除每一座城市的貧民區和附近勞工階級鄰里的酒吧和低租金出租公寓，代之以辦公大樓、旅館、中產階級公寓住宅和其他聲譽卓著的工程計畫。他們沿著不斷伸展的全國公路系統——以及無所不在的交流道——擴建城市。有些都市更新經費，甚至用於替願意支付較高租金的租戶，付錢修復「具歷史價值的」出租住宅，並且爲私立大學教授建造新住房。

　　不同城市的民選官員有志一同。雖然他們不承認，但研究1950年代波士頓義大利西區消亡的都市社會學家甘斯指出，官員的主要動機在於想要吸引能支付較高租金，在市中心商店多花錢的富有居民。部分因素在於，官員想將緊臨市中心商業區，進而對商業區構成侵擾威脅的族裔鄰里清掉。不過，官員也渴望彌補紐約市衰弱不振的稅基，這一點在波士頓一如其他地方，反映出數十年來老舊製造工廠和高薪居民雙雙遷離城市，以及市中心區購物吸引力的逐漸喪失。政客想藉由補助取得內城土地的費用，並提供開創新建設的誘因，來討好當地房地產開發商。由於陷入追求成長、可能吸引新投資的進步之可見符號，以及尋求財源以資助警察與消防人員、公立學校、街道，和地方政府提供的所有其他東西的普世欲望，市長和市議會成員決定了舊鄰里的厄運。城中村的有權勢捍衛者很少，他們當然不在市長和都市規劃大王如羅伯特・摩西之列，結果證明，後者善於媒合聯邦政府機構與地方房地產開發商雙方的需求。[6]

225

　　珍‧雅各是在這些變化最劇烈的浪頭上造訪城中村。她搬到西村時，許多老愛爾蘭和義大利家庭已經遷離，曾經提供他們生計來源的港口也不再運作。她也目睹了改革派市長當選而發生的政權（political guard）變遷。首先，改革派市長與國家機器不同調，進而擺脫了摩西，接著是另一名改革派市長開啓了紐約作爲「娛樂城」（Fun City）的年代，並將紐約的理想典範化身爲企業暨文化首都。雅各在《美國大城市的生與死》裡描寫處於這些重大變遷起點的城市，儘管她沒有意識到，她本身的回應會對這些城市造成影響，也不清楚強化的市場經濟帶來的衝擊。

　　自雅各讚美哈德遜街的小店主和留在家裡的家庭主婦，並譴責摩西以公路和大型建設計畫摧毀了鄰里以來，世界已經改變了。如今城市不同於往。1940年代到1980年代，看似勢不可擋的衰敗——或如摩西和其他人所稱的「枯萎病」——已被新大樓、恢復生機的市中心，以及歷史地標的保存與再利用所壓制。「貧民窟」一詞及其近親「內城」和「族裔聚居區」已然絕跡，或者，不是改頭換面成了品牌名稱，就是變成低收入社區或縉紳化社區，這類帶有較少負面意涵的詞彙。最出乎意料的是，住在城市裡的人改變了。雖然他們並非像1980年代某些記者的預料，全都是「回歸」城市的郊區居民，而且不是所有城市都從這種逆向移民中獲益，但現在確實有更多年輕人遷入城市，尤其那些擁有大學、專業及藝術學校文憑者，來自世界各地的新移民也正撐起城市的經濟與文化基礎。相對於貧富鄰里不均發展的城市起源，伴隨著掌權者和都市村民之間的長期衝突，最近的變化則添加了意想不到的新開端。這些變化將城市的形象，從雅各與摩西的年代許多人逃離的恐怖地方，轉變爲終點文化。[7]

　　根據最近一期《紐約時光》（Time Out New York），這份以20和30歲年

輕人為目標讀者的雜誌指出，紐約「最佳鄰里」中只有一處鄰里是因為住宅的可負擔性（affordability）而獲得好成績，其他鄰里則由於美學——建築、設計、購物、食物、酒吧場景、藝術社群與新移民多樣性——而大獲好評。[8]這個都市調色板，反映出諸如威廉斯堡、哈林及東村這類舊鄰里的新開端，也反映出哈德遜街沿路、紅鉤，以及聯合廣場的消費者文化的新吸引力。有關什麼東西造就了好鄰里的概念，也反映出雅各對於我們觀看實質地景方式的影響。新舊建築物混雜，限制許多街道的尺度、確保全年無休、吸引人潮的用途多樣性：這些都是雅各提議的活力城市的基礎材料。然而，最重要的是，雅各對於相互倚賴和社會控制的優雅描述，亦即街道芭蕾，創造出許多新城市居民渴求的理想。

不過，雅各浪漫化了她於1960年代描寫時，已逐漸過時的社會環境。後續幾年裡，第二代移民店主被連鎖商店取代；有餘暇望向窗外，看看街上發生什麼事的家庭主婦，進入或重返勞動力市場。機器工廠和小型工廠，肉店與乾洗店，屋主與房客的混合型態，最初是因舊居民遷離、企業無力競爭，加上地主棄守低租金地產而滅頂，後來則是因為新的精品店、公寓大廈、高樓開發和縉紳者等新浪潮而毀於一旦。在這一切底下，連結人群與地方的根基，因為新的移動形式而遭削弱：以往步行執行日常巡邏範圍的警察，偶爾會駕車巡邏；以前走路到鄰里公立學校上學的兒童，可能分散到學區以外的特許學校（charter school）和私立學校，或者搭校車，完全避開了街道。大型招牌和無所不在的廣告，慫恿過路行人革除他們在鄰里商店購物的舊習慣，選擇他們可以在品牌商店裡找到的大企業新商品。只要國家消除了租金管制的社會安全網，房地產投資客與開發商以奢華豪宅取代低成本住宅，地方的根基終將毀壞。

　　雖然雅各譴責都市規劃者令鄰里淪為貧民窟，興建與使用者疏離的高層商業中心和公共住宅計畫，但她既是個聰慧的記者，也是經驗老到的社區行動分子，不會忽視過去（現在依然）主導了建造什麼及如何建造的結構力量：金錢與國家權力的力量。雅各喜歡「循序漸進」甚於「巨幅湧入」的資金，她認為投資於個人房屋的少量居民儲蓄，將使鄰里免於衰退；戲劇性的資本投資注入，尤其是國家資助的都市更新計畫，將會摧毀居民的家，抹除鄰里生活的細緻紋理。當時她並不了解，後來也未認識到，由高學歷、較高收入者如她自己所作的循序漸進投資，隨著時間推移，可能會替開發商的高風險、大尺度計畫鋪路，即便沒有國家主導的協調規劃。當事實證明，是開發商而非規劃者替那些以財務優先順序來操控投資資本的企業家效力時，她也不譴責開發商，但公部門企業家摩西除外。社會學家約翰‧羅根（John Logan）與哈維‧莫洛奇（Harvey Molotch）說得最好：市民想要享受其社區及住家的使用價值，開發商卻旨在最大化交換價值──賺錢。[9]

　　儘管她的立意良善，雅各對都市生活的理想願景，還是塑造了使開發商得以追逐目標的兩個重要媒介：民選官員的成長修辭，以及文化消費的媒體再現。懷疑論者可能會嗤之以鼻，認為這些不過是文字和影像罷了；無論是兩者結合，或單獨個別來看，它們都沒有使城市的建成環境產生實質改變的力量。然而，這些文字和影像卻創造出一種語言，體現了我們對於美好生活地方的渴望。假以時日，這語言將說服我們，或確認我們的信念，即美好生活有賴於建造更多文化景點，吸引觀光客蒞臨城市，有賴於開設更多新穎咖啡館和精品店，整修更多老舊房屋以恢復其雅緻風貌。這些都市美好生活的生動寫照，掩蓋了一項基本衝突。既依賴私人開發商的投資與建設，也仰仗選民讓他們留在職位上，民選官員在允諾支持可負擔住宅和開發計畫之間

拿捏分寸，前者將有助於保存社區，後者則會改變社區。

　　過去30年來，許多大城市的市長都遵循全國政府的市場導向行政，以及縉紳化的非預期成功，順勢而為。他們的首要之務是「創造市場」，一如企業口號，而非協助窮人和小企業根留地方，或准許地方社區否決開發商的計畫。如果開發商能以環境可持續性的方式來大興土木，並保存仍然引起人們興趣的舊鄰里審美特質，那就更美妙了，因為綠建築和歷史保存有更高的市場價值。然而，這些策略沒有預留餘地，來檢視升級再開發過程中誰獲利和誰損失的問題。

　　媒體再現既驅動、也反映了這幅前景。舊印刷媒體時代，地方報章雜誌靠付費訂閱和廣告而欣欣向榮，它們需要不斷增長的人口。在我們的時代，繁複多樣的生活風格雜誌和不可勝數的網站及部落格的年代，媒體對內容需求孔急，因而支持成長的一般目標和特定的振興過程。媒體多半贊成較富裕居民取代較窮困居民，前者翻新住宅和花園，聘請名建築師設計豪宅，開設更多商店、餐館、藝術展覽館和主題區，所有這一切給媒體報導提供了具體素材。媒體不是造成鄰里升級的原因，但媒體利用鄰里獲利。媒體交替運用哀悼、美化，並戲劇化城市的粗獷過往，協助將這種形象貶為社會性的過時老舊，又將其回收再利用為新都市生活風格的美學符碼。廠房閣樓居民和歷史悠久的排屋業主、時髦客與縉紳者聲稱擁有歷史城市一磚一瓦的權利，媒體則針對誰及什麼東西被取代，要麼加以浪漫化，要麼塑造出集體失憶。主流印刷媒體如雜誌，以及非傳統新媒體如部落格，都在刺激我們的消費在地、過往、前衛和迥異的胃口——這是尋求純正性的文化品味，採取了閣樓生活、時髦客鄰里，以及新哈林文藝復興等空間形式，同時也支持了農夫市集、社區農園和紅鉤的拉丁裔飲食攤販。[10]

229

　　這些品味如果沒有針對實質地景和社會性社區，施加要求改變的壓力，就不會那麼重要了。將房屋修復到擁有建築榮耀（architectural glory）的新屋主，經常把長期租戶攆出他們低租金的小公寓。超級富有的屋主取代中產階級縉紳者。新的精品店取代廉價且往往具族裔色彩的商店，破壞了長期居民的社會互動方式和場所。總結來說，流動、高收入和高學歷的新居民——包括編輯、作家和部落客——營造出一種令較年長、較貧窮居民感到不受歡迎的文化氛圍，如果還稱不上備受威脅。

　　媒體並未導致人們採取這些行動。縉紳者和新零售企業家既回應自己的需求，也回應他們在社區裡覺察到的需求。沒有市政府採取必要行動，首先是更強勢（或更壓制性）的警力，他們不會成為變革的行動者。他們也需要資金：金融、媒體及文化產業的高薪資；部分由海外機構提供的銀行貸款；偶爾，例如在哈林區，公共資助方案的貸款，以及投資銀行的慈善捐款，後者在最近的全球金融危機中迅速跌落。然而，過去30年來，城市和鄰里的媒體形象已經在資本、國家和新都市中產階級之間，在投資客、官員和消費者的利益之間，打造出日益重要的連結。社會學家列斯里‧史克萊爾（Leslie Sklair）稱文化為連結國家權力與金融資本的「黏膠」；顯而易見的是，媒體形象及消費者品味，將今日的權力科技錨定在我們個人的渴求嚮往中，說服我們相信消費純正城市，只跟美學有關，卻與權力無涉。[11]

　　新都市中產階級首開兼具動機（motivational）與渴望（aspirational）的消費形式先例，並催動了都市變遷的政治與經濟引擎。1960年代末與1970年代，尋求放鬆不拘生活風格的動機式慾望，我們可以設想成是舊貨店時髦風，它辯證地結合了1980和1990年代尋求「純正」商品的渴望式欲望，像是褐岩建造的排屋和廠房閣樓，共同生產了如何消費城市純正性

的普遍模型。我們可以稱其為紐約模型，因為這種始於蘇活和商業促進區的城市鄰里與機構，已經創造出一些世界上最具影響力的範例。

消費是關鍵要素。消費者文化幫助許多男女與城市和平共處，消費者文化也安撫城市裡的空間，以便為成長預做準備。廿一世紀初的文化綜合體，提供了與精品美食乳酪店比鄰的夫妻經營小店，全食超市分店的對街有農夫市集和社區農園，拉丁飲食攤販和宜家家居則位於相同鄰里。如果戰後各任市長認為他們的城市可以擁有這一切，都市中產階級也會這麼想。而且，這就是雅各與摩西以奇妙方式找到的共同點：透過中產階級之眼看待城市的記者，以及試圖為中產階級品味及收入而重建城市的獨裁者。他們的對立觀點，在想兼有高樓和有趣的鄰里，同時擁有起源和新開端的慾望中趨於一致；既有摩西建造企業城市的欲求，也有雅各保存城中村的渴望。

雅各與摩西的聯合遺產之間的衝突，帶來了自身的矛盾。一些渴求城中村的人在企業部門工作，包括絕大多數縉紳者，其他人（如時髦客）則自視為逃離了企業化服從。在雅各的年代，這個矛盾採取了東西村分裂認同的地理形式：縉紳者住在西邊，靠近雅各；敲打派詩人和波希米亞風人物，如金斯伯格，住在東區。今天，當代表對立觀點的群體宣稱擁有**相同**的空間，衝突於焉發生，不僅發生了住宅與社區農園之間的衝突，也有像紅鉤這種鄰里的純正再現的衝突，也就是上年紀的勞工階級屋主、公共住宅社區房客，以及游移於移民飲食攤販和大型倉儲式商店的縉紳者，三方之間的衝突。

෪

1980年代起，城市實施的權力科技，結合了消費與壓迫。絲絨手套裡的鐵拳——或鐵手套裡的絲絨拳頭——滋養了我們對文化產品的慾求，同時將地方塑造到足夠安全而可以消費。正如公共空間的控制有賴於保全人員和節慶，私人組織如商業促進區重塑都市地景的權力，也深嵌於城市的消費者文化。商業促進區提供乾淨安全的空間，使我們更容易盡到身為消費者的本分，同時降低經營公司的風險、提高商業租金，以及擦亮城市與鄰里的形象。近年來，形象已經成為城市品牌化（branding）過程的重要環節。正如形象有助於行銷個別建築和地方，它也將城市塑造成即使不是生產性的，也至少是有創意、富趣味及具吸引力的。品牌化的過程總是將開發商的利益和消費者的欲望，同官員的成長修辭結合起來；品牌化試圖使每座城市顯得迥異於競爭對手，並優於對手。

然而，當所有城市都追逐相同的現代、富創意形象，結果卻不是純正性；而是一面倒的千篇一律，從全球觀點來看，這與雅各鄙視的「單調乏味的大患」沒什麼兩樣。紐約市和澳洲雪梨，都在它們的港口豎立標誌性構造物：雕像和歌劇院。紐約曾經有世貿中心的摩天樓，並且即將有座自由塔；六座亞洲城市已經建造或正在興建更高的塔樓。1960年代，法國在巴黎破敗的波堡（Beaubourg）地區為現代藝術創造了龐畢度中心（the Centre Pompidou），部分是為了回應紐約市現代美術館（Museum of Modern Art）的戰後成果；20年後，西班牙的巴斯克區域政府在畢爾包市荒廢的工業區，打造另一座現代美術館，畢爾包古根漢（Guggenheim Bilbao），部分源於波堡成功恢復巴黎作為文化首都的燦

亮形象。許多城市仿效新潮紐約鄰里的外觀和名號——下曼哈頓的蘇活（SoHo），引發了舊金山的蘇瑪（SoMa）、波士頓的蘇瓦（SoWa）、華盛頓特區的諾瑪（NoMa）、以及香港的蘇活（SoHo）——紐約式的廠房閣樓，則使曼哈頓以迄莫斯科的市中心都優雅了起來。

這些千篇一律的元素，不僅只是迎合了對於作爲新都市中產階級地位象徵的卡布奇諾文化（cappuccino culture）的普遍渴望。它們還體現了消費者爭取美好生活，以及城市自覺地運用文化來改善形象及振興投資的努力。更新的文化策略構成了新經濟年代的產業政策，城市官員則在全球競爭的高速跑步機上奔馳。紐約不僅與倫敦競逐全球最大金融首都，而且，前紐約市長朱利安尼曾經說過，還要競爭「世界的文化首都」。

這個層次上的競爭，涉及複雜且多半不相關的程序，始於數十年來政府解除金融管制，並繼續朝向售得破紀錄價格的藝術品拍賣會、非傳統型表演，以及創新酒吧發展。規模較小的城市不想被這些全球遊戲拒於門外。即便它們不能興建世界級博物館或吸引大型拍賣活動，也都藉由舉辦藝術博覽會、電影節，甚至遊行活動（並於街頭設置彩繪玻璃母牛或野牛，或是麋鹿作爲公共藝術，視城市挑選的象徵而定），以便競逐全球文化迴路的一席之地。從紐約到里約熱內盧，超過150座城市，舉辦年度或半年一次的時裝週，而倫敦以迄盧布爾雅那（Ljubljana）*則舉行家具業設計展。每個城市都要「麥克古根漢」（McGuggenheim）**。然而，在競爭中保持領先的代價高昂，當官員認知

232

---

* 譯註：斯洛凡尼亞共和國首都。

** 譯註：這是麥當勞和古根漢的複合字，藉以諷刺古根漢美術館采行商業化的國際結盟策略，宛如麥當勞的國際連鎖。

到，無論怎麼做都不足以使其城市維持領先時，他們開始發出怨言。「我們自以爲是在參加一場與世界其他城市的競賽。」前紐約市經濟發展副市長丹尼爾・達特洛夫（Daniel Doctoroff）在高層文化首長與執行長會議發言中說道。「〔他們〕許多人試圖抄襲我們，無論是蓄意，或某些情況下是不經意的……。他們剽竊我們的文化機構。現在全世界到處是古根漢。」[12]

　　文化競爭，不是解釋當代城市均質化壓倒性力量的唯一方式。雅各指責崇尙進步並計劃以直角和直線重建城市的廿世紀現代化論者。建築師與都市規劃者發展出的知識工具和美學風格，結果產生同質性的超級街區和高層塔樓。地理學家大衛・哈維（David Harvey）從經濟觀點出發，看見投資客行動導致的城市均質化，投資客傾向以其實現最大利潤的齊心協力，從某個地區或投資類型中撤資，將資本轉移到另一個地區或投資類型。如果開發商在郊區興建農莊式平房（ranch homes），可以賺更多錢，而且沒什麼政治干擾，他們就會這麼做，但是這條路變得困難重重或所費不貲時，他們就會轉換跑道，在市中心區蓋起廠房閣樓公寓。始於1980年代的全球金融市場過度擴張，強化了協調一致、以營利爲目的的發展策略。1997年亞洲經濟危機和2008年次貸危機顯示，這種金融同質化可能引發災難，當時私人投資資本向紐約市住宅市場移動，造成了意外的痛苦。1990年代及接下來十年，私人股票基金不僅鎖定曼哈頓閣樓（penthouse）公寓及「彰顯身分的」（trophy）建築，迫使較廉價的公寓抬高價格，還購置布魯克林、布朗克斯和皇后區的低租金公寓住宅。許多這些公寓受到穩定租金（rent-stabilized）管制，但是，據居民和住宅倡議者所言，新屋主試圖將長期租戶趕出他們的房子，以便按照市場費率來提高空屋租金。1990至2007年間，紐約市失去了近12萬戶州政府補助公寓中的30%，2003至2007年

的僅僅四年內，私人基金就買下了九萬戶可負擔公寓。這種有利於伍迪·艾倫所謂豪富的所有權，將城市同質化了。[13]

跟所有其他人一樣，投資客、開發商和官員也受到新潮策略，或都市規劃研究者馬爾孔·泰德（Malcolm Tait）和歐利·延森（Ole Jensen）所稱的「流動點子」（traveling ideas）影響。這些點子可能回應了投資者的要求，或新奇有趣的特定條件，或者，這些想法可能引起人們感興趣。然而，當人們將這些點子接連用在不同的城市，即便考慮了地方差異，這些想法也會導致「麥克古根漢化」。開發商往往選擇競爭性的回應，模仿別人正在做的事，如果那種做法證實能使成品獲得媒體關注、政治人物支持或較高的售價，例如聘請李查德·邁爾（Richard Meier）或另一位明星建築師，來設計貧困地區的新公寓住宅，或者請法蘭克·蓋瑞（Frank Gehry）設計體育館，然後，當籌募的資金消失時，則用較廉價的建築物來取代他的設計。競爭的策略也會流動，因為這些策略受到媒體注意，並且經由商業和專業團體在世界各地與同行開會時，為策略進行遊說而廣獲宣傳。因應這種閃電戰，其他城市的團體採取了相同辦法：打造一個波堡區，或是蓋一棟古根漢博物館，運用商業促進區來振興——這本身就是個四處流動的字眼——市區。最終結果是同質化。因為提出新點子是最困難的一環，競爭的跑步機迫使城市繼續使用相同策略來超越彼此的成就。這是渴求的生產，城市生產著更多現代美術館、藝術節慶、時髦地區和咖啡館，因為它們想要看起來**與眾不同**。[14]

一如解除穩定租金管制公寓的市場價值，這些差異前哨站的價值，幾乎總是從財務角度來計算。2005年隆冬，藝術家克里斯托（Christo）和珍妮—克勞德（Jeanne-Claude）在中央公園裝設了數百幅亮橘色旗幟，紐約市觀光局估計有400萬名遊客前來觀賞《門道》（*The*

234

Gates），並購買許多紀念品，裨益了地方非營利藝術和環境組織，替城市經濟注入了2億5,000萬美元。基於這個理由，官員和媒體斷定該事件爲重大成就，儘管相較於全國其他城市公園，中央公園本來就吸引了最多遊客。雖然這項裝置色彩繽紛，但《門道》並未確認紐約的獨特性。這不過是藝術家自1970年代以來，在世界各地創造的眾多計畫之一，以巨幅布料包裹知名場址，如柏林的國會大廈（Reichstag）和雪梨的小灣（Little Bay）：各自是它們的跨國奢華品牌。《門道》是奔牛節（Cow Parade）的高級變種，是臨時版的畢爾包古根漢，是一種在紐約市安裝克里斯托品牌幾星期的方式。

在一種逆反週期的攻勢下，始於次級貸款的經濟危機，尚未使公務員從向觀光客和居民展示這些設置，藉此確認城市獨特性的大夢中醒來。「我們總是了解，我們必須鼓勵彰顯我們城市的大型且大膽的計畫。」彭博市長在宣布另一項大規模公共藝術作品，艾利亞森的《紐約市瀑布》（*New York City Waterfalls*），已於2008年夏季創造6,900萬美元進賬時，如此說道。「當我們的經濟領域努力擺脫華爾街金融風暴時，這一點將會越來越重要。」[15]

這些文化策略確實給民選官員帶來一項重大利益：它們暗示所有城市都可以是贏家。不像老舊煙囪和碼頭，它們很乾淨。一如購物中心和商業促進區，它們讓人們感覺安全。它們創造出一種歸屬感。《門道》、古根漢及奔牛節，如布希亞曾經寫過的「波堡效應」（Beaubourg effect），是令人們沉迷於「一種整合大眾狀態」的「文化大賣場」的一部分。結果，公共藝術裝置、現代美術館和節慶，成了城市工具箱無所不在的一部分，這套工具是用來鼓勵企業創新及創意，清理那些顯露道德淪喪跡象的公共空間，並據以跟金融、媒體和觀光這類符號經濟的其他首都競爭。搭配時髦客地段、族裔觀光帶，以及

其他文化空間，這整套文化策略工具箱致力於重新發明純正性。[16]

重新發明純正性，始於創造出一種將起源的美學觀點和新開端的社會觀點連結起來的形象。新哈林文藝復興，將長期蒙受貧窮和種族隔離污名的城市貧困地區的升級過程，連繫上光榮的文化襲產。另一方面，時髦客地段則將流行的新文化消費，連結上傳統與違法犯紀的前底層社會。至少在看起來不再危險的城市地區，這種形象迎合了歐洲和美國流動的中產階級偏好。哥本哈根一個貌似威廉斯堡的鄰里維斯特伯洛（Vesterbro）照片底下的大標題宣稱，「昔日的勞工街區與紅燈區，今天很酷的熱鬧地方」，刊登在斯堪地納維亞航空公司機上雜誌的最近一期。這篇文章描寫維斯特伯洛從粗獷到新潮的轉變，是比較放鬆的生活風格的自然結果：鄰里街坊「富有創造力、悠閒……沒有絲毫不自然的地方」。居民是多樣、多元文化的混合體，但是親切而且對家庭很友善：「學生、創意人、波希米亞人、移民、返回的移居外地者，以及騎乘父親牽引的三輪車的小孩。」舊式女男分工逆轉下，父親照顧小孩，母親經營潮流店，在在暗示一種休閒印象，「坐在蔓延到人行道的咖啡座，或隨意瀏覽精品店」，雖然移民很可能是在咖啡館廚房裡料理，而返回的移居外地者是坐在人行道桌邊喝卡布奇諾。這些「創意人」是新都市生活風格的指南和模範，「為明日趨勢提供預覽」。事實上，為全球時髦客製作的探索頻道（Discovery）式旅行暨設計雜誌《壁紙》（*Wallpaper*），已經提供了預覽，早在三年前就宣稱，維斯特伯洛是哥本哈根最時尚的地區。[17]

這些雜誌將維斯特伯洛的形象引進全球文化論述，在地文化機構則將鄰里的新開端連繫上維斯特伯洛的當地起源。哥本哈根市立博物館（Copenhagen City Museum）提供該地區六種不同路線徒步行程，並由「年輕作家和藝術家」導覽，可以從博物館的個人MP-3播放器取

235

得。「認識維斯特伯洛的在地人」，城市觀光局官方網站邀請我們。「『有聲文學』說故事，充當你的導覽，感覺就像是跟一名為您指點明路的在地人攜手散步。」沿途每個門廊，都是通往過去的入口；每間房屋都提供了個人生活及地方特色的輪廓。「你可以很容易想像，舊時代的人如何頭戴高帽四處走動，那裡有一間〔外帶三明治店〕，現在是自行車工作室，講故事之人的曾祖母，以前常從你所站位置的對面窗戶向外望。」對於趕時髦而不想參加博物館徒步導覽的遊客而言，為期兩天的維斯特伯洛藝術節，特別介紹了80支樂團。[18]

236　　　100年前，維斯特伯洛的最大僱主是嘉士伯（Carlsberg）啤酒廠。今天，這座紅磚都市堡壘是啤酒生產博物館。這與倫敦、阿姆斯特丹、柏林和威廉斯堡的舊釀造廠、製酪場和倉庫改造成文化中心，沒有什麼兩樣。嘉士伯**公司**依然生產啤酒。但自1960年代以來，隨著歐洲啤酒消費減少，世界其他地區消費增加，公司關閉了家鄉的釀酒廠，在非洲和亞洲新設酒廠。嘉士伯也為了新加坡的新購物、飯店和娛樂區，聖淘沙島（Sentosa Island）上最高瞭望塔的命名權而付費。雖然嘉士伯的名稱原是哥本哈根的起源象徵，但它現在是亞洲新開端的象徵。它將維斯特伯洛文化消費的全球化，與其他地方生產的全球化連繫起來。

　　提供文化消費機會的鄰里，也在文化生產方面扮演要角。生產及消費的相互作用，創造出獨樹一格的沃土，培育了原創與創新的特定形式，從而成為該地區、居民及其產品的市場化品牌。產品不必然在那裡製造；重點是產品在那裡構思或設計，並等同於新中產階級的生活風格。

　　儘管媒體紛紛報導這些地區，都市沃土的觀念不是什麼新鮮事。正如巴黎的拉丁區（Latin Quarter of Paris）和紐約的格林威治村，已然充當幾世紀以來的創意地區模型，布魯克林威廉斯堡的新波希米亞、倫

敦的霍斯頓，以及靠近蘇州河的上海中心城區，是當今新經濟的工業區。這些鄰里不僅是新文化產品、風格和趨勢的育成中心，還是視覺藝術家、美術家、時裝設計師、軟體設計師、音樂製作人、珠寶匠、金工和家具製造商的重要工作場所。藝術家和工匠尋求這些地區的空間，因為它們建得既寬敞、又經久耐用；老舊的木頭地板、結實的牆垣以及沒有住戶鄰居，經得起油漆潑濺污漬、猛烈撞擊和通宵工作會議。當地法律允許焊接噪音、藝術家油彩的氣味，以及絲網印刷機的化學藥品。如同較傳統的製造業，創意工作導致了群聚特區的過程，並因此受益，無論這些地區是否有合法名稱認定，例如「藝術家專區」。創意群集動員了生產過程每個階段需要的社會網絡：從主流經濟的公司那邊獲得委任工作，替不同專案尋找特定技術工人，想辦法把工作完成，並且替未來工作建立合作關係。就像1970年代的蘇活，1980年代的東村，1990年代的威廉斯堡，鄰里社會網絡支撐了技能與天賦的地方集中。從經濟觀點看，創意地區出現的酒吧、咖啡館和精品店，對於生產很重要。它們就像是同事和工作夥伴聚集的辦公室飲水機或咖啡機，但不像在辦公室，咖啡館和精品店可以重塑鄰里特質，以致它們對於在當地居住和工作的在地人而言，變得太昂貴。[19]

　　不像早期工業時代的工廠業主，在工廠附近興建勞工住宅，僱用創意生產者的媒體公司，不在乎員工是否負擔得起住在他們設立店面的新潮鄰里。它們往往是以自由工作者身分或為了特定專案，僱用藝術家、音樂人、媒體製作人和時裝模特兒。缺乏一份穩定工作，不斷尋找下一次演出機會，文化工作者就是我們看到下午一點在維斯特伯洛吃早午餐，或凌晨一點在威廉斯堡的酒吧當酒保的「創意人」。他們過著彈性勞工的生活，創造出上演純正性的休閒產品和賦閒意象，有助於將這些鄰里變成文化終點站。[20]

237

ℒ

　　過去幾十年來，終點文化（Destination Culture）為後工業生產及休閒消費的城市新開端，提供了一般模型。這個模型適合尋求鼓動都市土地高價值的房地產開發商，尤其是在市中心，辦法是將都市土地變更為高租金的用途，並迎合傾向於對社會生活採取美學而非政治觀點的較年輕世代。城市投資於各式各樣的終點文化，最常興建購物、逛博物館或娛樂的消費空間，但也建造生產空間，例如藝術家工作室、起居兼工作的廠房閣樓，以及文化中心（cultural hub）。伴隨著媒體報導和上漲的租金，這些空間改變了城市，一次一個鄰里，從傳統製造業轉變為藝術和手工藝生產，然後是文化展示、設計和消費，以更高租金來測試市場，並且替更密集的使用開創「新」空間。就像《門道》，終點文化的所有形式都根據其財務結果來評斷。最終，升級的發展勝過了純正性，無論是起源的純正性，或是新開端的純正性。

238　　蘇活區近來的轉變說明了這個過程。1970年代，藝術家在蘇活閣樓生活的合法化，開創出城市贊助文化生產的空間，儘管不是公開資助。當時，幾乎所有街頭空間、鄰里店面和一樓廠房，都是由小型製造商和迎合他們的供應商使用。到了1980年代，藝術家特區形成之後沒幾年，這些空間多數仍由工廠或工廠供應商所使用，但有幾乎同樣多的房屋成了藝廊。這個地區吸引眾多關心生活風格、藝術世界，還有「紐約」電影的媒體關注。步行人潮大增。到了1990年代，藝廊已經主導了店面，新的個人精品店和專業服務加入行列，製造業則明顯沒落。蘇活區現在是以藝術家特區聞名，但它也逐漸成為購買新藝術品、流行服飾和精緻進口乳酪的有趣地方。2000年，精品店數量開始

超過藝廊，各式各樣連鎖店設在百老匯上、地鐵站附近和大道旁的巷道裡。僅五年光景，租金大幅提高，連鎖店以二比一的數量多過精品店，藝廊仍屬少數，工廠則已蕩然無存。1966年購置百老匯上大樓的年邁地主，現在以香蕉共和國（Banana Republic）分店取代了他的長期租戶之一，一家知名的現代舞公司，地主提及連鎖店願意支付的租金，「他們給我的，沒上限。」[21]

　　到了2005年，蘇活不再是藝術家特區；而是一座都市購物中心。那裡有低價的準折扣服飾店如H&M，高檔的設計師品牌時裝專賣店如香奈兒，以及介於兩者之間，幾乎無所不包的商店。就此而言，蘇活提供的服飾、珠寶或鞋子品牌，沒多少是在上城第五大道或麥迪遜大道，或全世界大部分其他大城市找不到的。儘管市政府的歷史保存法，阻止開發商摧毀舊鑄鐵廠房建築的物理構造，但紐約人視為「純正」——鄰里從不是製造業、就是藝術的空間使用中，衍生出來的具體文化意義——的地方特色，卻被新連鎖店和數百萬美元閣樓的同質化力量擊潰。長期的經濟衰退不可能維持這種模型：製造商和藝術家生產東西，連鎖店則否。

　　1970年代，沒有人料得到舊工廠建築裡的藝術家閣樓，會是令蘇活區成為文化終點的「賣點」（wienie），這是華特・迪士尼所說的，吸引顧客到遊樂園的誘因。因此，藝術家特區變成令人信服的更新願景，不過，相同的事件序列——將未使用或削價競爭的工業建築，改裝為藝術家的起居兼工作空間，挾著地方政府的支持，接著是新文化企業家開發的咖啡館、精品店和酒吧市場興起，進而導致較高租金、連鎖商店和豪華住宅——變成了終點文化的模型，一種迅速擴及全世界城市的模型。倫敦東區的霍斯頓提供了另一個事例，可以很快概述：《泰晤士報》（The Times）說明，「1980年代晚期」霍斯頓「是個

被遺棄的地方，沒受到房地產景氣影響。藝術家將它據爲己有，幾年後，社區發展了起來，該地區也慢慢恢復活力。這裡有蓬勃發展，包含新潮夜生活的創意場景，吸引人潮湧入，大幅抬高房地產價格，最後將貧困的藝術社群趕了出去」。[22]

　　現在，文化中心的觀念已從紐約和倫敦，傳到了成長迅速的上海。這三座城市的某些條件很類似。有支持市場經濟的中國政治及商業領袖、市中心的租金，加上偏遠地區低技術工人的低工資，促使工廠遷出城市，任由它們的舊大樓閒置。許多大樓已拆毀，代之以供外國公司、海外企業和富裕商務人士使用的昂貴住宅和辦公室。地方官員對這種開發案引以爲傲，他們傳遞出一種即便是動遷的低收入居民也無法抗拒的，國族主義和鼓吹都市經濟的成長修辭。官員旨在發展全球金融中心，運用2010年世界博覽會的建設計畫和城市本身的天際線，70層的摩天樓猶如神龍牙齒般拔地而起，藉此，上海將成功地與最接近的對手北京和香港競爭。這聽起來跟紐約市的成長修辭並無二致。然而，在中國，地方官員直接涉入房地產開發。他們不只變更土地使用分區法規；他們以規劃者、投資客及私人公司合夥人等身分來主導開發。1990年代，上海地方官員與香港開發商及其美國建築師合作開發新天地，這是個現代化的高級購物區，部分設置於在建築師慫恿下，通過歷史街區指定而免於拆除的老舊房屋內。上海官員對於老舊建築的商業再利用持續關注，也對其亞洲競爭者的文化野心保持警覺，於是他們鼓勵將位於莫干山路50號的舊紡織廠綜合設施，改造成藝術家工作室和畫廊。依循英國人的作法，上海人稱這處舊廠房爲文化中心。[23]

　　該中心的開端未經規劃，就跟1970年代的蘇活區藝術家廠房閣樓一樣。廿一世紀頭幾年，藝術家薛松搬進位於上海市中心，莫干山路

終點文化：蘇活格林街，地標區的豪華連鎖店。理查・羅森攝。

50號蘇州河旁，閒置的1930年代工廠綜合設施的工作室空間。上海紡織，一間大型紡織品及服裝控股公司，擁有這座工廠，該公司最近搬到鄰近機場的上海浦東的新開發區。上海紡織留下的閒置工廠建築，正合薛松和其他藝術家的心意，他們不僅知道蘇活與霍斯頓，還聽過798工廠，即最近在北京開放的藝術家工作室和畫廊綜合設施。不過，地方政治官員和企業領袖也知道文化特區和創意中心，而且他們看到該場址兼為創意生產和高檔房地產開發的潛力。事實上，在北京，798工廠已引發媒體紛紛報導，並且刺激了聚集畫廊、咖啡館和精品店的時髦地區發展。跟藝術家一樣，文化企業家也渴望利用閒置的上海紡織廠房的低廉租金和中心位置。

　　幾年內，莫干山路50號吸引來自亞洲其他地方的藝術家，以及歐洲與美國的文化企業家，他們創辦展售當代中國藝術的畫廊。人們在

241

這些未加工的混凝土建築裡，開始生產並展示的不僅是傳統山水畫和雕塑，還有自覺的前衛藝術，描繪毛主席、紅衛兵，或肥胖的共產主義資產階級：直到最近，這些都是政府和黨領導人不但勸阻、而且禁止的形象。現在這件工作是個「賣點」，對外國觀光客和投資客的積極誘因，他們接受過蘇活的洗禮，前來粗獷的上海工業區「發掘」新中國藝術家。歐美拍賣會場上，新中國藝術品競標的高昂價格，鼓勵了投資客和官員支持藝術家中心的構想，這是個在任何準全球城市中，將藝術與權力連結起來的流動觀念。

身為中心的地主，上海紡織成為熱切的藝術贊助人。創意形象吻合了公司的品牌策略，宣傳上海紡織是個結合科技和時尚，替服裝產業生產新合成纖維的創新者。草創的文化中心也享受當地共黨和政府官員的支持。2002年，上海市經濟委員會將21棟建築綜合設施命名為官方工業園區；兩年後，該頭銜變成「**藝術**園區」。[24]

莫干山路50號附近的空間，被各種創意企業佔據，從藝廊、視覺藝術和設計工作室，乃至建築師事務所，以及電視和電影製作設備。該中心自己的品牌策略明顯借自紐約，標榜「蘇州河／蘇活／閣樓」標語。中心的網站以一種常見的純正性術語說明這個標語，因為蘇州、蘇活與閣樓「體現出M50〔莫干山路50號〕是個歷史、文化、藝術、流行〔時尚〕及原創的整合。」這個組合不僅代表了純正性的外觀，還表徵了純正性的**經驗**：「破舊工廠大樓含蘊特定價值，因為裸鋼結構，還有舊磚牆和斑駁混凝土，都令人感到存在的真實特性與完美無缺。」文化中心無法在粗獷起源和亮麗新開端之間，建立比這更好的連結了──這是重塑純正都市地方的基礎。[25]

然而，如蘇活與霍斯頓所顯示的，將純正性重塑為終點文化，破壞了地方的起源靈光。支持莫干山路50號的文化中心，是個不錯的

起步。此舉適合地方官員主導金融與文化首都的野心，卻使他們無法像他們在全市各處所做的那樣，故技重施：大刀闊斧拆除老舊建築和地區，將商業和居民遷走，以便塑造一個較乾淨、更現代、令人側目的全球城市。他們完成了不少偉業，包括清理長年遭工業污染的蘇州河。但是，莫干山路周遭的持續再發展，卻給藝術家造成財務困難，即使市政府允許藝術家待在中心。租金已經太高；極少數藝術家負擔得起住在那裡，一些藝術家將工作室遷到市郊，將文化中心留給畫廊和其他商業設施。這個結果顯示，上海一如紐約和倫敦，鄰里純正性的重塑，主要是有利於建立鄰里建築物和地點的市場價值，即便是要以阻止藝術家、居民和小型企業主落地生根為代價。1970年代致力使蘇活成為歷史地標街區的有影響力運動領袖，幾年後被問起，她對於該地區轉變為都市購物中心有何感想時，她說，「那是拯救某些東西的代價。這裡頭肯定對某人是有油水的。」[26]

我們還是嚮往那種環境，那種置身城市、努力求生的都市感。
——幫幫舞樂團（Gang Gang Dance）主唱利奇・布葛索思（Lizzi Bougatsos），
引自《紐約時報》，2008年10月21日

城市習性、社會與文化環境的變化，反映出所有權的巨變，逐步圍繞城中村的核心來打造一座企業城。不僅在蘇活這種藝術家特區，

或威廉斯堡這類時髦地區，你才看得到這些改變。走在鄰里任何一條購物街上：連鎖店充斥處方藥物且販售雜貨，銀行分行從自動櫃員機發放現金，多廳電影院（multiplex）是個巨大黑盒子，而家常餐館（greasy-spoon diner）不是變成雞尾酒吧，就是被星巴克取代。漫畫家艾米·塞德瑞斯（Amy Sedaris）的擔心是有道理的，「紐約正轉變成任何其他地方，*243* 街道名終將被企業名號取代：跟我在嬌生集團（Johnson and Johnson）轉角碰頭，搭好市多一號車，在南方貝爾（Bell South）轉車。我會在輝瑞（Pfizer）博物館旁的巨無霸沃爾瑪前面。」1990年代以降，大部分鄰里商業都經由跨國公司而非夫妻經營的小店來流通，雖然有些顧客透過這個管道購物，比起他們以往跟長期地主和商人的交易來得划算，這還是改變了都市生活的尺度和特質。[27]

這個過程在市中心區原初的、原始鄰里（ur-neighborhood）發展得最迅速，在那裡，舊城中村已經修復或更新以便符合「有趣的」審美眼光，同時失去賦予城中村純正特性的低調、低薪和低社會地位的居民。走在殘餘的鵝卵石街道上；它們是原始鄰里最謙沖起源的幽靈般提醒物。鑑於許多鵝卵石被紅磚鋪面與沒什麼特色的高租金公寓住宅取代，提起這些昔日痕跡，很難不流露懷舊之情。更加困難的是，看著你自己的品味淪為這些變遷的助長因素。但伴隨著資本與國家的權力，我們自身的品味塑造了拿鐵、全食與名牌牛仔褲的習性，而這習性擁有取代炸雞快餐和一元商店（dollar stores）的文化力量。我們消費城市的品味，無意間確認了高檔成長的官方修辭。

雅各以其城中村的願景來誘惑我們。然而，不同於她主張社會和諧的社群主義願景，我們得超越街區，決定我們想要的是哪一種城市。這不應該是摩西的城市，他構思並執行大計畫的獨裁能力，令今

日的權力掮客深深懷念。我們需要小尺度的街道和商店，族裔和勞工
階級居民，以及使居民得以在市中心落地生根的低廉租金。摩西運用
聯邦政府資金和地方政府權力，將土地讓給紐約市立大學和林肯中心
等文化機構，直到今天都還提供工作機會給藝術家和創意輔佐人員。
然而，國家沒有為這些有需要的中低收入勞工，提供穩定長期的住
宅。雅各不談住宅價格，但負擔得起的住宅和低廉商業租金，對於維
繫她喜愛的鄰里特殊人物和商店而言，卻至關重要。雖然她提倡一種
可能維持低廉租金的新舊建築物混合形式，她卻沒有看到維繫舊城市
的實質紋理、廠房閣樓建物，以及四、五層樓排屋，如何可能創造出
一種令絕大多數長期居民和店主無力負擔的珍貴商品。這種易受成長
的迫遷後果傷害的脆弱性，在「奇特空間」裡尤其嚴峻，例如原本城
市心臟地帶的東村與西村。

　　儘管《紐約時光》稱許在曼哈頓和布魯克林市中心發展起來，由
購物、餐飲、酒吧場景和藝術社群構成的終點文化，但雜誌的多數讀
者已經搬到租金較低廉的皇后區。然而，即便在皇后區，雜誌的媒體
報導及部落格的自覺散文，也開始頌揚純正鄰里，例如「如假包換的
阿斯托利亞」（the REAL Astoria），如克雷格名單（Craigslist）[*]上一篇貼文
所言。「這裡還有家庭自營的市場和熟食店、夫妻經營的小店等等，
這類店在當前的紐約市已銷聲匿跡，被玻璃帷幕的龐然巨物公寓吞
沒。真正的戰前建築仍存在，跟它們正在曼哈頓蓋的東西形成了對比
⋯⋯。林蔭街道。謙遜。靈魂。」[28]

244

<hr>

* 譯註：1995 年 Craig Newmark 於舊金山灣區創辦的大型免費分類廣告網站，但在某
　些城市的徵才廣告需付費。截至 2007 年 9 月，Craigslist 已在 50 個國家共 450 城市
　提供服務。資料來源：http://zh.wikipedia.org/wiki/Craigslist。

　　雅各描寫這座城市時，這幅未來景象絕大部分還屬未知。不過，她活得夠久，足以看到再開發的長臂觸及了蘇活和威廉斯堡，理解到夫妻經營店舖的脆弱魅力。然而，她不信任政府拯救純正地方的行動。直到她生命結束，她都不相信土地使用分區，或者由外部施行於鄰里的任何其他計畫。她的研究無法將我們導向保護居民和商業的各種策略，這些策略有可能使那些擁有土地，以及那些區劃土地用途之人的權勢土崩瓦解。

　　因為純正性始於一種美學範疇，這正合當今文化消費者，尤其年輕人的意。但它也跟經濟學和權力息息相關。宣稱鄰里是純正的，意味做出宣稱的群體懂得該拿鄰里的「純正」特質怎麼辦，以及如何最好的再現其「純正」特性。無論該群體成員是饒舌歌手或縉紳者，他們再現街頭的能力，賦予他們主宰大街小巷的權利。然而，這個權利往往受限於維護純正性的**外觀**與**經驗**，而非保護居住此地的社區。

　　純正性必須被用來重塑所有權的權利。宣稱純正性，可能指向一種城市權，也就是經長期居住、使用和習性而養成的一種人權。正如肖像——就該字的原始宗教意義而言——從肖像鑲嵌其中的儀式衍生出各種意義，鄰里、建築與街道也是一樣。倘若這些文化的營造形式，在1950和1960年代，為了追求進步或協助房地產開發商購置廉價土地，而遭國家拆得四分五裂，它們就不再鑲嵌於班雅明所稱的「傳統紋理」中。如果我們珍視其為純正，我們就是隔了一段時空距離來談，我們不再能夠參與它們起源時的常規和儀式。但要以**社會**起源來領會其純正性則需要尊重，誠如飲食部落格豬排快遞網所說的，尊重使這些空間具有純正性的社會階級和族裔群體——而且要看重使他們及其精神後裔得以留在地方的政治。土地使用分區、限制加租、提供商店業主由政府支持的抵押擔保、給剛創業的公司或年輕學徒特殊待

遇，他們將能維繫手工藝、街頭販賣，甚至是園藝：這些就是雅各所珍視的、可以產生鄰里自足性的基本構件。

雅各不信任國家權力保護城市純正性的能耐，這是不對的。然而，無論在她的或我們的時代，國家都不曾是社區的好伙伴，當然更不會是貧窮和勞工階級社區的好伙伴。背叛了威廉斯堡水岸與哈林第125街立足於社區的計畫和價值，無法建立信任。強加於紅鉤飲食攤販昂貴證照的要求，奪取社區園丁開發的土地，這些作為將這些身上沒什麼錢、但有無窮精力的男女屏除在國家保護之外。市政府接受了運用包容性分區（inclusionary zoning）以確保新住宅計畫中有一定比例的可負擔公寓，開發商則是看在補助款的份上而願意配合。不過，紐約的政治領袖在制止州立法機關解除租金管制上，沒盡到半點力，而且他們跟私人開發商結盟太緊密，又被紐約州法規從中作梗，以致試圖自己建立新的限制。市政府也不支持能夠確保必要工作機會和住房供給的社區權益協議（community benefits agreements）的效用。少數案例裡，開發商接受了這類協議，但公職人員並未付諸實施。然而，缺乏國家法律的力量，鄰里就沒有對抗摧毀社區機構的市場力量的籌碼。

我們需要的是，由下而上為此建立起政治意志，並且在包括許多中產階級在內的廣泛選民公眾中，建立起這種抵抗，但要這麼做，可能需要一種修辭，將落地生根的社會目標和穩定租金的經濟目標，聯繫上純正性的文化力量。如果夫妻經營的小店比大型倉儲式連鎖店來得「純正」，國家就應該命令每一樁新建設計畫和每一塊購物街區，都將它們納入其中。如果街頭的社會生活真的很重要，國家就應該確保所有使用街道的男女，都有負擔得起的租金，好讓他們能夠繼續在他們的鄰里中生活。 *246*

在剛剛過去的世紀末，要看到都市衰敗中的起源與新開端碎片，

比較容易。然而，不太會有城市居民想要重返廢棄房屋與危險街道的那些年頭，索回我們在狹小老舊建築物裡、勞工階級鄰里低租金的起源，更不會有企業名號會引領我們長途跋涉，以恢復那個年代的強烈純正感。但我們不能將我們的努力侷限於建築物；我們必須達到一種從人的角度出發的，對於純正城市的新理解。純正性，幾乎總是被當作文化力量的槓桿而為某個群體利用，藉以宣稱擁有空間的所有權，而且在國家和民選官員的協助，以及媒體與消費文化的說服下，不經直接對抗便從其他人那裡奪取了空間。然而，我們可以把槓桿轉向民主，藉由創造公私管理的新形式，賦予居民、勞工和小企業主，以及建築物和街區，一種落地生根並留在地方的權利。這將在城市的起源與新開端之間取得平衡；這將恢復城市的靈魂。

導論 失去靈魂的城市

1 作者對於「起源」和「新開端」的區別，擷自薩依德（Edward Said）《開端》（*Beginnings*）一書（New York: Columbia University Press, 1985）。有關「靈魂」（soul）的公開討論，參見 Sewell Chan, http://cityroom.blogs.nytimes.com/2007/10/04/has-new-york-lost-its-soul/, October 4, 2007，以及大都會藝術學會理事長肯特．巴威克（Kent Barwick）於 2008 年 10 月 17 日在新學院大學（The New School）的演講 "The Over-Successful City: The Struggle for the Character of New York City"。

2 2008 年 3 月 24 日《時代》雜誌封面故事，pp.52-54；James H. Gilmore and B. Joseph Pine II, *Authenticity: What Consumers Really Want* (Cambridge, MA: Harvard Business School Press, 2007)；Water Benjamin, *The Arcades Project*, trans Howard Eiland and Kevin McLaughlin (Cambridge, MA: Harvard University Press, 1999)；Jean Baudrillard, *The Consumer Society* (London: Sage, 1998)。

3 John Hannigan, *Fantasy City: Pleasure and Profit in the Postmodern Metropolis* (London: Routledge, 1998)。我最早在《城市文化》（*The Cultures of City*）(Oxford: Blackwell, 1995) 中使用「卡布奇諾式馴化」一詞，描述曼哈頓中城布萊安特公園（Bryant Park）的升級整修。

4 沃土（*terroir*）一詞通常用來指產生獨特食品和葡萄酒的特定土地、文化和天氣條件的結合，本書借用此詞來表示都市街坊的獨有特色，同樣也是特定人口、社會和文化過程的產物。

5 Miriam Greenberg, *Branding New York: How a City in Crisis Was Sold to the World* (New York: Routledge, 2008); Bernard Frieden and Lynne B. Sagalyn, *Down-town Inc.* (Cambridge, MA: MIT Press, 1989); Sharon Zukin, *Loft Living: Culture and Capital in Urban Change* (Baltimore: Johns Hopkins University Press, 1982); Lynne B. Sagalyn, *Times Square Roulette* (Cambridge, MA: MIT Press, 2001).

6 有關環境對於觀眾純正性之經驗的影響，參見 David Grazian, *Blue Chicago: The Search for Authenticity in Urban Blues Clubs* (Chicago: University of Chicago Press, 2003)。城市為一種舞台佈景的發展，參見 M. Christine Boyer, *The City of Collective Memory* (Cambridge, MA: MIT Press, 1989)。

7 這些是《紐約時報》記者 Clyde Haberman 主持「Has New York Lost Its Soul?」論壇討論時的用語，http://cityroom.blogs.nytimes.com/2007/10/04/has-new-york-lost-its-soul/, 2007 年 10 月 4 日。

8 E. B. White, *Here is New York* (New York: Little Bookroom, 1999), p. 36.

9 Pierre Bourdieu, *Distinction: A Social Critique of the Judgement of Taste*, trans. Richard Nice (Cambridge, MA: Harvard University Press, 1984), p.370; Loretta Lees, "Super-gentrification: The Case of Brooklyn Heights, New York City," *Urban Studies* 40, no.12 (2003): 2487-509; Neil Smith, "New Globalism, New Urbanism: Gentrification as Global Urban Strategy," *Antipode* 34, no.3 (2002): 440.

10 Edwin G. Burrows and Mike Wallace, *Gotham: A History of New York City to 1898* (New York: Oxford University Press, 1999), p. 695; Henry James, *The American Scene* (1907; Bloomington:

Indiana University Press, 1968), p.77。詹姆斯也提到他父親和他母親的家，以及位於西
14 街紐約大都會藝術博物館（Metropolitan Museum of Art）原先所在那棟宏偉但有些
雜亂的古怪大房子都不見了（p. 190）。另外亦可參見 Max Page, *The Creative Destruction of Manhattan*, 1900-1940 (Chicago: University of Chicago Press, 1999)。

11 Robert Beauregard, *Voices of Decline: The Postwar Fate of American Cities* (Oxford: Blackwell, 1993); Robert A. Caro, *The Power Broker: Robert Moses and the Fall of New York* (New York:Vintage, 1974); Samuel Zipp, "Manhattan Projects: Cold War Urbanism in the Age of Urban Renewal (New York)," PhD dissertation, Yale University, 2006.

12 Herbert J. Gans, *The Urban Villagers* (New York: Free Press, 1962); Jane Jacobs, *The Death and Life of Great American Cities* (New York: Random House, 1961).

13 Suleiman Osman, "The Birth of Postmodern New York: Gentrification, Postindustrialization and Race in South Brooklyn, 1950-1980," PhD dissertation, Harvard University, 2006; Walter Firey, "Sentiment and Symbolism as Ecological Variables," *American Sociological Review* 10 (1945): 140-48. 強納森‧列瑟（Jonathan Lethem）的半自傳性小說《孤獨堡壘》(*The Fortress of Solitude*)（New York: Doubleday, 2003）係以 1970 年代在布魯克林波倫丘（Boerum Hill）的成長經驗爲背景，對於縉紳者以及被其逐漸壓倒和取代的黑人和拉丁裔長期居民之間，那種相互畏懼的感覺有極鮮明的描述。布朗—薩拉奇諾（Japonica Brown-Saracino）發現一小群卻很重要的「社會保存主義者」，兼具縉紳者的社會特徵，以及社區保存主義者的社會目標。"Social Preservationists and the Quest for Authentic Community," *City and Community* 3, no.2 (2004): 125-56。

14 Patrick Wright 在 *On Living in an Old Country* (Oxford: Oxford University Press, 2009) 一書中，對 1970 年代倫敦縉紳化的美學與政治複雜性，有極出色的闡述。Richard Florida, *The Rise of the Creative Class* (New York: Basic Books, 2002)。

15 其他公部門官員：較知名的如波士頓、紐黑文（New Haven）和紐約的城市規劃者愛德華‧羅格（Edward J. Logue）；費城的埃德蒙‧培根（Edmund Bacon）；以及紐約暨紐澤西港務局（Port Authority）局長，以及世貿中心起造人和所有人奧斯汀‧托賓（Austin Tobin）。反派角色請見：Marshall Berman, *All That Is Solid Melts into Air* (New York: Simon and Schuster, 1982), pp. 287-348。較正面的評價請參見 Hilary Ballon and Kenneth T. Jackson, eds., *Robert Moses and the Modern City: The Transformation of New York* (New York: Norton, 2007)。

16 Robert Fishman, "Rovolt of the Rubs: Robert Moses and His Critics," in Ballon and Jackson, *Robert Moses and the Modern City*, pp. 122-29; Zukin, *Loft Living*; Anthony Flint, *Wrestling with Moses: How Jane Jacobs Took on New York's Master Builder and Transformed the American City* (New York: Random House, 2009).

17 White, *This is New York*, pp. 48, 54.

18 Sam Binkly, *Getting Loose: Lifestyle Consumption in the 1970s* (Durham, NC: Duke University Press, 2007).

19 Brian J. Godfrey, *Neighborhoods in Transition: The Making of San Francisco's Ethnic and Nonconformist*

Communities (Berkeley: University of California Press, 1988); Christopher Mele, *Selling the Lower East Side: Culture, Real Estate, and Resistance in New York City* (Minneapolis: University of Minnesota Press, 2000); Marvin J. Taylor, ed., *The Downtown Book: The New York Art Scene, 1974-1984* (Princeton, NJ: Princeton University Press, 2006)。1990 年代的芝加哥柳條公園（Wicker Park），參見 Richard Lloyd, *Neo-Bohemia: Art and Commerce in the Post-Industrial City* (New York: Routledge, 2006)。

20 Sharon Zukin, *Point of Purchase: How Shopping Changed American Culture* (New York: Routledge, 2004), pp. 182-86; Greenberg, *Branding New York*, pp. 71-96.

21 Herbert J. Gans, "Urban Vitality and Fallacy of Physical Determinism," in *People and Plans: Essays on Urban Problems and Solutions* (1962; New York: Basic Books: 1968), pp. 25-33.

22 Hari Kunzru, "Market Forces," *The Guardian*, December 7, 2005, www.Guardian.co.uk.

23 Sharon Zukin, Valerie Trujillo, Peter Frase, Danielle Jackson, Tim Recuber, and Abraham Walker, "New Retail Capital and Neighborhood Change: Boutiques and Gentrification in New York City," *City and Community* 8, no. 1 (2009): 47-64.

24 Lloyd, *Neo-Bohemia*; Jason Patch, "Ladies and Gentrification: New Stores, New Residents, and New Relations in Neighborhood Change," in *Gender in an Urban World, Research in Urban Sociology*, 9, ed. J. DeSena (Amsterdam: Elsevier, JAI Press, 2008), pp. 103-26.

25 Zukin, *Point of Purchase*, p.14; Mary Douglas, "In Defense of Shopping," and Daniel Miller, "Could Shopping Ever Really Matter?," in *The Shopping Experience*, ed. Pasi Falk and Colin Campbell (London: Sage, 1997), pp. 15-30, 31-55; Grazian, Blue Chicago, pp. 240-42.

26 Marshall Berman, *The Politics of Authenticity: Radical Individualism and the Emergence of Modern Society* (New York: Atheneum, 1970); *Lionel Trilling, Sincerity and Authenticity* (Cambridge, MA: Harvard University Press, 1972); Norbert Elias, *The Civilizing Process: The History of Manners* (1939), trans. Edmond Jephcott (New York: Urizen, 1978), pp. 22-29; Bourdieu, *Distinction*, p. 74; Theodor Adorno, *The Jargon of Authenticity* (1964), trans. Knut Tarnowski and Frederic Will (London: Routledge, 2003).

27 Jerrold Seigel, *Bohemian Paris* (New York: Viking, 1986); Robert Darnton, "Finding a Lost Prince of Bohemia," *New York Review of Books*, April 3, 2008, pp. 44-48.

28 Thorstein Veblen, *The Theory of Leisure Class* (1989; New York: Oxford University Press, 2008); David Brooks, *Bobos in Paradise* (New York: Simon and Schuster, 2000), p. 83, 特別強調。另亦見 David Ley, "Artists, Aestheticization and the Field of Gentrification," *Urban Studies* 40 (2003): 2527-44; Mike Featherstone, "The Aestheticization of Everyday Life," in *Consumer Culture and Postmodernism* (London: Sage, 1991), pp. 65-82.

29 Gans, "Urban Vitality," p.30; Mark Crinson, ed., *Urban Memory: History and Amnesia in the Modern City* (London: Routledge, 2005).

30 Kevin Fox Gotham, "The Secondary Circuit of Capital Reconsidered: Globalization and the U.S. Real Estate Sector," *American Journal of sociology* 112, no.1 (2006):231-75.

31 Jacobs, *Death and Life*, p. 313。有關「時代—生活」及洛克斐勒基金會：Roger Montgomery,

" Is There Still Life in The Death and Life?," *Journal of the American Planning Association* 64, no. 3 (1998): 1-7。

32 對於紐約市「城市規劃委員會」（City Planning Commission）的批評觀點，參見 Tom Angotti, *New York for Sale: Community Planning Confronts Global Real Estate* (Cambridge, MA: MIT Press, 2009).

33 語出 Amanda Burden（紐約城市規劃委員會主席），引述於 Janny Scott, "In a Still-Growing City, Some Neighborhoods Say Slow Down," *New York Times*, October 10, 2005；另見 Amanda Burden, "Jane Jacobs, Robert Moses, and City Planning Today," www.gothamgazette. com, November 6, 2006.

第一章　布魯克林怎麼變酷的

1 「合法或不合法」：Andrew Naymark, "The Evolution of North Brooklyn's Art Spaces," *Block*, April 11, 2006；另參見 Melena Ryzik, "Dark 2BR Loft? That's Code for a Club," *New York Times*, March 26, 2006；Tom Breihan, "Portable Noise Pollution," *Village Voice*, June 20, 2006；Annie Fischer, "Brooklyn, A Place to Impress Strangers," *Village Voice*, April 29, 2008.

2 Lyle Rexer, "Brooklyn, Borough of Writers," *New York Times*, May 8, 1983; Alfred Kazin, *Walker in the City* (New York: Harcourt Brace, 1951); Benjamin Luke Marcus, "McCarren Pool," in *Robert Moses and the Modern City: The Transformation of New York*, ed. Hilary Ballon and Kenneth T. Jackson (New York: Norton, 2007), p. 146.

3 James Agee, *Brooklyn Is: Southeast of the Island: Travel Note* (1939; New York: Fordham University Press, 2005); Suleiman Osman, "The Brith of Postmodern New York: Gentrification, Postindustrialization, and Race in South Brooklyn, 1950-1980," PhD dissertation, Harvard University, 2006.

4 Betty Smith, "Why Brooklyn is That Way," *New York Times*, December 12, 1943.

5 Rexer, "Brooklyn, Borough of Writers"。在這篇 1983 年的訪問中，福克斯對縉紳化的看法，比她在小說《絕望人物》（*Desperate Characters*）中表達的自在、樂觀了許多。參見 Osman, "Birth of Postmodern New York"。到了 1980 年代，布魯克林高地和公園坡已經縉紳化，居民以白人爲主；貝德福—史岱文森和格林堡則沒落，居民主要是黑人。鄰近的柯林頓丘（Clinton Hill），參見 Lance Freeman, *There Goes the 'Hood: Views of Gentrification from the Ground Up* (Philadelphia: Temple University Press, 2006)；波倫丘（Boerum Hill）可見 Jonathon Lethem, *The Fortress of Solitude* (New York: Foubleday, 2003).

6 羅佩特專訪鮑姆巴赫，收於《親情難捨》DVD。酒吧密度：www.freewilliamsburg.com/ bars/index.html.

7 Ida Susser, *Norman Street: Poverty and Politics in an Urban Neighborhood* (New York: Oxford University Press, 1982)；Winifred Curran, "'From the Frying Pan to the Oven': Gentrification and the Experience of Industrial Displacement in Williamsburg, Brooklyn," *Urban Studies* 44 (2007): 1427-40；另可見 Isabel Hill 所製作紀錄片《布魯克林製造》（*Made in Brooklyn*）內的訪談。不過，市政府的確支持社區機構（主要是波多黎各和哈西德猶太社區）

管理下的威廉斯堡南區住宅計畫。Nicole P. Marwell, *Bargaining for Brooklyn: Community Organizations in the Entrepreneurial City* (Chicago: University of Chicago Press, 2007).

8 Josh Barbanel, "Board Acts to Evict Artists Occupying Brooklyn Lofts," *New York Times*, December 21, 1985; Sharon Zukin, *Loft Living: Culture and Capital in Urban Change* (Baltimore: John Hopkins University Press, 1982).

9 "NYC's Artists-in-Residence," www.gothamist.com/archives/2006/10/30/nycs_creative_c.php; Mrak Rose, "Brooklyn Unbound," *New York Press*, 1991, http://nerve-pool.net/ebinstro2.html, accessed March 2007; www.nycbloggers.com, August 2006。由於這些部落格是由其所有權人自行註冊,因此數目與地點僅為近似的估計數。

10 Holland Cotter, "Brooklyn-ness, a State of Mind and Artistic Identity in the Un-Chelsea," *New York Times*, April 16, 2004, 粗體為作者所加。

11 Marcus, "McCarren Pool"; "McCarren Park Pool Controversy," http://gothamist.com, May 25, 2006; www.mccarrenpark.com; http://thepoolparties.com.

12 Thaddeus Kromelis, "Galapagos," www.11211magazine.com, 1, no.1 (2000); Rose, "Brooklyn Unbound"; Brad Gooch, "The New Bohemia: Portrait of an Artists' Colony in Brooklyn," *New York*, June 22, 1992, pp. 24-31; Jonathan Fineberg, 手冊文章收於 *Out of Town: The Williamsburg Paradigm,* Krannert Art Museum, University of Illinois, Urbana, Champaign, 1993.

13 這是跟賦予所有經濟活動之地理群聚活力的相同「工業區」動力,當然也包括了藝術群聚。參見 Richard Lloyd, *Neo-Bohemia: Art and Commerce in the Post-Industrial City* (New York: Routledge, 2006); Elizabeth Currid, *The Warhol Economy: How Fashion, Art, and Music Drive New York City* (Princeton, NJ: Princeton University Press, 2007).

14 藝術家社群的逐漸成長,可參見馬辛・瑞默基(Marcin Ramocki)執導的紀錄片 *Brooklyn DIY*,www.ramocki.net/brooklyndiy.html.

15 此種原始美學的相關敘述,參見 Kromelis, "Galapagos"。

16 http://en.wikipedia.org/wiki/Ebon_Fisher — cite_ref-8; Melissa Rossi, "Where Do We Go after the Rave?," *Newsweek*, July 26, 1993, p.58;另見 www.nervepool.net,2007 年 1 日。

17 Kromelis, "Galapagos"; John Korduba, "Remembrance of Things Repast," www.11211magazine.com, 4, no. 3 (2004); www.galapagosartspace.com.

18 William Powhida, "Williamsburg Art Scene," http://www.billburg.com (2003).

19 Eric Asimov, "$25 and Under," *New York Times*, September 2, 1994; Jennifer Bleyer, "The Day When Back in the Day Ended," *New York Times*, June 19, 2005; Tara Bahrampour, "The Birth of the Cool," *New York Times*, May 19, 2002; Joyce Ketterer, "L Café," www.11211magazine.com, 3, no. 1 (2002).

20 Greg Sargent, "Gentrification's Foamy First Wave," *New York*, May 10, 2006;布魯克林酒廠共同創始人 Steve Hindy 個人通訊,2007 年 4 月。

21 www.brooklynindustries.com;Lexy Funk,美國紐約公共圖書館──科學、工業及商業圖書館(New York Public Library, Science, Industry and Business Library)演講,2007 年 2

月；Peter Geophegan，訪談，2006 年 6 月。

22 Jason Patch, "The Embedded Landscape of Gentrification," *Visual Studies* 19 (2004): 169-86; Jay Walljasper and Daniel Kraker, "Hip Hot Spot: The 15 Hippest Places to Live," *Utne Reader*, November-December 1997, www.utne.com/issues/1999_84/view/948-1.html.

23 黑色電影作爲戰後城市變遷的再現，參見 Edward Dimendberg, *Film Noir and the Spaces of Modernity* (Cambridge, MA: Harvard University Press, 2004).

24 Mary Procter and Bill Matuszeski, *Gritty Cities: A Second Look at Allentown, Bethlehem, Bridgeport, Hoboken, Norwich, Paterson, Reading, Trenton, Troy, Waterbury, Wilmington* (Philadelphia: Temple University Press, 1978), pp.4-5.

25 Iver Peterson, "Economics and Changing Public Interest Turn Midwest into a Film-Making Center," *New York Times*, November 23, 1980; Ben A. Franklin, "Baltimore Celebrating Its New Leases on City Life," *New York Times*, July 1, 1980.

26 Sharon Conway, "The Urban Verbs: Still Waiting for That Big-Time Contract," *Washington Post*, February 19, 1979; Tom Shales, "Backyard Palms: How L.A. Sees Life," *Washington Post*, August 10, 1977.

27 Martin Gottlieb, "New York Area Has Not Been Left Behind," *New York Times*, March 25, 1984; Andrew L. Yarrow, "Tribeca: A Guide to Its Old Styles and Its New Life," *New York Times*, October 18, 1985, 以及 "An Artist's Colony Is Emerging in Newark," *New York Times*, February 26, 1985; Michael deCourcy Hinds, "Manhattan's Fringes Getting 'Voguish' ," *New York Times*, June 21, 1987.

28 Catherine Fox, "Gritty West Chelsea Winning Over Art Set," *Atlanta Journal and Constitution*, December 6, 1998; Anna Minton, "London Property," *Financial Times*, September 29, 2000.

29 Shahn: Margarett Lock, "Helen Levitt, Who Froze New York Street Life on Film, Is Dead," *New York Times*, March 30, 2009; Cindy Martin, "From Grit to Glam," *Sunday Telegraph* (Sydney, Australia), October 24, 2004; Jeff Schlegel, "Neighborhood Wears Its Grit Well," *New York Times*, November 27, 2005; Josh Sens, "SoMa, San Francisco," *New York Times*, March 3, 2006; Corey Kilgannon, "In Hell's Basement," *New York Times*, May 20, 2007; Laurents: Ben Brantly, "Oure Gangs," *New York Times*, March 20, 2009.

30 Paul J. Massood, *Black City Cinema: African American Urban Experiences in Film* (Philadelphia: Temple University Press, 2003), p. 128.

31 「街道電影」：James Sanders, *Celluloid Skyline: New York and the Movie* (New York: Knopf, 2003), pp. 161-82; Mos Def: James G. Spady, 引 述 H. Samy Alim, "The Fluoroscope of Brooklyn Hiphop: Talib Kweli in Conversation," *Calaloo* 29, no.3 (2006); 994。作家兼導演馬提・里奇（Matty Rich）在獨立製片《衝出布魯克林》（*Straight Out of Brooklyn*）中調整了街道電影的傳統手法，使用紅鉤公共住宅（Red Hook Houses）作爲地點和某種隱喻，這種策略後來也用於《黑街追緝令》以及電視影集《火線重案組》（*The Wire*, 2002-03）第一季，效果同樣絕佳。

32 Murray Forman, *The Hood Games First: Race, Space, and Place in Rap and Hip-Hop* (Middletown, CT:

Wesleyan University Press, 2002), p.179.

33 達瓦利安・鮑德溫（Davarian L. Baldwin）認爲幫派饒舌並非眞正鄰里根源認同的象徵，而是藉由提升社會地位來逃避的渴望。"Black Empire, White Desires: The Spatial Politics of Identity in the Age of Hip-Hop," in *That's the Joint! The Hip-Hop Studies Reader*, ed. Murray Forman and Mark Anthony Neal (New York: Routledge, 2004), p. 170.

34 Massood, *Black City Cinema*, p. 194.

35 Forman, *The Hood Come First*, p.328; Gooch, "The New Bohemia," p.28.

36 參見 1970-2000 年美國普查資料。布魯克林白色化導致的緊張關係，參見 Adam Sternbergh, "The What You are Afraid Of," *New York*, June 2, 2008, www.nymag.com.

37 Sam Roberts, "New York City Losing Blacks, Census Shows," *New York Times*, April 3, 2006. 直到 1980 年代止，美國各地內城的居住模式都顯示高收入美國出生的白人遷出至較好鄰里或搬到郊區，而低收入少數族裔和移民則遷進內城。

38 名稱來自紐約市憲章第 197a 條，社區計畫得由地方社區委員會或行政區委員會、行政區首長、市長、城市規劃委員會，或城市規劃局起草。該計畫草案若經規劃委員會核准，並經市議會通過，並不要求營建，但應就這些領域作爲「市政機構未來行動之指導準則」，尤其是土地分區重劃。珍・雅各 2005 年 4 月 15 日的信函，請見 www.thebrooklynrail.org/local/april05/jacobs.html。威廉斯堡 197a 計畫之失敗，以及 197a 計畫的整體限制，可參見 Tom Angotti, *New York For Sale* (Cambridge, MA: MIT Press, 2008).

39 根據 1970 年代起，美國各地方政府採取的「包含性分區」（inclusionary zoning）政策，紐約市政府提供開發商額外補貼，允許提高建築容積率，只要該等開發商永久保留某個百分比的樓地板面積作爲「可負擔」公寓之用：即租金穩定（每年調升固定金額）且出租給低收入戶（所得等於或少於「地區收入中位數」80% 者）和中收入戶（所得等於或少於「地區收入中位數」125% 者）的單位。就威廉斯堡水岸區而言，爲獎勵在建案內包含「可負擔」單位，凡在該法令限期屆滿前動工的開發商，還能額外獲得十到十五年的 421A 財產稅減免優惠。「老荷蘭芥末」工廠："Williamsburg Developer 'Behooved' to Trash the Mustard," www.curbed.com, November 7, 2006；http://80metropolitan.com, April 2009.

40 Helen Klein, "Trader Joe's Bklyn Bound; Beep Touts Trendy Market's Arrival," *Brooklyn Graphic*, March 29, 2007, www.courierlife.net.

第二章 哈林為何不是個族裔聚居區

1 Gilbert Osofsky, *Harlem: The Making of a Ghetto* (New York: Harper & Row, 1963);「崇高的黑色文化」，參見 Henry Louis Gates Jr., "Harlem on Our Minds," *Critical Inquiry* 24, no.1(1997):10.

2 Sharon Zukin et.al., "New Retail Capital and Neighborhood Change: Boutiques and Gentrification in New York City," *City and Community* 8, no.1 (2009): 47-64; Joseph P. Fried, "Learning from the Exports, via Bill Clinton," *New York Times*, July 10, 2005; John Leland, "A New Harlem Gentry in Search of Its Latte," *New York Times*, August 7, 2003.

3 專訪尼諾・塞特潘尼，2006 年 8 月；「我們是催化劑」：Chester Higgins Jr., "Vision," *New York Times*, May 10, 2006；Trymaine Lee, "Harlem Pas de Deus," *New York Times*, February 17, 2008；「太娘」：John L. Jackson Jr., *Real Black: Adventures in Racial Sincerity* (Chicago: Unviersity of Chicago Pess, 2005), pp. 53-54.

4 "Harlem Homecoming," www. hgtv.com, December 18, 2006.

5 Janny Scott, "Out of College, but Now Living in Urban Dorms," *New York Times*, July 13, 2006.

6 "Building Green in Harlem," www.dwell.com, February-June 2007; Marc Kristal, "Harlem Renaissance," *Dwell*, December 2004. 更多類似故事請見 Chris Smith, "Real E\$tate 2000: Uptown Boomtown," *New York*, April 10, 2000; Dan Shaw, "Habitats/Harlem: The Path Uptown Was Paved with Pampers," *New York Times*, April 30, 2006；海外部分請見 Graeme Culliford, "Young, White Professionals Snap Up Harlem's Brownstones," www.telegraph.co.uk, May 20, 2006..

7 *State of New York City's Housing and Neighborhoods 2006*, Furman Center for Real Estate and Urban Policy, New York University Law School, http://furmancenter.nyu.edu/SOC2006.htm; David R. Jones, "Subsidized Housing," www.gothamgazette.com. March 30, 2006.

8 Beth J. Harpaz, "Harlem's Tourist Appeal Remains Strong Despite Change," www.usatoday.com/travel/news, December 20, 2007.

9 Gates, "Harlem on Our Minds," p. 12。人類學家 John L. Jackson Jr. 自 1980 年代起即在哈林區從事民族誌研究，他在其著作《正港黑人》（*Real Black*）中比較了種族「純正性」的外在符號，例如黑皮膚，以及較溫和、更主觀的種族認同表現（與意圖相連繫，他稱為「真誠」）。人類學家 Monique Taylor 則於其縉紳化研究著作《天堂與地獄之間的哈林》（*Harlem between Heaven and Hell*）(Minneapolis: University of Minnesota Press, 2002) 中，思考純正性的再現問題，她比較「市場」（購屋）和「成員資格」（身為黑人），視其為認同鄰里的兩種不同方式。

10 「定義危機」：Paula Masood, "African american Aesthetics and the City: Picturing the Black Bourgeoisie in Harlem," 章節草稿（2008）。Masood 指出，1900 年代初期如哈林等黑色都市空間，在照片和早期動畫中的視覺影像既少又稀疏，因為黑人中產階級並不想讓低層生活的影像普及化。一些廉價、接近犯罪邊緣的娛樂，在黑人鄰里很普遍──既因其符合勞工階級顧客和近期都市移民的需求，尤其是單身男子，也因為白人勞工階級鄰里並不喜歡這類地方的混合顧客群──十分類似近期毒品走私交易集中於黑人鄰里的情況。建設案暫停部分：Sarah Ryley, "Harlem Is Losing a Bit of Its \$oul: 125th St. Boom Goes Bust," www.nypost.com, April 5, 2009.

11 Kenneth B. Clark, *Dark Ghetto: Dilemmas of Social Power* (New York: Harper & Row, 1965), p. 27. 克拉克的標題讓人想起杜布易斯在《黑人魂》（*The Souls of Black Folk*, 1904）一書中以「黑色身體」（dark bodies）一詞做為實質描述，同時也是一種隱喻。

12 純正的黑色和貧窮：社會學家瑪麗・帕提洛（Mary Pattillo）主張種族，亦即黑人居民，持續是族裔聚居區的決定性特色，貧窮卻不是。她與其他研究者都強調，即使今日，中產階級黑人鄰里也同時是窮人和中高收入黑人的家園，不僅是罪犯、也是地位崇高

的政治人物和專業人士的居所；它們也通常有貧窮集中、公共住宅計畫和低品質公立學校的現象。不但如此，當中產階級黑人遷移到比較好的鄰里，白人就會搬走，於是黑人的地理集中，包括貧窮黑人，便擴大到該地區，結果是族裔聚居區擴大，而不是讓置身其中者逃離。Mary Pattillo, "Extending the Boundaries and Definition of the Ghetto," *Ethnic and Racial Studies* 26 (2003): 1046-57.

13 Fred Ferretti, "Mr. Untouchable," *New York Times Magazine*, June 5, 1977, www.nytimes.com. 盧卡斯的生平稍後被改編成好萊塢電影《美國黑幫》（*American Gangster*, 2007）。

14 M.S. Handler, "75 Artists Urge Closing of Museum's 'Insulting' Harlem Exhibit," *New York Times*, January 23, 1969; Martin Arnold, "Paintings Defaced at metropolitan; One a Rembrandt," *New York Times*, January 17, 1969.

15 Allon Schoener, "Introduction to the New Edition," in Schoener, ed., *Harlem on My Mind*, 2nd ed. (New York: Dell, 1979)。另見 Michael Kimmelman, "Art View; Culture and Race: Still on America's Mind," *New York Time*s, November 19, 1995.

16 James Baldwin, "Negros Are Anti-Semitic Because They're Anti-White," *New York Times Magazine*, April 9, 1967; Jerald E. Podair, *The Strike That Changed New York: Blacks, Whites, and the Ocean Hill-Brownsville Crisis* (New Haven, CT: Yale University Press, 2003).

17 Michael Sterne, "In Last Decade, Leaders Says, Harlem's Dreams Have Died," *New York Times*, March 1, 1978.

18 Mark Jacobson, "The Return of Superfly," *New York*, August 7, 2000, www.nymag.com; Sterne, "In Last Decade".

19 不同的觀點，一方面著重於地主的理由，另一方面則探討聯邦住宅管理局，以及市政府機構的責任，參見 George Sternlieb 和 Robert W. Burchell 對紐澤克的研究，*Residential Abandonment: The Tenement Landlord Revisited* (New Brunswick, NJ: Rutgers University, Center for Urban Policy Research, 1973)，以及 Walter Thabit, *How East New York Became a Ghetto* (New York: New York University Press, 2003)。史派克‧李的電影《叢林熱》（*Jungle Fever*, 1991）中有一場震憾人心的場景，劇中主角，一位住在史崔弗街褐岩屋的非裔美國建築師，前往一棟廢棄建築內，一間地獄般的吸毒者藏身處，探望他吸食快克成癮的兄弟。

20 參見 Richard Schaeffer and Neil Smith, "The Gentrification of Harlem?," *Annals of the Association of American Geographers* 76 (1986): 347-65. 相較之下，白人確實將波多黎各人和義大利人居住的曼哈頓上西城和布魯克林公園坡加以縉紳化，雖然 1973 年公園坡曾發生一場兩個族群年輕人之間的暴動。於此同時，新加勒比海和亞洲移民定居於中下階層白人和貧窮黑人鄰里，買房開店，也進駐一些公共機構。不過，移民並不像白人縉紳者一般，是象徵性上明顯可見的群體（至少，對經常住在縉紳化鄰里的媒體人而言是如此）。有關當時東哈林區移民多元性的有趣觀點，請見 Russell Leigh Sharman, *The Tenants of East Harlem* (Berkeley: University of California Press, 2006).

21 Maggie Garb, "If You're Thinking of Living in West Central Harlem; Abandonment Down, Refurbishment Up," *New York Times*, June 21, 1998; Ronald Smothers, "On 125th Street, New Hopes for Harlem's Renewal," *New York Times*, June 11, 1986.

22 Bart Landry, *The New Black Middle Class* (Berkeley: University of California Press, 1987); Gate, "Harlem of My Mind," pp. 5-7; Maggie Garb, "If You're Thinking of Living in West Harlem; Brownstones in Manhattan, at a Discount," *New York Times*, February 25, 2001.

23 Gates, "Harlem on My Mind," p. 11.

24 Kareem Abdul-Jabbar with Raymond Obstfeld, *On the Shoulders of Giants: My Journey through the Harlem Renaissance* (New York: Simon and Schuster, 2007), pp. 28-42; Claude McKay, *Harlem: Negro Metropolis* (New York: E.P. Dutton, 1940); Lizabeth Cohen, *A Consumers' Republic: The Politics of Mass Consumption in Postwar America* (New York: Knopf, 2003), pp.41-53。當然，在面臨種族隔離時，非裔美國人鄰里──以及所有族裔聚居區──的內部階層化已有眾多記載，經典研究如：W.E.B. Du Bois 的 *The Philadelphia Negro* (1899)、E. Franklin Frazier 之 *The Negro Family in Chicago* (1932)，以及 St. Clair Drake 與 Horace Cayton 合著的 *Black Metropolis* (1945)，乃至於 Mary Pattillo 的 *Black Picket Fences* (Chicago: University of Chicago Press, 1999) 及 *Black on the Block* (Chicago: University of Chicago Press, 2007)。

25 Sterne, "In Last Decade"; Sharon Zukin, *The Cultures of Cities* (Oxford: Black-well, 1995), pp. 230-47.

26 Paul Stoller, *Money Has No Smell: The Africanization of New York City* (Chicago: University of Chicago Press, 2002); Lily M. Hoffman, "Revalorizing the Inner City: Tourism and Regulation in Harlem," in *Cities and Visitors*, ed. Lily M. Hoffman, Susan S. Fainstein, and Dennis R. Judd (Malden, MA: Blackwell, 2003), pp. 91-112.

27 Sukin, *Cultures of Cities*, pp. 234, 235; Jennifer Lee, "From Civil Relations to Racial Conflict: Merxhant-Customer Interaction in Urban America," *American Sociological Review* 67 (2002): 77-98; Philip Kasinitz and Bruce Haynes, "The Fire at Freddy's," *Common Quest* 1 (1996): 24-34.

28 Michael Porter, "The Competitive Advantage of the Inner City," *Harvard Business Review* 73, no. 3 (1995): 55-71; U.S. Department of Housing and Urban Development, *New Market: The Untapped Retail Buying Power in America's Inner Cities* (Washington, DC, 1999)。約瑟夫·霍蘭（Joseph H. Holland）的事業生涯，是新世代黑人企業家的最佳範例。霍蘭是 129 街和雷諾克斯大道交叉口豪華公寓「雷諾克斯」建案的開發商，他畢業於康乃爾大學和哈佛法學院，於 1994 年競選紐約州首席檢察官，也是同年州長帕塔奇競選團隊的聯合主席，並被任命為紐約州住宅委員會委員。他在哈林的第一項企業化成就是成立遊民居所，收留 125 街班與傑利冰淇淋店（Ben & Jerry）的僱員；他自己也住在居所：「雖然在維吉尼亞漢普頓和紐約布朗克斯維爾舒適的郊區長大，霍蘭先生將精力全放在哈林區，因為他覺得在此處居住和工作是一種『心靈的召喚』。」(*Crain's New York Business*, "Rising Stars under 40,"1991, www.newyorkbusiness-risingstars.com)。共和黨人：Curtis L. Taylor, "A Return to Harlem: GOP Club Will Reopen at Hotel Theresa," *Newsday*, August 28, 2002.

29 Steven Malanga, "Making Markets in Harlem: New York Shifts Harlem Redevelopment Plan," *Crain's New York Business*, November 15, 1999.

30 根據紐約第 25 和第 28 分局（包含東和西 125 街）的統計，顯示 1990 至 2006 年期間，從謀殺和強暴到重大竊盜等重大罪行之犯罪率下降了 70%；1990 年代初期成立的商業

促進區也僱有保全。「就我而言」：引自 Lee, "From Civil Relations to Racial Conflict," p.89.

31 Terry Pristin, "Harlem's Pathmark Anchors a Commercial Revival on 125th Street," *New York Times*, November 13, 1999; 「幾乎不可能」：Sasha M. Pardy, "Updated: Flocking Downtown: Developers Increasingly Taking on Urban Infill," CoStar Group, www.costar.com/news, august 20, 2007.

32 柯林頓總統：Andrea Bernstein, "McCall and the Harlem International Trade Center Corp.,' WNYC-FM News, October 15, 2002.

33 Rivka Gewirtz Little, "The New Harlem: Who's behind the Real Estate Gold Rush and Who's Fighting It?," *Village Voice*, September 18-24, 2002.

34 Zukin et al., "New Retail Capital and Neighborhood Change." 這些數據來自於作者在市立大學研究生中心（City University Graduate Center）和一群研究生合作的一項研究計畫，反映並分析了 1990、1995 和 2005 年柯爾逆向電話號碼簿（Cole's Reverse Telephone Directories）中的登記資料，以及共同作者的第一手觀察結果。我們將「公司」零售（"corporate" reatil）定義為在紐約占相當市占率的公開交易、加盟或大型地方或跨地方連鎖店（例如：Old Navy、HMV、Popeye's、Sleepy's 等）。「企業」零售（"entrepreneurial" reatil）則指小型地方連鎖店或私人經營商店，如塞特潘尼等，具明顯可識的時髦、別緻或流行感，提供創新或帶有附加價值的商品（例如設計師家具或服飾、美食等），並享有促銷上的口碑因素，包括媒體報導和網路知名度。「舊式」地方資本指的是在近期重新發展前的私人經營小生意，以服務長期顧客為主（例如第 8 街熟食和非洲髮辮編織等）。這些改變衝擊到韓國商人和其他商店經營者，導致哈林中區的韓國人經營商店數目大幅減少。Pyong Gap Min, *Ethnic Solidarity for Economic Survival: Korean Greengrocers in New York City* (New York: Russell Sage Foundation, 2008).

35 即使如此，哈林區的市議會成員投票通過最終計畫時，係採集體式全額連記投票，以避免針對投反對票者的政治報復。「大街」：2007 年美國規劃協會將第 125 街列為全國十條「偉大街道」（great streets）之一，是紐約市街道中唯一上榜者（www.planning.org/greatplaces/streets）。

36 Frankie Edozien, Melissa Jane Kronfeld, and Andy Geller, "New-look Harlem Clears a Big Hurdle," *New York Post*, March 11, 2008.

37 www.harlemrecordshack.com; Timothy Williams, "Longtime Harlem Fixture Now Sells CDs on Street," *New York Times*, October 9, 2008; Kathianne Boniello and Catherine Nance, "Harlem Shuffle," *New York Post*, August 12, 2007; John Eligon, "An Old Record Shop May Fall Victim to Harlem's Success," *New York Times*, August 21, 2007.

38 「改變在所難免」：Gabriela Jara and Stephanie Shih, "Sale of Chunk of Harlem Land May Oust Business," *Columbia Daily Spectator*, September 21, 2007；「破口大罵」：Edozien et al., "New-look Harlem."

39 維蓋拉所攝照片，1977-2007，哈林資料庫，http://invinciblecities.camden.rutgers.edu。「最後一席便宜店面」：Tommy Fernandez, "Harlem Land Grab Leaves Little Room for Bargains;

Expecting Upscale Residential Growth, Businesses Rush to Set Up Shop," *Crain's New York Business*, February 2004.

40 Zukin et al., "New Retail Capital and Neighborhood Change." 我們挑選的十五家餐館、商店、咖啡店和藝廊,都是 2000 年以後在哈林中區開設者,而且這些店都曾引起主要媒體關注,從《O 雜誌》(*O Magazin*)和《時尚》(*Vogue*)到《黑人企業》(*Black Enterprise*)、《紐約時報》和《紐約》雜誌,以及紐約市電視新聞節目和各種生活風格網站。本文共同作者於 2006 年春夏間,訪談了九位店主和經理人,並透過媒體對另外六個企業做了一番研究。為保護受訪者身分,除了媒體和網站上已公佈的資訊外,他們的姓名及其企業辨識特徵都已經過變更。

41 "Empowerment Zone Lends \$1 Million to National African Themed Internet and Catalog Retailer," http://beta.asoundstrategy.com/umez/\$itemCategory=26087&siteid=26&priorId=0&CFID=351296&CFTOKEN=38922963, August 22, 2005.

42 Zukin et al. "New Retail Capital and Neighborhood Change."

43 Corina Zappia, "Liquid City: Wines to welcome," www.villagevoice.com, February 18, 2005。酒廠主人強調,少數族群擁有的葡萄園所生產的葡萄酒,在其經營中並非大宗。

44 舉例而言,www.loft124.com,一個改裝閣樓建築的專屬網站,該建築位於第 124 街,完成於 1906 年,2007 年重新裝修,網站上刊載美的令人印象深刻的褐岩屋外觀照片、工作室博物館禮品店,以及高檔鞋店陳列照片,還附有爵士配樂;www.ellisoncondos.com,以作者羅夫·艾利森(Ralph Ellison)為名,提及工作室博物館,以及阿波羅劇院席維亞餐廳(Sylvia's)的標誌視覺影像。

45 "Children's Express: Harlem Gets Its Groove Back, but at What Expense?," *New York Amsterdam News*, May 10, 2001; J. Zamgba Browne, "Harlem Housing Grunch addrewwed at the Schomberg," *New York Amsterdam New*s, July 11 2002; Jamal E. Watson, "Gentrification: Black and White," *New York Amsterdam News*, July 17, 2003; Jamal E. Watson, "'Magic' Gentrification Squeezes Harlem Small Business," *New York Amsterdam News*, Aughst 14, 2003; Laural McCandlish, "Selling a Deferred Strivers Row Dream," *New York Amsterdam News*, January 13-19, 2005; Curtis Sherrod, "Harlem Property Taxes through the Roof," *New York Amsterdam News*, November 24-30, 2005。主流媒體,尤其那些擁有廣大黑人讀者的媒體,偶爾也會有一些有關居民流離失所的報導,例如 Michael Powell, "Harlem's New Rush: Booming real Estate; Historic District Is Undergoing Transformation," *Washington Post*, March 13, 2005.

46 一場在 www.brownstoner.com 上,有關布魯克林混合收入黑人鄰里縉紳化的討論過程尤其緊張,請參見 Adam Sternbergh, "The What You Are Afraid Of: A Mischievous Online Bogeyman is Haunting the Dreams of New Brooklyn," *New York*, May 25, 2008.

47 哈林的脈絡:http://curbed.com/archives/2007/03/30/harlem_heat_twofer_ellington_loft_124.php, March 30, 2007。所有引言和別名完全引自貼文,這些貼文的作者是誰,或者即使當中有些是想激起人們對哈林區興趣的房地產業者,我一概毫無所悉。

48 「想到搬遷」:www.city-data.com/forum/new-york/80966-upper-middle-class-african-american-communities.html, May 12, 2007。所有引述及別名均同於貼文。

49 夏天時，鼓手會由中午表演到深夜，Curbed.com 上有一些貼文對這些噪音頗有怨言；另可參見 Margot Adler, "drumming Up a Protest in a Harlem Park," *Weekend Edition Sunday*, National Public Radio, September 2, 2007；Timothy Williams, "An Old sound in Harlem Draws New Neighbors' Ire," *New York Times*, July 6, 2008。「身分重於便利性」：Herbert J. Gans, "Urban Vitality and the Fallacy of Physical Determinism," in *People and Plans* (1962; New York: Basic Books, 1968), p.30。今日的哈林區，「根據新〔黑人〕縉紳者，品質和便利性是次要且不足的」(Taylor, *Harlem between Heaven and Hell*, p. 123)。哈林新中產階級黑人居民和貧窮黑人長期居民之間的利益衝突，第一手資料參見 Taylor, *Harlem between Heaven and Hell*; Derek S.Hyra, *The New Urban Renewal: The Economic Transformation of Harlem and Bronzeville* (Chicago: University of Chicago Press, 2008)。至於芝加哥縉紳化黑人鄰里的類似衝突，可參見 Pattillo, *Black on the Block*.

50 *Blacks See Growing Values Gap between Poor and Middle Class*, Pew Research Center, November 2007.

51 Charles B. Rangel, *Foreword to Harlem on My Mind*, ed. Allon Schoener, 3rd ed. (New York:New Press, 2007)。哈林烹飪史不僅侷限於南方靈魂食物的另一個觀點，請參見 Damian M. Mosley, "Cooking Up Heritage in Harlem," in *Gastropolis: Food and New York City*, ed. Annie Hauck-Lawson and Jonathan Deutsch (New York: Columbia University Press, 2009), pp. 274-92.

第三章　東村的在地生活

1 "Talk of the Town," *The New Yorker*, October 14, 1967, p. 49, on www.diggers.org/free_store.html; Paul Berger, "Witness to What Was, Skeptic of What's New," *New York Times*, October 28, 2007.

2 Hilly Kristal, "The History of CBGB and OMFUG," www.cbgb.com/history/history13.htm; Marvin J. Taylor, ed., *The Downtown Book: The New York Art Scene, 1974-1984* (Princeton, NJ: Princeton University Press, 2006).

3 私人通信，2006 年 2 月。

4 Ian Altveer and Jennifer Sudul, "An Interview with Carlo McCormick," *The Downtown Show: The New York Art Scene, 1974-1984, Grey Gazette* 9, no. 1 (2006)；同志藝術家：私人通信，2006 年 2 月。

5 Altveer and Sudul, "An Interview with Carlo McCormick."

6 Kevin Hetherington, "The Time of the Entrepreneurial City: Museum, Heritage and Kairos," in *Consuming the Entrepreneurial City: Image, Memory, Spectacle*, ed. Anne M. Cronin and Kevin Hetherington (New York: Routledge, 2007).

7 James H. Gilmore and B. Joe Pine II, *Authenticity: What Consumers Really Want* (Cambridge, MA: Harvard Business School Press, 2007).

8 Edwin G. Burrows and Mike Wallace, *Gotham* (New York: Oxford University Press, 1999), p.

762.

9 欲清楚瞭解東村自 1900 年代初期起至 1980 年代止的轉變史，可參見 Christopher Mele, *Selling the Lower East Side: Culture, Real Estate, and Resistance in New York City* (Minneapolis: University of Minnesota Press, 2000).

10 "Mobile awareness": Sam Binkley, *Getting Loose: Lifestyle Consumption in the 1970s* (Durham, NC: Duke University Press, 2007), p.51.

11 房租限制最早是在第二次世界大戰住屋短缺期間實施，當時許多房東因提高房租導致承租人無力負擔而遭到指責。房租控制政策則更嚴厲，它限制房東在改善屋況以前不得提高房租，而且所有房租調漲，都必須先獲得紐約州住宅和社區更新部門（Division of Housing and Cmmunity Renewal）的核准；房東不能驅離房租管制公寓內的房客。房租穩定政策則始於 1960 年代末期；房租調漲由代表房東和房客的全市公開和私人聘任委員會來決定；實務上，穩定租金公寓可以在租約更新時每年或每兩年調漲一次，而且不同於租金管制公寓，穩定租金單位內的房客可以在特定情況下被遷離。兩種類型的房客，都有權將其公寓轉給其伴侶或家庭成員。不過，房租管制公寓一旦騰空，租金就「解除管制」或「去除穩定」。在不動產業持續抨擊下，州議會自 1970 年代起，便逐步將租金管制分階段撤銷。

12 「烏克蘭靈魂食物」：www.veslka.com；店鋪及該街區的歷史，來自 Ervin Kosta 所做的商店業主訪談，發表於 Sharon Zukin and Ervin Kosta, "Bourdieu Off-Broadway: Managing Distinction on a Shopping Block in the East Village," *City and Community* 3, no. 2 (2004):101-14.

13 不同的觀點請見 Neil Smith, *The New Urban Frontier: Gentrification and The Revanchist City* (New York: Routledge, 1996); Q. Sakamaki, *Tompkins Square Park* (New York: Powerhouse Books, 2008).

14 Maureen Dowd, "Youth, Art, Hype: A Different Bohemia," *New York Times Magazine*, November 17, 1985.

15 Claudia Strasser, *The Paris Apartment: Romantic Décor on a Flea Market Budget* (New York: Harper Collins, 1997); www.theparisapartment.com.

16 住宅租金列於 www.prudentialelliman.com，2007 年 10 月、2009 年 2 月。除了租金管制和解除管制公寓之間的差異，該棟建築租金穩定單位的租金，介於 535 美元至 1,500 美元之間，但解除穩定的一房公寓房租，可以從低樓層的每月 1,900 美元，到較高樓層每月高達 2,500 美元不等。

17 這個街區的商業租金，從每平方呎 35 美元至 100 美元，或每月 3,500 美元至 10,000 美元不等；近期調漲：Eric Marx, " East Village Store Rents Go North," http://ny.therealdeal.com, January 2007; CBGB：http://vanishingnewyork.blogspot.com, August 29, 2007；聖馬克廣場：Lisa Chamberlian,"Square Feet/Manhattan; For the East Village, A New Retail Face," *New York Times*, January 30, 2005.

18 David Kamp, *The United States of Arugula: How We Became a Gourmet Nation* (New York: Broadway Books, 2006), p. 202; Priscilla Ferguson and Sharon Zukin, "The Careers of Chefs," in *Eating Culture*, ed. Ron Scapp and Brian Seitz (Albany State University of New York Press, 1998), pp.

92-111.

19 「汀恩德魯卡所做的是賦予食物市場一種純淨的藝術性，這使它非常的時新，和蘇活受到注意的那個時刻緊密相連」：美食記者芙羅倫斯‧費伯利肯（Florence Fabricant），《紐約時報》，引自 Kamp, *The United States of Arugula*, p. 208。「純正性」的定義，以歐洲食物而言，參見：Shyon Baumann and Josée Johnston, *Foodies: Democracy and Distinction in the Gourmet Foodscape* (New York: Routledge, 2010)，以新鮮度而言，參見：Susanne Friedberg, *Fresh: A Perishable History* (Cambridge, MA: Harvard University Press, 2009).

20 「拯救一種生活方式」:彼得‧史坦布魯克(Peter Steinbreuk)，「保存論者及建築師」維多‧史坦布魯克（Victor Steinbreuk）之子，致力拯救派克市場，引自 Kamp, *The United States of Arugula*, p. 277；星巴克：James Lyons, "'Think Seattle, Act Globally': Specialty Coffee, Commodity Biographies, and the Promotion of Place," *Cultural Studies* 19, no.1 (2005): 14-34.

21 Suzanne Wasserman, "The Good Old Days of Poverty: Merchants and Battle over Pushcart Peddling on the Lower East Side," www.h-net.org/business/bhcweb/publications/BEHprint/v027n2/p0330-p0339.pdf; "Mayor Bloomberg Presents Doris C. Freedman Award to Barry Benepe and Robert Lewis-Founders of the Greenmarket-on Its 30 th Anniversary," http://home.nyc.gov, May 24, 2006.

22 根據綠色市集的規定，農場主事者（擁有農場且種植或製造攤位上所售產品者）每月必須親自至各市場販售產品一次。實務上，許多大攤位會從城市或鄉間僱用臨時工。

23 「新鮮意指它在幾天前還是山羊身體裡的奶。以真空包裝後，我們無法得知它是何時製造的，或它去過哪裡。標籤可以告訴你，產品產自何處──但它運送過多少地方？無真空包裝對我們而言，就是指卡茲奇地區，它就在沿著路往下，河的那一頭。」Sally Fairbairn, "An Island of Optimism, A Real Farmscape," www.catskillmtn.org/publications/articles/2002-01-coach-farm.html, 強調為作者所加。亦可見 Florence Fabricant, "Coach Farm Goats Have a New Cheesemaker," *New York Times,* March 14, 2007.

24 Michèle de la Pradelle, *Market Day in Provence*, trans. Amy Jacobs (Chicago : University of Chicago Press, 2006).

25 Hari Kunzru, "Market Forces," *The Guardian*, December 7, 2005, www.guardian.co.uk.

第四章　聯合廣場與公共空間的弔詭

1 這兩個管理聯合廣場的組織，差別在於地理管轄權：商業促進區負責位於第一大道與第六大道之間的第 14 街，以及聯合廣場公園周遭區域；地區開發公司負責以公園為中心的聯合廣場區域，包括第 7 街和第 8 街，乃至公園北端。

2 紐約市和紐約州以商業促進區的名義來發展，但商業促進區是個稅收增量融資（tax-increment financing, TIF）區的特殊形式，加拿大和美國地方政府於 1960 年代開始採用它，做為不必提高稅收或投入不成比例的整體稅收，就能資助特定區域，尤其混亂的市鎮商業區的方式。在好幾個歐洲國家，以及澳洲、南非與日本，都設置了類似的自籌資金區。例見 Kevin Ward, "'Policies in Motion,' Urban Restructuring and State Management: The Trans-local Expansion of Business Improvement Districts," *International*

Journal of Urban and Regional Research 30, no. 1 (2006): 54-75; Malcolm Tait and Ole B. Jensen, "Travelling Ideas, Power and Place: The Cases of Urban Villages and Business Improvement Districts," *International Planning Studies* 12, no. 2 (2007): 107-28。由於商業促進區利用媒體宣傳它們的目標，這無可避免跟朱利安尼政府宣傳的生活品質警務策略有關，從而具有高能見度，加上刻意的國際拓展，使得紐約市商業促進區在全球皆有私有化壓力的期間，成爲這種組織形式的卓越模型。

3 參見 Setha Low and Neil Smith, eds., *The Politics of Public Space* (New York: Routledge, 2006); Don Mitchell, *The Right to the City: Social Justice and the Fight for Public Space* (New York: Guilford, 2003); 以及 Sharon Zukin, *The Cultures of Cities* (Oxford: Blackwell, 1995); 亦見 Rosalyn Deutsche 適切命名的 *Eviction: Art and Spatial Politics* (Cambridge, MA: MIT Press, 1996)。1940 年代以降，好幾個州的法官裁決，試圖限縮私營業主對於購物商場裡的政治示威、杯葛、派發政治傳單，以及其他言論自由表達的掌控權限，卻連一個決定購物中心到底是不是公共空間的聯邦法律或一致的州定標準都沒有。

4 這個公共空間系譜學，跟我們從尤爾根‧哈伯瑪斯（Jürgen Habermas）那裡所知的大異其趣，哈伯瑪斯考察現代公共領域，回溯至在付費的消費空間如咖啡館裡，更菁英群體（受過教育的中產階級男人）的聚會。參見 Kevin Hetherington, *The Badlands of Modernity* (London: Routledge, 1997), pp.1-19; Tony Bennett, *The Birth of the Museum* (London: Routledge, 1995); Roy Rosenzweig and Elizabeth Blackmar, *The Park and the People: A History of Central Park* (Ithaca, NY: Cornell University Press, 1992)。雖然今天焦點多半擺在種族和宗教差異上，但其實針對每一個社會群體近用「公共」空間的權利鬥爭早已發動，包括，如果我們能夠想像，在一個世紀以前，准許 14 或 16 歲以下小孩使用公共圖書館。

5 破窗、逃票者：指的是犯罪學家喬治‧凱林（George Kelling）於 1980 年左右在紐澤西發展出來的理論，該理論於 1990 年代，因紐約市長朱利安尼與警察局長威廉‧布萊頓（William Bratton）而聲名大噪，混亂失序及不良行爲最微不足道的徵兆，如果未加糾正，就會導致廣泛的衰退感和更惡劣的行爲。「令人不悅的……遭遇」：George L. Kelling and James Q. Wilson, "The Police and Neighborhood Safety: Broken Windows," *Atlantic Monthly*, March 1982, www.theatlantic.com/doc/198203/broken-windows. 「街頭之眼」：Jane Jacobs, *The Death and Life of Great American Cities* (New York: Random House, 1961).

6 「形象危機」：Miriam Greenberg, *Branding New York: How a City in Crisis Was Sold to the World* (New York: Routledge, 2008).

7 Edwin G. Burrows and Mike Wallace, *Gotham: A History of New York City to 1898* (New York: Oxford University Press, 1999), pp. 577-78.

8 「群眾集會」：Union Square, New York City Development of Parks and Recreation, www. nycgovparks.org;「人民論壇」："Recreation for All Planned by Stover," *New York Times*, February 15, 1910.

9 Burrows and Wallace, *Gotham*, p. 1120; M. Christine Boyer, *Manhattan Manners: Architecture and Style, 1850-1900* (New York: Rizzoli, 1985), p. 87; Donna Haverty-Stacke, *America's Forgotten Holiday: May Day and Nationalism, 1867-1960* (New York: New York University Press, 2008).

10 女士一條街：Boyer, *Manhattan Manner*, pp.43-129; James Thurber, "Talk of the Town: Mob

Scene," *The New Yorker*, October 26, 1929, p.21.

11 Robert A. M. Stern, *Thomas Mellins, and David Fishman, New York 1960* (New York: Monacelli Press, 1995), pp. 245, 247.

12 第 14 街 的 聲 譽：Robert W. Walsh, "Union Square Park: From Blight to Bloom," *Economic Development Journal*, spring 2006, pp. 39-46; Walsh 是 1990 年代聯合廣場夥伴關係的常務董事。

13 Headlines: Walsh, "Union Square Park," p. 41.

14 這些藝術家市中心區的許多居民，仍宣稱他們從未到過「第 14 街以北」的地方，這強化了以下觀點：上城與下城的地理劃分也象徵了文化差異。參見 Marvin J. Taylor, ed., *The Downtown Book: The New York Art Scene, 1974-1984* (Princeton University Press, 2006).

15 Walsh, "Union Square Park," p. 39；農民：訪談，2007-8；警察：訪談，July 2008；「咖啡與貝果」：Iver Peterson, "Union Square: Gritty Past, Bright Future," *New York Times*, November 26, 1989.

16 Stern, Mellins, and Fishman, *New York 1960*, p. 247；鋼柵：訪談，December 2007.

17 零碎地理，「將……資源結合」：Walsh, "Union Square Park," p. 40.

18 Walsh, "Union Square Park," p. 41.

19 William H. Whyte, *The Social Life of Small Urban Spaces* (Washington, DC: Conservation Foundation, 1980).

20 Janet Allon, "Neighborhood Report: Union Square; New Manager Hits Pavement on 14th ," *New York Times*, January 11, 1998.

21 Douglas Martin, "This Time, Parks Mean Business," *New York Times*, February 16, 1996.

22 「內爆」：訪談，December 2005.

23 Eliot Brown, "Judge on Union Square Park: Renovations OK, but Hold Off on Restaurant," *New York Observer*, May 7, 2008; Anemona Hartocollis, "A Street Performer Crusades for the First Amendment," *New York Times*, September 26, 2007; http://washingtonsquarepark. wordpress.com/2008/06/05; "Union Square Pavilion Restaurant Gets Green Light from Judge," http://gothamist.com, March 31, 2009; 還有 www.revbilly.com/ 以及他五月一日現身公園的影片 www.youtube.com/watch?v=HUbUyDnxJQM.

24 Shadi Rahimi, "An Antiwar Speech in Union Square Is Stopped by Police Citing Paperwork Rules," *New York Times*, September 20, 2005; Ethan Wilensky-Lanford, "A Pretend Preacher, a Real Arrest and a Debate about Free Speech," *New York Times*, July 1, 2007; James Barron, "Police and a Cyclists' Group, and Four Years of Clashes," *New York Times*, August 4, 2008.

25 Maarten Hajer and Arnold Reijndorp, *In Search of New Public Domain* (Rotterdam: NAI, 2001), p. 53；「異類」：Lyn H. Lofland, *The Public Realm* (New York: De Gruyter, 1998), p.167.

26 「修整的空間」：Ole B. Jensen, "The BID's of New York: Power, Place, and the Role of Business Improvement Districts," 2004 年七月一日至三日，格黑那布（Grenoble）舉行的第 18 屆歐洲規劃學校協會（AESOP）會議宣讀論文，第 10 頁；「早先的核心價值」：

Heather MacDonald, "Why Business Improvement Districts Work," *Civic Bulletin*, no. 4, May 1996, www.manhattan-institute.org/html/cb_4.htm; Bennett, *Birth of the Museum*, p. 24. 運用監視來進行社會控制，必定採取許多現代形式，發軔於傑若米‧邊沁（Jeremy Bentham）的全景敞視建築（panopticon），逐漸導向今天的閉路電視監視器（closed-circuit TV）和生物篩選（biometric screening）。

27 Darren Walker 引 自 Sewell Chan, http://cityroom.blogs.nytimes.com/2007/10/04/has-new-york-lost-its-soul/, October 4, 2007

28 Thomas J. Lueck, "Public Needs, Private Answers—A Special Report; Business Districts Grow, at Price of Accountability," *New York Times*, November 20, 1994; Dan Barry and Thomas J. Lueck, "Control Sought on Districts for Businesses," *New York Times*, August 2, 1998; Thomas J. Lueck, "Business Improvement District at Grand Central Is Dissolved," *New York Times*, July 30, 1998; Terry Pristin, "Annual Budgets—Increases Refused by Giuliani Administration," *New York Times*, July 27, 1999.

29 Terry Pristin, "Mayor See Bigger Public Private Partnerships," *New York Times*, May 15, 2002; Rich Calder, "Fiscal Crisis Cuts City Park Plans," www.nypost.com, May 26, 2009.

30 Bruce Lambert, "Neighborhood Report: Union Square; Confronted by the Homeless Domino Effect, Another Park Cracks Down," *New York Times*, June 12, 1994。與此對照，高度批判性的觀點，參見 Neil Smith, *The New Urban Frontier: Gentrification and the Revanchist City* (New York: Routledge, 1996).

31 Gregory Squires, ed., *Unequal Partnerships: The Political Economy of Urban Redevelopment in Postwar America* (New Brunswick, NJ: Rutgers University Press, 1989); MacDonald, "Why Business Improvement Districts Work."

32 Ingrid Gould Ellen, Amy Ellen Schwartz, and Ioan Voicu, "The Impact of Business Improvement Districts on Property Values: Evidence from New York City," *Brookings-Wharton Papers on Urban Affairs* 8 (2007): 1-31; New York City Department of Small Business Services, Introduction to Business Improvement Districts, www.nyc.gov/html/sbs/downloads/pdf/bid_brochure.pdf, 2008 年七月取用。

33 Cara Buckley, "Ah, the Heat, the Crowd, the Park, and the Booze," *New York Times*, July 16, 2008.

34 Ellen, Schwartz, and Voicu, "The Impact of Business Improvement Districts."

35 Glenn Collins, "Bryant Park, Towers Rising All Around, Braces for a Tidal Wave of Traffic," *New York Times*, June 5. 2008; Lysandra Ohrstrom, "Fashion Week in Bryant Park May Go Out of Style," *New York Observer*, www.observer.com, February 5, 2009。商業促進區與私人保存委員會管理的菁英公園的營運預算，比公園處資助的平均預算多好幾倍。譬如，商業促進區在布萊安特公園，每一英畝花費超過 50 萬美元，但公園處在全市每一英畝的平均支出不到一萬美元。財源的差異確保了層次截然不同的服務：公園處所列名的「公園執行員」（park enforcement officers），239 位中有 110 位任職於商業促進區私人資助的菁英公園。Rich Calder, "Raiders of the 'Lost' Parks," *New York Post*, July 6, 2008, and "City's

Park 'Row'," *New York Post*, July 7, 2008.

36 雙子星大樓成爲主要的城市意象——如人們所言，那是肖像般的形象——也反映了公共機構多年資助的協調公關活動。Miriam Greenberg, "The Limits of Branding: The World Trade Center, Fiscal Crisis and the Marketing of Recovery," *International Journal of Urban and Regional Research* 27, no. 2 (2003): 386-418. 卓越的世貿中心建築史，參見 Eric Darton, *Divided We Stand: A Biography of New York's World Trade Center* (New York: Basic Books, 1999); 另見 Michael Sorkin and Sharon Zukin, eds., *After the World Trade Center* (New York: Routledge, 2002).

37 零散分裂使建構和諧的差異解決方案困難重重。這段簡述裡的每一個要素，都隸屬於廣泛的爭議、訴訟與協商，首先是保險給付數量、席維史坦與港務局的角色關係，港務局與市政府的角色關係、以及市長與州長的角色關係。如戈德伯格提到，公衆想必同意州政府和市政府購買開發商的租賃權，但是州長不買單。參見 Paul Goldberger, *Up From Zero: Politics, Architecture, and the Rebuilding of New York* (New York: Random House, 2004).

38 三成：Theresa Agovino, www.crainsnewyork.com, September 11, 2008。安全計畫：Carrick Mollenkamp and Christine Haughney, "'Ring of Steel' for New York? To Protect Lower Manhattan, Police Study London's Effort: Cameras, Controlling Access," *Wall Street Journal*, January 25, 2006; Cara Buckley, "NY Plans Surveillance Veil for Downtown," *New York Times*, July 9, 2007. 「武警」：Alison Gendar and Douglas Feiden, "Security Plan for WTC Means Army of Cops, Barriers and Traffic Hell," *New York Daily News*, April 6, 2008; Charles V. Bagli, "Police Want Tight Security Zone at Ground Zero," *New York Times*, August 12, 2008; Al Baker, "Police Seek a Second Zone of High Security in the City," *New York Times*, March 31, 2009.

39 不出幾天，一名16歲男孩遭逮捕，被控二級謀殺、幫派鬥毆與私藏武器。Emily Vasquez, "Trouble Found Them: Two Groups of Restless Teenagers," *New York Times*, December 8, 2006；亦見 "Teen Dead after Stabbing in Union Square," www.wnbc.com, December 7, 2006; www.NY1.com, December 13, 2006.

第五章　兩則全球元素的故事：紅鉤的玉米烙餅與宜家家居

1 *The WPA Guide to New York City: The Federal Writers' Project to 1930s New York* (1939: New York: Pantheon, 1982); H. P. Lovecraft, "The Horror at Red Hook,"，以及 Thomas Wolfe, "Only the Dead Know Brooklyn," in *Brooklyn Noir 2: The Classics*, ed. Tim McLoughlin (Brooklyn: Akashic Books, 2005) pp. 17-45, 46-52.

2 雖然紅鉤公共住宅就它的年代，尤其相對於美國其他城市的公共住宅而言，採用很高的建築標準，但它的聲譽到了 1990 年代卻陷入當地小學校長派崔克‧達利（Patrick Daly）慘遭謀殺的困境，他在尋找一名學生時，身陷敵對幫派間的槍戰交火中。目擊者不顧人身威脅挺身而出後，三名青少年被判謀殺罪；其中一人當時住在紅鉤，另一人先前也住過那裡。參見 Nicholas Dagen Bloom, *Public Housing That Worked: New York in the Twentieth Century* (Philadelphia: University of Pennsylvania Press, 2008), pp.56-57, 66-67; Joseph P. Fried, "Youths Guilty in the Slaying of a Principal," *New York Times*, June 16, 1993.

3 有關紅鉤的經濟衰退，以及在碼頭工作的少數年長白人屋主，與大部分住在公共住宅，而且沒獲得那些工作雇用的眾多黑人和波多黎各裔居民之間的缺乏社會互動，參見 Philip Kasinitz and David Hillyard, "The Old-Timers' Tale: The Politics of Nostalgia on the Waterfront," *Journal of Contemporary Ethnography* 24, no. 2 (1995): 139-64; Philip Kasinitz and Jan Rosenberg, "Missing the Connection: Social Isolation and Employment on the Brooklyn Waterfront," *Social Problems* 43, no. 2 (1996): 180-94.

4 Jennifer 8. Lee, "City Room: Hoping the Swedish Meatballs Hold Out in Red Hook," *New York Times*, May 16, 2008; "Three Die in Saudi Shop Stampede," BBC News-World, September 1, 2004, http://news.bbc.co.uk/1/hi/world/middle_east/3618190.stm.

5 "Hundreds Pack Hearing to Oppose Ikea Plan in New Rochelle," *New York Times*, November 17, 2000; "New Rochelle Residents Turn Out in Force to Block Ikea," www.newrules.org/retail, January 1, 2001.

6 郭瓦納斯運河：Amy Waldman, "Ikea Scrapping Plans for Store amid Resistance by Neighbors," *New York Times*, June 17, 2001.

7 此外，在市議會批准倉庫出售到費威開幕日之間的這四年期間，開發商面臨由社區團體提起的訴訟，批評他僱用非工會營造工人，還有一起涉及當地市議會議員的賄賂醜聞，該議員遭指控在此案中出賣他的選票。Monica Drake, "Neighborhood Report: South Brooklyn; Is There a Fairway in Red Hook's Future?," *New York Times*, April 23, 2000; Nichole M. Christian, "In Red Hook, Worries on the Waterfront," *New York Times*, March 11, 2002; William K. Rashbaum, "Brooklyn Councilman Is Charged in an Extortion Scheme," *New York Times*, March 29, 2002; Corey Kilgannon, "Brooklyn Groups Sue to Keep Supermarket out of Red Hook," *New York Times*, May 31, 2002; Jotham Sederstrom, "Red Hook Foodies Ask: So, Where Is Fairway?," www.brooklynpaper.com, May 14, 2005; Jonathan Bowles, "Outside the Box: Developer Greg O'Connell Seeks Balanced Building for Red Hook," *City Limits*, May/June 2005, www.citylimits.org; Florence Fabricant, "Food Stuff: Fairway Opens Its Brooklyn Doors," *New York Times*, May 17, 2006. 197a 計畫：*Tom Angotti, New York For Sale* (Cambridge, MA: MIT Press, 2008), pp. 161-66.

8 如同在威廉斯堡水岸，涉及變更該場址用途的建設與開發計畫，必須通過統一土地使用審查程序（Uniform Land Use Review Procedure），也需要土地使用區分稅額減免和公共補貼。該程序考量公眾意見（評論、遊說、197a 計畫），以及從地方社區委員會（在此事上有諮詢發言權），到城市規劃委員會及市議會（擁有決定性選票）等各級市政府舉辦之公共聽證會和公眾證詞的法律授權。「這種規模的投資」：Diane Cardwell, "Panel Approves Plan by Ikea to Open Store in Red Hook," *New York Times*, October 6, 2004。亦見 Luis Perez and Eric Herman, "An Ikea Grows in B'klyn; 50M Store Set for Red Hook," *New York Daily News*, October 26, 2002; Melissa Grace, "Squaring Off on Ikea; Red Hook Welcomes Jobs but Fears Pollution," *New York Daily News*, December 2, 2002; Hugh Son, "Wrench in Red Hook; Civic Leader Says Ikea's Racially Divisive," *New York Daily News*, April 25, 2004; Hugh Son, "Ikea Plan Winning Backers," *New York Daily News*, July 29, 2004; Hugh Son, "Wary in Red Hook; Superstore Traffic Feared," *New York Daily News*, August 2, 2004; Nicholas LoVecchio,

"Mike's Hedge Furnishes Anti-Ikea Lot with Hope," *New York Daily News*, October 8, 2004; Joyce Shelby, "Comptroller Hits Ikea Parking Plan," *New York Daily News*, May 5, 2006.

9 「瑞典癖」：Ursula Lindqvist, "The Cultural Archive of the IKEA Store," *Space and Culture* 12, no. 1 (2009): 43-62.

10 除了特別註明，有關紅鉤飲食攤販的所有資訊，都來自凱薩琳‧杜恩（Kathleen Dunn）2008 年 6 月至 9 月執行的訪談。除非是引自出版品，包括線上資訊，所有攤販一律取假名；紅鉤公園飲食攤販委員會公司執行長富恩特斯，經他允許，以真實姓名現身。

11 墨西哥聯盟：Kevin McCoy and Carolina Gonzalez, "Soccer Is the Game of Newcomers," *New York Daily News*, June 22, 1998.

12 一般說來，拉丁裔佔城市人口總數 28%。資料取自 1970、1980、1990、2000 年美國普查移民資料，以及公共使用的微縮資料樣本檔案，並感謝紐約市城市規劃局人口處的 Joseph Salvo 與 Adam Willett 協助；2007 年人口資料取自 Laura Limonic, *The Latino Population of New York City, 2007*, 2008 年 12 月，紐約市立大學研究生中心，拉丁美洲、加勒比海與拉丁裔研究中心。「薄玉米餅三角」：Seth Kugel, "New Yorkers & Co.; How Brooklyn Became New York's Tortilla Basket," *New York Times*, February 25, 2001.

13 「這是個破爛地方」：Bowles, "Outside the Box."

14 Eric Asimov, "$25 and Under," *New York Times*, May 13, 1994.

15 「第一世界評論家」：Shyon Baumann and Josée Johnston, *Foodies: Democracy and Distinction in the Gourmet Landscape* (New York: Routledge, 2010）。

16 來自義大利和中國不同地區的移民，當然就在小義大利和中國城比鄰做生意，另外，除了來自中華人民共和國，還有香港、台灣、越南和新加坡的華人，都一起加入紐約春節（Lunar New York）遊行。不過，西印度嘉年華會和紅鉤飲食攤販將國族差異，消融進更大的區域認同中，這是超越國族國家邊界的純正性觀念的尺度差異。

17 因為布魯克林跳蚤市場是在私有財產——天主教學校校園——舉行的，所以不要求飲食攤販得通過衛生法規審查。2008 年，當紅鉤飲食攤販試圖通過檢查，以便取得在球場公園上販售食物的執照時，好幾名攤販開始在布魯克林跳蚤市場租用空間。

18 Allison Bojarski, "Soccer, Swimming, y Salsa: The Red Hook Latino Food Stalls," http://gothamist.com, August 25, 2004.

19 "Everything you always wanted to know about Red Hook, but were afraid to ask," http://porkchop-express.blogspot.com, August 22, 2006.

20 據公園處指稱：Peter Meehan, "Red Hook Vendors Pressed to Get New Permit," *New York Times*, June 6, 2007.

21 「完全支持」：Andy Newman, "The Food's Still Great, but Success Divides the Vendors," *New York Times*, September 28, 2007. 提到 2008 年這場爭論，富恩特斯說他日薪 150 美元或年薪 5,000 美元，相當於工人的每日薪資率，相較於任何小型非營利組織全職執行長的薪水，要少得多。

22 2000 年到 2007 年，12 名攤販隸屬於飲食攤販協會。2008 年，兩名攤販無法符合衛生局要求，決定不回球場。富恩特斯說，他替其中一名攤販找到布魯克林另一個地點，她可以在那裡準備及販售玉米餅；另一個家庭經營一家餐廳。除了組成協會的攤販外，其他在宜家家居附近的球場上販售食物，不能或不願意組織協會的拉丁裔攤販，沒有爲了特別許可證去投標，因而不被允許繼續在這個地點販售食物。公園處也禁止在飲食攤販旁販售玩具的攤販；據富恩特斯所言，「我們能夠談談，搞定事情」，那名攤販於是獲得一張臨時使用許可證。

23 Mike McLaughlin, "the Red Hook Vendors Are Back!," *Brooklyn Paper*, www.brooklynpaper.com, March 15, 2008; "Red Hook'd: The Interview," http://porkchop-express.blogspot.com, June 3, 2008; "Brian Lehrer Live" (video), WNYC, http://blblog.org, June 18, 2008.

24 貪吃鬼網站清一色是有關紅鉤攤販的正面評價，只有少數幾篇被張貼在吠聲網的五星級溢美評論當中，值得注意的是，一篇貪吃鬼網站文章預測下一個新趨勢，告訴讀者趕往皇后區羅斯福購物中心的中國菜攤位，「在貪吃鬼將它命名爲下一個紅鉤球場之前」（Steve R., http://chowhound.chow.com, Outer Boroughs Board, December 22, 2008）。

25 「瘋人院」，「拉近距離」：Kareem Fahim, "Brooklyn Neighbors Admit a Big Box Isn't All Bad," *New York Times*, August 11, 2008;「變革」，「通往其他地方」：Philip Nobel, "Far Corner: Welcome, Ikea Shoppers!," *Metropolis*, October 2008. p. 100.

26 Daniel Meyer 引自 Mark Bittman, "Which Food Is Really Safe?," http://bitten.blogs.nytimes. com, August 22, 2008, 以及 Mark Bittman, "The Meatball of the Matter," http://bitten.blogs. nytimes.com, September 5, 2008; 評論文爲 John Z. 所貼，September 6, 2008.

27 "2008 Vendy Awards Finalists!," http://streetvendor.org, October 18, 2008; Patrick Huguenin, "3 Brothers behind Calexico Are Improving the a la Cart Menu," www.nydailynews.com, April 26, 2008。族裔飲食的跨族裔烹調及販售，並不是新鮮事。我在《城市文化》（*The Cultures of Cities*）（Oxford: Blackwell, 1995）中寫過 42 街一間薄玉米餅快餐店的中國業主與店員。從那時起，隨著許多群體橫越多重國界而從事跨國移民，越來越多通過烹飪而銷售的文化認同，以及無論是何種料理，所有紐約餐廳廚房主要都雇用墨西哥裔勞工，族裔飲食的跨族裔銷售也變得越來越普遍。

28 Jonathan Bowles, *A World of Opportunity*, Center for an Urban Future, New York, February 2007; Colin Moynihan and Sewell Chan, "Hearing on Street Vendors Gets Heated," http:// cityroom.blogs.nytimes.com, November 14, 2008。即使在布魯克林的日落公園鄰里，許多拉丁裔移民經營商店及餐廳的地方，商業促進區業已與市議會通力合作，清除第五大道這條主要拉丁裔購物街的攤販（Jessica Lee, "Sunset Park Sidewalk Clash," http://www. indypendent.org, May 15, 2009）。

29 Charles V. Bagli, "Lease Ends Uncertainty for Red Hook Cargo Docks," *New York Times*, April 25, 2008; Rich Calder, "Ikea Berth Pangs," *New York Post*, June 23, 2008; Charles V. Bagli, "For Reinvention, Red Hook Follows Its Roots," *New York Times*, November 23, 2008。同樣的道理，一些民選官員，尤其美國州議員傑羅德‧納德勒（Jerrold Nadler），常年向州及聯邦政府施壓興建新的基礎設施，以便支持水岸的製造業和港口活動。另外，一如我已點出的，城市審計長於 2006 年指出，鋪平乾船塢的時機尚未成熟（Shelby, "Comptroller

Hits Ikea Parking Plan"）。

30 "Architecture for Humanity New York and the Red Hook Vendors Announce Results of Design Competition," http://afhny.org/news, December 17, 2008.

第六章　招牌與農園：爭奪根源的鬥爭

1 關於社區園丁的所有個人資料，都來自 Dmitri Chitov 與 Sharon Zukin 於 2005 年到 2008 年執行的訪談；爲了保護他們的匿名性，我以假名指稱園丁，識別訊息是概括性的。

2 建築密度較低且家戶收入略高的史坦頓島和皇后區，擁有的社區農園很少。資料取自 Efrat Eizenberg, "From the Ground Up: Community Gardens in New York and the Politics of Spatial Transformation," PhD dissertation, City University of New York Graduate Center, 2008.

3 Joseph P. Fried, "City's Housing Administrator Proposes 'Planned Shrinkage' of Some Slums," *New York Times*, February 3, 1976。稍早幾年，紐約市警察局和消防局已經開始在東紐約和維廉斯堡減少基本服務，公立學校和公立醫院體系也一樣。參見 Walter Thabit, *How East New York Became a Ghetto* (New York: New York University Press, 2003); Ida Susser, *Norman Street: Poverty and Politics in an Urban Neighborhood* (New York: Oxford University Press, 1982)，以及 Deborah Wallace and Rodrick Wallace, *A Plague on Your Houses: How New York Was Burned* (London: Verso, 1998).

4 Luc Santé, "My Lost City," *New York Review of Books*, November 6, 2003, www.nybooks.com.

5 有關 1970 年代，社會、種族與環境行動主義的匯流，參見 Matthew Gandy, *Concrete and Clay: Reworking Nature in New York City* (Cambridge, MA: MIT Press, 2002).

6 參見網址 www.lizchristygarden.org 及 www.greenguerillas.org.「一個更不像樣的地方」：引自 Sarah Ferguson, "A Brief History of Grassroots Greeting in NYC," *New Village Journal* 1 (2001), www.newvillage.net.

7 照片：www.lizchristygarden.org；佔居者：Janet Abu-Lughod, ed., *From Urban Village to East Village: The Battle for New York's Lower East Side* (Oxford: Blackwell, 1994); Dennis Hevesi, "East New York: A Neighborhood Reborn," *New York Times*, June 10, 2001.

8 Ferguson, "A Brief History."

9 Jesse McKinley, "Adam Purple's Last Stand," *New York Times*, February 22, 1998; Abu-Lughod, *From Urban Village to East Village.* 亦見第三章。

10 雖然地塊爲「城市所有」，但地塊管理及農園控管卻分散於不同機構，從公園處和住宅保護與發展局，到教育局和交通管理局。存量清單集中化是邁向各種更合理使用的一步。「25,000 個閒置地塊」：Mark Francis, Lisa Cashdan, and Lynn Paxon, *Community Open Spaces* (Washington, DC: Island Press, 1984), p. 43;「11,000 個」：Anne Raver, "Hundreds Gather to Protest City's Auction of Garden Lots," *New York Times*, April 11, 1999.「土地數量」：根據 Francis, Cashdan and Paxon，1980 年代初期全市約有 2 萬畝地，引自紐約市

開放空間聯盟的研究。「沒有知會」：Anne Raver, "Is This City Big Enough for Gardens and Houses?," *New York Times*, March 27, 1997.「五年賣掉」：Neighborhood Open Space Coalition-Friends of Gateway, www.treebranch.com/community_gardens.htm;「合理化損失」：Anne Raver, "Houses before Gardens, the City Decides," *New York Times*, January 9, 1997.

11 Raver, "Is This City Big Enough"; Anne Raver, "City Rejects $ 2 Million Offer for Gardens," *New York Times*, April 23, 1999.

12 Raver, "Is This City Big Enough"; Amy Waldman, "Cricket Invaders Turn an Auction into 'Madness'," *New York Times*, July 21, 1998; Anne Raver, "Hundreds Gather to Protest City's Auction of Garden Lots," *New York Times*, April 11, 1999.

13 「交鋒空間」：Christopher M. Smith and Hilda E. Kurtz, "Community Gardens and Politics of Scale in New York City," *Geographical Review*, 93, no.2 (2003): 193-212.「後共產主義時代」：雖然這句話多年來被廣泛報導，並一再重述，但我沒找這句引言的直接來源。某網站說明，市長於 1999 年一月的每週電台廣播中說出這些話：www.notbored.org/gardens.html。幾個月後，這句話就未加引用出處地重述，參見 John Kifner, "Giuliani's Hunt for Red Menaces," *New York Times*, December 20, 1999.

14 Anne Schwartz, "Community Gardens," www.gothamgazette.com, July 2006; Andrew C. Revkin, "Spitzer and Pataki Dueling over Environmental Mantle," *New York Times*, October 19, 1999; "Metro News Briefs: New York; Spitzer Sues to Block Auction of Garden Sites," *New York Times*, May 11, 1999.

15 Richard Stapleton, "Bringing Peace to the Garden of Tranquility," *Land & People* magazine, Trust for Public Land, fall 1999, www.tpl.org; C.J. Chivers, "After Uprooting Gardeners, City Razes a Garden," *New York Times*, February 16, 2000; "Death of a Garden" (editorial), *New York Times*, February 17, 2000.

16 Jennifer Steinhauer, "Ending a Long Battle, New York Lets Housing and Gardens Grow," *New York Times*, September 19, 2002。公園處掌控將近 700 座社區農園裡的 28%，住宅保護與發展局握有 18%；紐約市教育局有 17%；10% 在私人手中；公共土地信託擁有 9%；紐約重建計畫有 6%。為數更少的社區農園，分布在幾個其他城市機構（Eizenberg, *From the Ground Up*）。

17 因為公共用地所有權將從州（即市政府）移轉到「私人」團體，正如在聯合廣場公園引發的相同問題（參見第四章），所以有必要立法。「價值增加」：Ioan Voicu and Vicki Been, "The Effect of Community Gardens on Neighboring Property Values," *Real Estate Economics* 36, no. 2 (2008): 241-83;「無權決定，逐出家園」：Daisy Hernandez, "A Bitter Harvest for the Losers; Some Ask Why Compromise Doesn't Protect Their Gardens," *New York Times*, October 12, 2002;「基金會的影響力」：Anne Raver, "Healthy Spaces, for People and the Earth," *New York Times*, November 6, 2008;「2010 年屆期」：Brigid Bergin, "Toward a Garden Truce, Fertile and Long-Lasting," *City Limits*, June 18, 2007, www.citylimits.org.

18 Alex Schmidt, "Community Gardeners Now Covered by City Insurance," *Downtown Express*, April 21-27, 2006;「尤其在哈林區」：Schwartz, "Community Gardens," 參見第二章;「都市農作」：Jim Dwyer, "Sweat Equity Put to Use within Sight of Wall St, *New York Times*,

October 8, 2008; Mark Winston Griffith, "The 'Food Justice' Movement: Trying to Break the Food Chains," www.gothamgazette.com, December 2003; www.agmkt.state.ny.us/cg/CGHome. html; http://www.justfood.org/jf/. 這些農夫市集，與第三章和第四章描述的綠色市集之農夫市集網絡無關。亦見 Manhattan Borough President, *Food in the Public Interest: How New York City's Food Policy Holds to Key to Hunger, Health, Jobs and the Environment*, February 2009, http://mbpo.org.

19 參見 Amy B. Trubek, *The Tastes of Place: A Cultural Journey into Terroir* (Berkeley: University of California Press, 2008); Pierre Boisard, *Camembert: A National Myth*, trans. Richard Miller (Berkeley: University of California Press, 2003).

20 「會員，會費」: Eisenberg, *From the Ground Up*; 「增值」: Dwyer, "Sweat Equity Put to Use."

21 Miranda J. Martinez, "The Struggle for the Gardens: Puerto Ricans, Redevelopment, and the Negotiation of Difference in a Changing Community," PhD dissertation, New York University, 2002; Joseph Sciorra, "Return to the Future: Puerto Rican Vernacular Architecture in New York City," in *Re-Presenting the City: Ethnicity, Capital and Culture in the 21th Century Metropolis*, ed. Anthony D. King (Hampshire, UK: Macmillan, 1996), pp. 60-92.

22 Martinez, "Struggle for the Gardens"; Smith and Kurtz, "Community Gardens and Politics of Scale," pp. 205-6.

23 Martinez, "Struggle for the Gardens"; Dmitri Chitov, "Cultivating Social Capital on Urban Plots: An Ethnographic Study of Community Gardens in New York City," senior honors paper, Brooklyn College, fall 2005; Efrat, "From the Ground Up."

24 同樣的道理，鄉村農業沃土的社會建構也涉及農作爭議，當然還有銷售實務的紛爭，然而，除非涉及州政府規定，否則外人通常不知情。例見 Boisard, *Camembert*; Jillian Cavanaugh, "Making Salami, Producing Bergamo: The Production and Transformation of Value in a Northern Italian Town," *Ethnos* 72, no. 2 (2007): 114-39.

25 位於東村第六街與 B 街的農園長期上演的爭議，是當地居民艾迪・包洛斯（Eddie Boros）豎立的玩具塔（Tower of Toys），20 多年來，他使用從街上收集來的各式物件，包括玩具，在農園裡建立了 65 呎高的塔。其他農園成員抱怨這座塔很危險，塔上存留在瓶子和其他開放器皿裡的雨水吸引蚊蟲，而且包洛斯超出了他擁有地塊範圍，但他拒絕拆除構造物，而且事實證明，要將他或塔驅逐出去都不可能，後者已成爲當地地標。園丁最後終於在包洛斯去世後拆除了玩具塔。在一場討論如何處置遺留物的會議中，一名園丁感嘆道，外人或許比園丁對這些物件來得更有感情。Colin Moynihan, "Artist Is Gone, but 65 Feet of Protest Still Stands," *New York Times*, April 30, 2007.

26 Chitov, "Cultivating Social Capital on Urban Plots."

27 到了 2008 年，支持曼哈頓西區州立公園的私人管理委員會，哈德遜河公園之友（Friends of Hudson River Park），提出創造第一個居住商業促進區的企劃書，主張公園將能大幅增加資產價值，因而開發商、地主與居民應當很高興支付商業促進區要求的額外稅捐。Anne Schwartz, "A Property Tax for Parks?," www.gothamgazette.com, October 2008。公部門企業化取向的一般性批判，參見 David Harvey, "From Managerialism to

Entrepreneurialism: The Transformation of Urban Governance in Late Capitalism," in *Space of Capital* (New York: Routledge, 2001), pp. 345-68.

28 參見 Georg Simmel, "The Metropolis and Mental Life," in *The Sociology of Georg Simmel*, ed. And trans. Kurt Wolff (New York: Free Press, 1950), pp. 409-24; Walter Benjamin, *The Arcades Project*, trans. Howard Eiland and Kevin McLaughlin (Cambridge, MA: Harvard University Press, 1999); Peter Fritzsche, *Reading Berlin 1900* (Cambridge, MA: Harvard University Press, 1996); David M. Henkin, *City Reading: Written Words and Public Spaces in Antebellum New York* (New York : Columbia University Press, 1998).

29 Henry James, *The American Scene* (1906; Bloomington: Indiana University Press, 1968), pp. 81, 130-33, 185.

30 Gregory F. Gilmartin, *Shaping the City: New York and the Municipal Art Society* (New York: Clarkson Potter, 1995), pp. 139-48, 236-37.

31 Tama Starr and Edward Hayman, *Signs and Wonders* (New York: Doubleday, 1998); William R. Taylor, ed., *Inventing Times Square: Commerce and Culture at the Crossroads of the World* (New York: Russell Sage Foundation, 1991).

32 Kathleen Hulser, "Visual Browsing: Auto-flâneurs and Roadside Ads in the 1950s," in *Suburban Discipline*, ed. Peter Lang and Tam Miller (New York: Princeton Architectural Press, 1997), pp. 8-19;「20 世紀初」： Catherine Gudis, *Buyways: Billboards, Automobiles, and the American Landscape* (New York: Routledge, 2004).

33 廣告招牌批判，參見 Peter Blake, *God's Own Junkyard: The Planned Deterioration of America's Landscape* (New York: Holt, Rinehart & Winston, 1964)。有關逃離傳統都會娛樂及購物中心，參見 John Hannigan, *Fantasy City* (New York: Routledge, 1998); Lizabeth Cohen, *A Consumers' Republic: The Politics of Mass Consumption in Postwar America* (New York: Knopf, 2003).

34 Gilmartin, *Shaping the City*, pp. 443-61; Lynne B. Sagalyn, *Times Square Roulette* (Cambridge, MA: MIT Press, 2001); Sharon Zukin, *Point of Purchase: How Shopping Changed American Culture* (New York: Routledge, 2004); *Style Wars* (film, 1982); Miriam Greenberg, *Branding New York: How a City in Crisis Was Sold to the World* (New York: Routledge, 2008).

35 「MTA 的總收入」： Jennifer 8. Lee, "A 'Full-Body Wrap' for Times Square Shuttle," *New York Times*, http://cityroom.blogs.nytimes.com, October 2, 2008.

36 Douglas Martin, "Bazaars Set Off Debate over Role of Parks," *New York Times*, December 1, 1998; Nicolai Ouroussoff, "Art and Commerce Canoodling in Central Park," *New York Times*, October 21, 2008.

37 「廣告狂想曲」： Thomas Duane, 引自 David W. Dunlap, "Your Ad Here," *New York Times*, April 16, 2000.

38 「環境守護者」： Andrew Light, "Elegy for a Garden," www.terrain.org, 15 (fall-winter 2004); Eizenberg—— 在 "From the Ground Up" 文中指涉法國社會理論家列斐伏爾—— 稱這些政治行動公民爲市民（*citadins*）。亦見 Marshall Berman, *The Politics of Authenticity: Radical Individualism and the Emergence of Modern Society* (New York: Atheneum, 1970); Sam Binkley,

Getting Loose: Lifestyle Consumption in the 1970s (Durham, NC: Duke University Press, 2007).

結論：終點文化與純正性的危機

1 Jane Jacobs, *The Death and Life of Great American Cities* (New York: Random House, 1961).

2 Walter Benjamin, "The Work of Art in the Age of Mechanical Reproduction," in *Illuminations*, ed. Hannah Arendt, trans. Harry Zohn (New York: Schocken, 1968), pp. 217-42.

3 Adam Moss, "In Conversation: Woody Allen," *New York*, October 6, 2008, http://nymag.com.

4 Herbert Muschamp, "Architecture: Remodeling New York for the Bourgeoisie," *New York Times*, September 24, 1995.

5 「城中村」是甘斯對於我們理解戰後城市所做的莫大貢獻，此概念奠基於他的 1950 年代波士頓義大利西區的深入研究：Herbert J. Gans, *The Urban Villagers: Group and Class in the Life of Italian-Americans* (New York: Free Press, 1962)。有關 1930 年代北區義大利勞工階級，參見 William F. Whyte, *Street Corner Society: The Social Structure of an Italian Slum* (Chicago: University of Chicago Press, 1943), 引自 p.273.

6 Gans, *Urban Villagers*, pp.317-19, 328. 關於在兩次世界大戰期間，市中心區的逐步耗損流失，參見 Duncan W. Rae, *City: Urbanism and Its End* (New Haven, CT: Yale University Press, 2004); Alison Isenberg, *Downtown America* (Chicago: University of Chicago Press, 2004).

7 到了廿一世紀第一個十年的中期，自稱為白人的紐約市居民比例已逐漸增加，尤其在曼哈頓與布魯克林，是 50 年來的頭一遭，同時期，拉丁裔移民比例則降低。Sam Roberts, "'White Flight' Has Reversed," *New York Times*, September 23, 2008。有關全美國貧窮少數族裔成員與移民遷往近郊和遠郊，而較富裕的、多數為白人的居民則被吸引到都市中心，這種全國性的「人口翻轉」，參見 Alan Ehrenhalt, "Trading Places," *The New Republic*, August 13, 2008, www.tnr.com//politics.

8 "Our Ideal 'Hood," *Time Out New York*, September 19-25, 2008, www.timeout.com/newyork/articles/features/60501/new-yorks-best-neighborhoods-now.

9 John Logan and Harvey Molotch, *Urban Fortunes: The Political Economy of Place* (Berkeley: University of California Press, 1986).

10 失憶症：Mark Crinson, *Urban Memory: History and Amnesia in the Modern City* (London: Routledge, 2005).

11 Leslie Sklair, *Sociology of the Global System* (Baltimore: Johns Hopkins University Press, 1995), p.63.

12 達特洛夫：會議文字紀錄 "Creative New York," April 2006, www.nycfuture.org, 2006 年 6 月取用。遊行：參見 www.cowparade.com。時裝週：Eric Wilson, "The Sun Never Sets on the Runway," *New York Times*, September 8, 2008; 設計展：Monica Khemsurov, "Design on Tour," *The New York Times Style Magazine*, September 21, 2008.

13 Jacobs, *Death and Life*, 哈維在其學術生涯中闡述了「資本主義地緣政治」（geopolitics of capitalism）或「空間修補」（the spatial fix）理論，例見 *Spaces of Capital: Towards a Critical Geography* (New York: Routledge, 2001)。有關房地產投資全球化，參見 Kevin Fox Gotham,

"The Secondary Circuit of Capital Reconsidered: Globalization and the U.S. Real Estate Sector," *American Journal of Sociology* 112, no. 1 (2006): 231-75。私人股票基金，可負擔住宅：Tom Waters and Victor Bach, *Closing the Door 2008: Subsidized Housing Losses in a Weakened Market*, Community Service Society, New York, October 2008; Kira Bindrim, "'Predatory Equity' Smothering Affordable Housing," *Crain's New York Business*, October 2, 2008, www.crainsnewyork.com.

14 Malcolm Trait and Ole B. Jensen, "Travelling Ideas, Power and Place: The Cases of Urban Villages and Business Improvement Districts," *International Planning Studies* 12, no. 2 (2007): 107-27; Donald McNeill, "McGuggenisation? National Identity and Globalisation in the Basque Country," *Political Geography* 19 (2000): 473-94; "copies what others are doing": Paul J. DiMaggio and Walter Powell, "The Iron Cage Revisited: Institutional Isomorphism and Collective Rationality in Organizational Fields," *American Sociological Review* 48 (1983): 147-60。房地產開發商 Forest City Ratner 委任法蘭克·蓋瑞在中央布魯克林（Central Brooklyn）設計一座職業體育場，這是同樣由蓋瑞設計的新住宅、辦公室和商店的龐大開發案中的主要招徠點，不過，2008 年經濟衰退導致財務困難時，開發商先是要求減少設計，之後就捨棄蓋瑞的體育場設計，以較廉價的一般模型取而代之，因此延誤了混合使用區的建設計畫。Nicolai Ouroussoff, "Battle Between Budget and Beauty, Which Budget Won," *New York Times*, June 9, 2009.

15 "'Waterfalls' Brought in $69 Million for NYC," *Associated Press*, October 22, 2008。儘管朝著水岸咖啡館露台上和水岸綠色空間裡的植物噴灑鹽水霧，並害死它們——宣傳活動頗具諷刺的環境副產品——《瀑布》仍被視為一項成就。

16 Jean Baudrillard, "The Beaubourg-Effect: Implosion and Deterrence," *October* 20 (spring 1982): 8。仔細的審視顯示，我們視為絕對價值的事物，例如傳統和純正性，總是刻意的創造，且經常是為了政治或經濟利益。參見 Eric Hobsbawm and Terence Ranger, *The Invention of Tradition* (Cambridge: Cambridge University Press, 1992); Richard A. Peterson, *Creating Country Music: Fabricating Authenticity* (Chicago: University of Chicago Press, 1997).

17 *Blue Wings*（芬蘭航空的機上雜誌），September 2004, p. 15; *Wallpaper*, November 2001.

18 維斯特伯洛旅遊，參見 www.visitcopenhagen.com/tourist/what_to_see_and_do/tours_&_excursions; 藝術節，參見 www.vesterbrofestival.dk, 2006 年 6 月取用。

19 有關新的產業波希米亞人的生產角色，參見 Laura Bovone, "Fashionable Quarters in the Postindustrial City: The Ticinese of Milan," *City and Community* 4, no. 4 (2005): 359-80; Richard Lloyd, *Neo-Bohemia: Art and Commerce in the Post-industrial City* (New York: Routledge, 2006); Elizabeth Currid, *The Warhol Economy: How Fashion, Art, and Music Drive New York City* (Princeton, NJ: Princeton University Press, 2007); Andy C. Pratt, "Urban Regeneration: From the Arts 'Feel Good' Factor to the Cultural Economy: A Case Study of Hoxton, London," *Urban Studies*, 即將出版。

20 「上演的純正性」：Dean MacCannell, *The Tourist: A New Theory of the Leisure Class*, 3rd ed. (Berkeley: University of California Press, 1999).

21 Daniel J. Wakin, "A Clothing Shop Moves Up, and a Dance Company Must Move Out," *New*

York Times, October 7, 2008。店面變遷：資料取自蘇活區三條街道樣本，改編自 Helene Zucker Seeman and Alanna Siegfried, *SoHo: A Guide* (New York: Neal-Schuman, 1978) ，以及 *Cole's Reverse Telephone Directory for Manhattan*, 1990, 2000, and 2005。1970 年代中期，確立了藝術家特區的土地使用分區解決方案，要求所有居民都是藝術家，並要求所有建築物的業主，包括藝術家所有的持份產權，都要保留供製造商承租的店面；唯一可以免除這些要求的建築物，則被要求顯示「財務困難」。然而實際上，如店面資料顯示，大樓業主可以規避法律，或收取藝術家和製造商付不出來的高額租金。有關蘇活作為藝術家特區的發展，參見 Sharon Zukin, *Loft Living: Culture and Capital in Urban Change*, 2nd ed. (New Brunswick, NJ: Rutgers University Press, 1989).

22 Lorna Blackwood, "Deptford's Cultural Development," *The Times*, November 9, 2007, http://property.timesonline.co.uk.

23 關於亞洲城市之間的文化野心與競爭，參見 Lily Kong, "Cultural Icons and Urban Development in Asia: Economic Imperative, National Identity, and Global City Status," *Political Geography* 26 (2007): 383-404。新天地，參見 Xuefei Ren, "Forward to the Past: Historical Preservation in Globalizing Shanghai," *City and Community* 7, no. 1 (2008): 23-43。2004 年以來，倫敦發展局贊助藝術家和工匠利用未使用的工廠和倉庫作為文化中心與工作空間。

24 Wang Jie, "Shanghai SoHo – 50 Moganshan Road," www.chinadaily.com.cn/citylife, August 29, 2006; www.shangtex.biz/en/, 強調為本文所加。

25 莫干山路 50 號藝術園區網站：www.m50.com.cn.

26 「對某人而言……有油水」：Douglas Martin, "Margot Gayle, Urban Preservationist and Crusader with Style, Dies at 100," *New York Times*, September 30, 2008。在北京，高租金和房地產開發對 798 工廠造成了類似影響。Henri Benaim, "Rendering Modernity: 798, an Avant-garde Art District in Beijing," senior thesis, Department of East Asian Studies, Yale College, 2006。上海藝術家和國際藝術市場，參見 Charlotte Higgins, "Is Chinese Art Kicking Butt…Or Kissing It?," *The Guardian*, November 9, 2004。除了莫干山路 50 號，上海其他地區依循不同的終點文化版本，有更多供建築師和視覺藝術家辦公室之用的商業空間（如 8 號橋），或者更多給藝術家工作室的空間（例如田子坊），但仍有其他空間（如浦東的逸飛創意街）提供了迪士尼般的娛樂區，結合了創意產品和各式各樣文化消費：「主題酒吧、餐館、藝術商店及夜總會也在街頭林立，特色是在樹木和牆垣打燈的景觀，有個中央廣場。」Yang Li Fei, "Chen's Creative Cluster Opens," *Shanghai Daily*, October 10, 2007。然而，向霍斯頓取經，倫敦碼頭區的一個自治區打算「創造新文化終點：連同 257 棟一、二、三房住宅公寓，該計畫包括酒吧、咖啡館、餐館等空間，以及占地 11,000 平方呎的表演及展覽畫廊。還有供設計師和藝術家生活兼工作的套房。」Blackwood, "Deptford's Cultural Development."

27 Amy Sedaris 引自 Elisabeth Vincentelli, "Amy Sedaris: First Lady of Comedy," *Time Out New York*, September 25-October 1, 2008.

28 Alison Tocci, editor, *Time Out New York*, 於論壇討論 "Has New York Lost Its Soul?," October 3, 2007（討論會的筆記）；http://newyork.craigslist.org, April 2008.

條目後的頁碼係原書頁碼，檢索時請查正文頁邊的數碼

SCS 空間與都市研究譯叢

SCS12

權力地景：從底特律到迪士尼世界

Landscapes of Power: From Detroit to Disney World
Sharon Zuki －著
王志弘、王玥民、徐苔玲－譯
定價－450元

SCS01

現代地理思想
Modern Geographical Thought

Richard Peet－著
王志弘、張華蓀、宋郁玲、陳毅峰－譯
定價－600元

SCS02

地方：記憶、想像與認同
Place: a Short Introduction

Tim Creswell－著
王志弘、徐苔玲－譯
定價－250元

SCS03

性別、認同與地方：女性主義地理學概說

Gender, Identity & Place: Understanding Feminist Geographies

作者：Linda McDowell
譯者：徐苔玲，王志弘
定價－450元

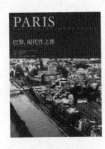

SCS04

巴黎，現代性之都
Paris, Capital of Modernity

David Harvey－著
國立編譯館、黃煜文－譯
定價－500元

SCS05

遇見都市：理論與實踐
Urban Theory and the Urban Experience: Encountering the City

Simon Parker－著
國立編譯館，王志弘，徐苔玲－譯
定價－360元

SCS14

城市與自然
Cities and Nature

Lisa Benton-Short、John Rennie Short －著
王志弘 、徐苔玲 譯

SCS07

新自由主義化的空間：邁向不均地理發展理論
Spaces of Neoliberalization: Towards a Theory of Uneven Geographical Development

David Harvey－著
王志弘－譯
定價－200元

SCS08

城市世界
City Worlds

Doreen Massey, John Allen, Steve Pile－著
王志弘－譯
定價－280元

SCS09

無法統馭的城市？秩序／失序
Unruly Cites？：Order/Disorder

Steve Pile, Christopher Brook, Gerry Mooney－著
王志弘－譯
定價－500元

SCS10

騷動的城市：移動／定著
Unsettling Cities: Movement/Settlement

John Allen, Doreen Massey, Michael Pryke－著
王志弘－譯
定價－450元

SCS11

資本的空間：批判地理學芻論
Spaces of Capital: Towards a Critical Geography

David Harvey－著
王志弘、王玥民－譯
定價－650元